平安前期対外姿勢の研究

堀井佳代子　著

臨川書店

目次

凡例

一、本書で使用した史料は以下のものを用い、必要に応じて影印本等で確認して字を改めた。
『日本古典文学大系　日本書紀』岩波書店、『新日本古典文学大系　続日本紀』岩波書店、『新訂増補国史大系　日本後紀・続日本後紀・日本文徳天皇実録』吉川弘文館、『新訂増補国史大系　日本三代実録』吉川弘文館、『新訂増補国史大系　類聚国史』吉川弘文館、『新訂増補国史大系　本朝世紀』吉川弘文館、『新訂増補国史大系　日本紀略』吉川弘文館、『新訂増補国史大系　百練抄』吉川弘文館、『新訂増補国史大系　扶桑略記』吉川弘文館
『新訂増補国史大系　令義解』吉川弘文館、『新訂増補国史大系　令集解』吉川弘文館、『新訂増補国史大系　類聚三代格』吉川弘文館、『新訂増補国史大系　延喜式・弘仁式』吉川弘文館、『新訂増補国史大系　法曹類林・類聚符宣抄』吉川弘文館、『新訂増補国史大系　政事要略』吉川弘文館、『令抄』（『群書類従』第六輯、続群書類従完成会）、『訳註日本律令』東京堂出版
小野勝年『入唐求法巡礼行記の研究』鈴木學術財団、『大日本古記録　貞信公記』岩波書店、『大日本古記録　九暦』岩波書店、『大日本古記録　御堂関白記』岩波書店、『大日本古記録　小右記』岩波書店、『大日本古記録　殿暦』岩波書店、『増補史料大成　中右記』臨川書店、『史料纂集　吏部王記』続群書類従完成会、『陽明叢書　平記』思文閣出版、『史料纂集　権記』続群書類従完成会、『増補史料大成　左経記』臨川書店、『図書寮叢刊　九条家本玉葉』宮内庁書陵部、『新訂増補国史大系　公卿補任　第一篇』吉川弘文館、『天理図書館善本叢書　類聚名義抄　観智院本』八木書店、『龍谷大学善本叢書　字鏡集』思文閣出版
『新日本古典文学大系　万葉集』岩波書店、小島憲之「凌雲集注」（同『国風暗黒時代の文学』中（中）塙書房）、『日本古典文学大系　懐風藻・文華秀麗集・本朝文粋』岩波書店、小島憲之「経国集注」（同『国風暗黒時代の文学』中（下）・下　塙書房）、『日本古典文学大系　性霊集』岩波書店、中村璋八・大塚雅司著『都氏文集全釈』汲古書院、『日本古典文学大系　菅家文草・菅家後集』岩

波書店、『新訂増補国史大系　本朝文粋』吉川弘文館、大曾根章介他編『校本本朝麗藻』汲古書院、『唐大和上東征伝』（『寧楽遺文』東京堂出版）、筒井英俊校訂『東大寺要録』国書刊行会
『増訂故実叢書　内裏儀式・内裏式・儀式・北山抄』吉川弘文館、『増訂故実叢書　西宮記』吉川弘文館、『増訂故実叢書　江家次第』吉川弘文館、『増訂故実叢書　禁秘抄考註』吉川弘文館、『新儀式』（『群書類従』第六輯、続群書類従完成会）、目崎徳衛校訂・解説『侍中群要』吉川弘文館、『柱史抄』（『群書類従』第七輯、続群書類従完成会）
『十三経注疏整理本　春秋左伝正義』北京大学出版社、『十三経注疏整理本　儀礼注疏』北京大学出版社、『十三経注疏整理本　周礼注疏』北京大学出版社、『漢書』中華書局、『後漢書』中華書局、『三国志』中華書局、『晋書』中華書局、『魏書』中華書局、『隋書』中華書局、『旧唐書』中華書局、『新唐書』中華書局、『影弘仁本　文館詞林』古典研究会、『四部叢刊　曲江張先生文集』台湾商務印書館、東京大学東洋文化研究所所蔵『大唐開元礼』汲古書院、『冊府元亀　校訂本』鳳凰出版社、『大唐六典』広池学園出版部、『唐会要校証』三秦出版社

一、令文の条文名・番号については、井上光貞他校注『日本思想大系　律令』（岩波書店）を、延喜式の条文名・番号については、虎尾俊哉編『訳注日本史料　延喜式』上（集英社）巻末の条文番号・条文名一覧を使用した。

一、日付について、欽明紀以降は、干支を日に換算したものを用いた。

一、引用史料の旧字体は原則として新字体に改めた。

序章　平安前期対外姿勢をめぐる研究の現状と本論文の視角

古代において二国間の外交関係は使節を派遣することで成立する。日本も古くから、国内・国外情勢に応じて、朝鮮半島諸国・中国の歴代王朝に遣外使節を派遣し、また各国も日本へ使節を派遣してきた。これらの使節を通じて、政治的課題の解決が図られるとともに、様々な文物がもたらされた。しかし、日本からは遣渤海使が弘仁元年（八一〇）を最後に派遣されなくなり、遣新羅使も承和三年（八三六）が最後の派遣となる。遣唐使も承和度を最後に途絶える。また日本への来朝についても、新羅使は宝亀十年（七七九）を最後に来朝がなくなる。渤海のみが延長七年（九二九）まで来朝するが、天長元年（八二四）に十二年一貢の年期制が定められ、朝廷から歓迎されていなかったことが窺える。使節の派遣・来朝の状況から、平安時代前期に朝廷の外交に対する姿勢が大きく変化したことが推測される。

このような外交政策の変化を考える際に、朝廷が外国使節をどのように位置づけていたのか、外交をどのように捉えていたのかは重要である。本稿ではこれを「対外姿勢」と呼ぶ。この外国使節や外交の位置づけの変化とその要因を解明するのが本研究の目的である。結論を先取りすることになるが、本書の検討では、嵯峨朝（八〇九〜八二三）に対外姿勢に大きな変化があることを指摘する。まず、平安時代前期の対外姿勢に関わる研究史と、この時期の対外姿勢と密接に関わる唐風化政策をめぐる研究史とを整理することで、本研究の立場を明確にする。

（二）平安時代前期対外姿勢に関わる研究史

（1）対外意識と外交政策

石母田正氏は、四世紀以来、日本は朝貢国・被朝貢国であって「東夷の小帝国」として存在していたが、一〇世紀には小帝国の構造は崩れ、閉鎖的な対外意識だけが残ったとする。(1)これは早くに森克己氏が、日宋貿易を論じるなかで述べた、一〇世紀を画期として、それまでとられていた国家財政上の緊縮方針が崩れるという指摘を踏まえたものである。(2)このような一〇世紀を対外政策の転換期とする議論を受け、石上英一氏は、公使外交の途絶等の外交政策を、閉鎖的ではあるが、大陸・半島の動乱に巻き込まれないための積極的な孤立策と位置づけた。(3)村井章介氏は、石母田氏の指摘をさらに遡らせ、九世紀を排外意識が強まる時期として重視し、ケガレ観念の肥大化との関連を指摘する。(4)どの時点を画期とするかは分かれるが、石母田氏の示した、帝国としての意識が開放性を失って排外的な意識へ向かうという見取り図は、長らく通説の位置を占める。

鈴木靖民氏は奈良時代において日本が中華としての自己認識を強く持っていたことを示し、(5)また森公章氏は、これらの研究を踏まえ、対唐観の分析をもとに、日本中心主義と事大主義の両方の意識が並立して存在していること、九世紀以降は中国を蕃、日本を中華とする観念が見られることを指摘する。(6)また、保科富士男氏・重松敏彦氏によって、朝廷は渤海に対し、新羅よりも相対的に高い位置づけを与えたことが明らかにされている。(7)それに加え、酒寄雅志氏によって、新羅・渤海などの各国の持っていた中華意識が明らかにされ、(8)ここに「東夷の小帝国」を相対化して考える基盤が整えられるに至った。これを受けて新蔵正道氏は、すでに七六〇年代に新羅に対して中華意識を強要しなくなるとした。(9)また軍事制度の検討から、下向井龍彦氏が九世紀初頭に新羅への大規模軍事行動を想定しなくなったことを、以降の消極的な外交姿勢と関連させて論じている。(10)

二〇〇〇年代に入ると、九世紀以降に排外的な意識が高まったとする議論は、全面的な見直しを迫られる。渡邊誠氏は、朝鮮半島の海商の交易活動とそれに対する大宰府官人の対応とを検討し、従来、排外的な対応とされていた承和・貞観年間の新羅に対する政策が、東シナ海交易の活発化に伴う現実的な対応であったことを示した[11]。また、榎本淳一氏は、一〇世紀に中国を相対的に見るような「異国意識」が生まれていることを指摘し、その背景に民間交流の展開があるとする[12]。これ以降も、古代・中世を通じた東アジア海域での海商の活動の研究が進展していることを受け[13]、「海商」の存在を踏まえた、経済的な面に焦点を当てた研究が出されている[14]。ただしこれらの研究では、商人やその具体的活動を分析対象とするため、対外姿勢はほとんど問題とされない[15]。

商人やその経済活動に注目が集まる一方、石井正敏氏が、公使にも経済的側面があったことを明らかにした[16]。さらに九世紀前半に日本が主体的な外交を求めなくなった一因を、東夷の小帝国としての位置づけが通用しなくなったことに求め、日本の独善的な華夷思想を受け入れない新羅とは交渉が絶え、それを受け入れた渤海とのみ外交関係を継続させたとする[17]。この石井氏が示した見解は、現在も通説の位置を占めている[18]。

このように経済的側面を重視する形で研究が進展するとともに、九世紀以降の排外意識については再検討が進んだ。一方、古代日本が朝鮮諸国を蕃国と見なす「東夷の小帝国」であり、それが一〇世紀以降も根底として存在したという見解は、現在も継続して受け入れられている。

（2）外交儀礼と外交制度

外交儀礼・外交制度には国家間の関係が反映されており、そこに対外姿勢の一端が表れている。一九八〇年代に入ると、外交に関わる制度を素材として、その背景にある外交権の所在や国際関係のありかたを明らかにしようとする研究が出る。外交文書は、早くに栗原朋信氏・山田英雄氏の研究によって基礎的事実が明らかにされた[19]。その後、山内晋次氏は外交文書を用いて唐から見た日本の地位を明らかにした[20]。中野高行氏は、文書の結語が唐の実例を受容していることを指摘するとともに、延暦以降は、唐にはない様式を用いることを指摘した[21]。また、石井正敏氏は日本・渤海間の外交文書から、八世紀末以降、太政官が外交に深く関与していくことを指摘し、これを外交システムの整備の一環と見なした[22]。また廣瀬憲雄氏は書札礼の『書儀』を用い、外交文書に見える日本と新羅・渤海の名分関係を検討し、渤海と日本が君臣関係と対等関係の中間の「非君臣上下関係」にあるとした。(23) 外交儀礼も一九八〇年代以降研究が進み、日本に来朝した使節への対応が明らかにされた。早くに喜田新六氏が君臣秩序を論じるなかで、外国使節への儀礼との関わりを論じた。(24) 鍋田一氏は唐の儀礼との関わりを指摘し、田島公氏は『大唐開元礼』にみえる「賓礼」と対応させて外交儀礼を理解し、九世紀初頭に天皇の関与が弱まるとともに、外交権が太政官に移るとした。(25) その後、同じ現象を口頭外交から文書外交へと外交システムの整備が進み太政官の関与が深まった結果とし、解釈を変える。(26) 森公章氏は外交儀礼の全体像を整理し、検討の素地を整えた。(27) 酒寄雅志氏は『内裏式』に見える渤海使を取り上げ、日本優位の国際的地位が動作で示されたとした。(28) また、浜田久美子氏は承和期に唐の賓礼により近づくという、受容の具体的な進度を追求し、(29) 廣瀬憲雄氏は唐の賓礼との相違点に注目し、宝亀年間を画期として、唐とは異なる独自の外交儀礼を行うとした。(30)

(3) 研究史の問題点

平安時代前期の対外姿勢に関わる研究史の問題点のひとつは、日本が新羅や渤海を朝貢国と見なしているとする点にある。九世紀中葉以降の時期については、再検討が進められてはいるが、それ以前の時期については議論の前提とされている。(31) 二国間の関係としてそのような構造があったことは確かであるが、当該期の実態に即した検討も必要である。また、二国間の関係は上下関係か対等関係かという点だけに収斂されない。他国に対する意識は古代においても多様であったはずだが、現在の研究ではそれが見落とされているように思う。

二点目として、公使外交途絶の要因を、海商の活動の活発化という経済的側面に求めている点が挙げられる。これは「政治から外交へ」という図式が修正され、「公使による貿易から商人による貿易へ」、という見方に代えられたという研究史を反映したものであり、環シナ海貿易を重視する研究動向がそれに拍車をかけている。そして対外姿勢について、奈良時代の華夷思想の延長線で捉えられている。しかし、政治的側面の変化も検討されるべきであり、また、内在的な変化の原因も見逃されるべきではないだろう。

三点目として、特に外交儀礼や外交制度の研究が、中国の儀礼・制度をどう継受したのかという、中国を念頭に置いて検討が行われている点が挙げられる。しかし、外交を行う意味は唐と日本とでは、根本的に異なる。唐は吐蕃や突厥、新羅や渤海など大小異なる国々と国際関係を結び、外交交渉を介して国家間の問題に対処する。[32]それに対して日本は、白村江の戦い以降、その戦後処理を除いて、国家間の交渉を介して解決しなければならない切迫した問題がほとんど存在しない。同じような儀礼・制度を行っていたとしても、その意図は異なっていることが考えられる。むしろ、日本の特殊性を考慮に入れ、国内の諸問題のなかから外交に関わる現象を捉えるという視角が必要である。外交儀礼の研究は、一九八〇年代以降に飛躍的に進展した宮廷儀礼研究・儀式研究と切り離された形で研究が進められている傾向にあり、これらの成果を受けた検討が必要である。

（二）平安時代前期の唐風化政策に関わる研究史

ここでは、平安時代前期の嵯峨朝及び唐風化政策をめぐる研究状況を概観する。

嵯峨天皇が中国に倣った文化的な政治を行ったことを強調する歴史叙述は早くに『神皇正統記』に見えている。また近代においても、辻善之助をはじめとする「文化史」の叙述のなかでその中国風の文化について叙述されている。[33]

戦後の歴史学においては、早くに倉林正次氏・山中裕氏が、嵯峨朝を儀式整備の画期とみなし、[34]特に山中氏は嵯峨朝を年中行事の形がはっきりと現れる時期と位置づけた。また目崎徳衛氏は平安時代初期に特化してみられる「奉献」に着目し、奈良時代とは異なるより密接な君臣関係が生じていることを指摘した。[35]

平安時代前期の漢文学の隆盛については、勅撰漢詩集の編纂が重視され、日本漢文学史における画期とされていたが、[36]小島憲之氏が厳密な出典論を展開し、文章経国のスローガンを掲げた朝廷による主導性が強いこと、六朝や初唐の詩賦の強い影響を受けていることを述べ、さらに、そこで培われた要約の技法や表現方法が和歌に吸収され、古今集の世界を作り出すという見通しを示した。(37)笹山晴生氏は平安時代初期における唐風文化の意義を高く評価し、氏族制的・呪術的な要素を取り払ったものと意義づけているが、小島氏の見解と通じるものであろう。(38)

また、古瀬奈津子氏は儀式への参加者を分析し、この時期に新たな官僚制に基づいた君臣関係が生じていることを指摘した。(39)橋本義則氏も平安宮豊楽院の機能を検討するなかで、大規模な会場で節会を国家的饗宴に位置づけ直した、と評価する。(40)西本昌弘氏は、弘仁九年（八一八）に「跪礼」から「立礼」への変化があったことに改めて注目し、これを飛鳥時代以来の唐礼継受の最終局面と位置づけた。(41)

このような儀礼の変化を国制の変化と関わらせて理解する研究が進展するとともに、桓武天皇の専制君主的な性格が注目され、(42)平安時代初期に色濃く見られる昊天祭祀をはじめとする中国的要素を持つ政策に注目が集まった。それによって桓武朝と嵯峨朝が一連の唐風化の時代と捉えられるようになったように思われる。吉田孝氏は中国文化の摂取を通じて、未開から文明にいたるという見通しから、平安時代前期を、律令制が血肉化し安定的なレジームが築かれ、「古典的国制」が成立する時期と位置づけた。(43)さらに、大津透氏・大隅清陽氏はこの議論を発展させ、桓武朝から平安時代前期を含める八世紀中葉から九世紀中葉を、礼制導入が完了した時期と評価し、唐令継受の延長線上で礼の継受を捉え、それを呪術的な氏族制原理に代わる新たな秩序原理であるとした。(44)またこれとは異なる視点で、桑原朝子氏が漢詩での応答によって嵯峨天皇が君臣関係を確認していたことを明らかにし、(45)一連の唐風化のなかにおける、嵯峨朝の特殊性を浮かび上がらせている。

このように、現在の研究の現状では、平安時代前期の唐風化政策は――特に礼制をめぐる問題において――、国制の変化を論じる際の重要なポイントとなっている。しかし現状では、天皇の位置づけや君臣秩序の問題などの国制に関わる現象を、中国的な皇帝との相違点を軸に論じているように見える。従来、いわゆる狭義の文化に関わるとされていた礼制をはじめとする事象を、国制の問題として捉え直して理解した結果、そこに直接関わらない点が見過ごされている。しかしそのような点にも唐風化の意義は鮮明に現れているのではないか。また、桓武天皇から清和天皇までを一括して評価する傾向があるが、平安時代初期と中期では、唐礼導入といっても、その意図する所は異なってくる。(46) 本書では、特に嵯峨朝に注目し、この時期の特殊性を明らかにする。

(三) 本研究の視角と各章のねらい

以上を踏まえ、本研究では、現在、奈良時代の延長線上で理解されている、平安時代前期の他国への意識・外交そのものに対する意識の変化の側面を捉える。本書では、この他国への意識・外交そのものに対する意識を「対外姿勢」と呼び、一貫して朝廷の立場を中心に据えて検討する。その際に、他国を諸蕃とみなす意識を前提としない。外交文書・外交に関わる儀礼を素材として、具体的な対外姿勢を抽出し、その変化から平安時代前期の外交の変化を捉える。このような立場は一国史観との誇りをまぬがれないであろうが、国内の事情は外交にとって最も大きな因子であり、それを欠いては実態に迫ることはできないと考える。また、この対外姿勢の変化は一面では、唐風化政策の形をとって表れる。そのため、平安前期の他の唐風化政策を取り上げ、その具体相を明らかにすることを通して、この時代全体のなかに、外交上の変化を位置づける。このような立場から、三部構成で考察を行う。

第一部　外交文書・儀礼から見た対外姿勢

〈第一章　国書・儀式書から見た平安前期の渤海観〉

渤海に対して出された外交文書に見える表現と儀式次第に見える渤海使の取り扱いとを素材として、朝廷側から見た渤海使の位置づけの変化を明らかにする。

〈第二章　対渤海外交における太政官牒の成立〉

承和九年（八四二）から史料上に現れる、渤海国中台省宛ての「太政官牒」の性格・成立時期の解明を通して、その背景にある国書の変化を示すとともに、華夷思想に満ち溢れているとされる、この時期の朝廷側の対応の具体相を明らかにする。

〈第三章　外国使節の朝賀・節会への参加〉

朝賀・節会という天皇・官人間の関係を示すための儀式に外国使節は参加する。特に使節の朝賀参加は、日本を中華、他国を諸蕃と見なす中華意識の発露する場であり、「東夷の小帝国」としての姿を示すものと理解されてきた。また、外交儀礼研究では、朝賀の場において天皇と使節が直接に対面することを重視し、使節の朝賀参加の開始を「律令的外交」の成立として高く評価する向きもある。史料に即してこれらの見解の再検討を行うとともに、九世紀初頭における施節の朝賀・節会への参加者・礼式を取り上げ、参加形態の変化の時期とその特質を明らかにする。

〈付論　天武・持統紀外国使節記事の再検討〉

『日本書紀』全体における使節の来朝を示す語句を取り上げ、天武・持統紀の異質な用字法を示すとともに、当時の外交儀礼の一端を断片的に残る記事から考察する。

第二部　外交に関わる儀礼の展開

〈第四章　遣唐使の出発・帰国時の儀式――拝朝・節刀・餞の検討――〉

遣唐使の派遣に際して行われる手続きを取り上げ、その沿革を整理して、その重層性を明らかにする。そこに外交の意義の変化を見出だす。それとともに平安時代前期に遣唐使に関わるものとして整備された儀式が、その後に影響を及ぼしたことを明らかにする。

〈第五章　外国使節入京儀礼について――「郊労儀」の再検討――〉

七世紀から九世紀に行われた、来朝した外国使節が入京する際の儀礼の変遷を通して、唐からの儀礼継受の具体相の一端を明らかにし、儀礼の変化の背景に朝廷の外交への意識の変化があることを示す。

第三部　平安前期における唐風化政策の実態

〈第六章　節会における列立法――延喜式部式元正行列次第条・同節会行列条の検討から――〉

延喜式部式に見える列立法を規定した二つの条文の成立過程の検討を通して、列立法の変化を明らかにする。その上で、唐風化を契機として、節会における新しい秩序が定着していき、古い列立法が消滅していく、具体的な状況を解明する。

〈第七章　平安時代の服御・常膳の減省〉

平安時代に入って新たに見える、非常時に天皇自身が衣服や食事を減らして身を慎むという対応を取り上げ、その中国からの継受の背景を理念的側面と経済的側面から検討を加え、唐風化政策の具体的な定着過程とその後への影響を明らかにする。

第一部では、国書の文言、外国使節の儀式への参加形態の変化から、外国使節の朝廷内における位置づけの変化を明らかにし、それが嵯峨天皇の時代に表れること、そこにはこの時期特有の唐風化政策の影響があったことを示す。その上で、第二部では、この変化を七世紀～九世紀のなかに位置づけるため、他の外交に関わる儀礼を取り上げ、朝廷の外交に対する意識が儀礼の変化を引き起こしていたことを示す。第三部では、唐風化政策の役割を具体的な事例から跡づけることで、この時代の特殊性を示す。これらの検討によって、平安時代前期の対外姿勢の具体相と変化の様相を浮かび上がらせたい。

（1）石母田正「日本古代における国際意識について――古代貴族の場合――」（『石母田正著作集』四　古代国家論　岩波書店、一九八九年、初出一九六二年）。
（2）森克己『新編　森克己著作集』一　新訂日宋貿易の研究　勉誠出版、二〇〇八年、初出一九四八年、同「転換期十世紀の対外交渉」（『新編　森克己著作集』二　続日宋貿易の研究　勉誠出版、二〇〇九年、初出一九六九年）。
（3）石上英一「日本古代一〇世紀の外交」（『東アジア世界における日本古代史講座』七　東アジアの変貌と日本律令国家　学生社、一九八二年）。
（4）村井章介「王土王民思想と九世紀の転換」（同『日本中世境界史論』岩波書店、二〇一三年、初出一九九五年）。
（5）鈴木靖民「奈良時代における対外意識――『続日本紀』朝鮮関係記事の検討――」（同『古代対外関係史の研究』吉川弘文館、一九八五年、初出一九六九年）。
（6）森公章「古代日本における対唐観の研究――「対等外交」と国書問題を中心に――」（同『古代日本の対外認識と通交』吉川弘文館、一九九八年、初出一九八八年）、「平安貴族の国際認識についての一考察――日本中心主義的立場の「定立」――」（同上書）。
（7）保科富士男「古代日本の対外意識――相互関係をしめす用語から――」（田中健夫編『前近代の日本と東アジア』吉川弘文館、一九九五年）、重松敏彦「平安初期における日本の国際秩序構想の変遷――新羅と渤海の位置づけの相違から――」（『九州史学』一一八・一一九合併号、一九九七年）。
（8）酒寄雅志「華夷思想の諸相」（同『渤海と古代の日本』校倉書房、二〇〇一年、初出一九九二年）。
（9）新蔵正道「八～九世紀の対外関係」（『ヒストリア』一六三、一九九九年）。
（10）下向井龍彦「光仁・桓武朝の軍縮改革について――律令軍制の解体と律令国家の転換――」（『古代文化』四九―一一、一九九七年）。
（11）渡邊誠「承和・貞観期の貿易政策と大宰府」（同『平安時代貿易管理制度史の研究』思文閣出版、二〇一二年、初出二〇〇三年）。また渡邊氏は「平安貴族の対外意識と異国牒状問題」（『歴史学研究』八二三、二〇〇七年）においても九・一〇世紀の外交は、排外意識のみで説明できず、各状況において支配者層が現実的な判断を行っていたことを論じている。
（12）榎本淳一「「蕃国」から「異国」へ」（同『唐王朝と古代日本』吉川弘文館、二〇〇八年、初出二〇〇一年）。
（13）桃木至朗編『海域アジア史研究入門』（岩波書店、二〇〇八年）に研究の現状がまとめられている。
（14）榎本渉『僧侶と海商たちの東シナ海』（講談社、二〇一〇年）など。

（15）ただし、山内晋次「中国海商と王朝国家」（同『奈良平安期の日本とアジア』吉川弘文館、二〇〇三年、初出一九九三年）では海商も、朝廷から「朝貢」者として位置づけられており、政治的意義を持っていたことを指摘している。

（16）石井正敏「初期日本・渤海交渉における一問題――新羅征討計画と渤海――」（同『日本渤海関係史の研究』吉川弘文館、二〇〇一年、初出一九七四年）。

（17）石井正敏「一〇世紀の国際変動と日宋貿易」（『石井正敏著作集』三　高麗・宋元と日本　勉誠出版、二〇一七年、初出一九九二年）。

（18）例えば、坂上康俊『律令国家の転換と「日本」』（講談社、二〇〇一年）一〇一～一〇四頁、川尻秋生『平安京遷都』（岩波書店、二〇一一年）八一～八二頁もこの見解をとる。

（19）栗原朋信「上代の日本へ対する三韓の外交形式」（同『上代日本対外関係の研究』吉川弘文館、一九七八年、初出一九六七年）、山田英雄「日・唐・羅・渤間の国書について」（同『日本古代史攷』岩波書店、一九八七年、初出一九七四年）。

（20）山内晋次「唐朝の国際秩序と日本――外交文書形式の分析を通して――」（註〔15〕書、初出一九八六年）。

（21）中野高行「慰労詔書の結語の変遷」（同『日本古代の外交制度史』岩田書院、二〇〇八年、初出一九八五年）。

（22）石井正敏「古代東アジアの外交と文書――日本と新羅・渤海の例を中心に――」（註〔16〕書、初出一九九二年）。

（23）廣瀬憲雄「日本の対新羅・渤海名分関係の検討――「書儀」の礼式を参照して――」（同『東アジアの国際秩序と古代日本』吉川弘文館、二〇一一年、初出二〇〇七年）。

（24）喜田新六「王朝の儀式の源流とその意義」（同『令制下における君臣上下の秩序について』皇學館大学出版部、一九七二年、初出一九五五年）。

（25）鍋田一「古代の賓礼をめぐって」（『日本文化史論叢』柴田實先生古稀記念会、一九七六年）、田島公「日本の律令国家の「賓礼」――外交儀礼より見た天皇と太政官――」（『史林』六八―三、一九八五年）。

（26）田島公「外交と儀礼」（『日本の古代』七　まつりごとの展開　中央公論社、一九八六年）。

（27）森公章「古代難波における外交儀礼とその変遷」（註〔6〕書、初出一九九五年）、同「賓礼の変遷から見た日渤関係をめぐる一考察」（同『遣唐使と古代日本の対外政策』吉川弘文館、二〇〇八年、初出二〇〇三年）。

（28）酒寄雅志「雅楽「新靺鞨」にみる古代日本と東北アジア」（註〔8〕書、初出一九九七年）。

（29）浜田久美子「『延喜式』にみえる外国使節迎接使」（同『日本古代の外交儀礼と渤海』同成社、二〇一一年、初出二〇〇二年）。

(30) 廣瀬憲雄「古代倭国・日本の外交儀礼と服属思想」（註〔23〕書、初出二〇〇七年）。
(31) 夷狄であるエミシ研究の視角から、今泉隆雄「律令における化外人・外蕃人と夷狄」（羽下徳彦編『中世の政治と宗教』吉川弘文館、一九九四年）が、「諸蕃」と「夷狄」が、異なる存在であるとするが、全面的な批判は行われていない。ただ、最近では、大高広和「大宝律令の制定と「蕃」「夷」」（『史学雑誌』一二二―一二、二〇一三年）が、「夷狄」に関わる令規定が、唐令からの引き写しの部分であると指摘し、日本が独自の小帝国を構想していたという点に疑問を呈している。
(32) 石見清裕『唐代の国際関係』山川出版社、二〇〇九年。
(33) 辻善之助『日本文化史』春秋社、一九四八年。
(34) 倉林正次『饗宴の研究――儀礼篇――』桜楓社、一九六五年、一八一～一八三頁・二二四～二二六頁、山中裕『平安朝の年中行事』塙書房、一九七二年、四三～五二頁。
(35) 目崎徳衛「平安時代初期における奉献――貴族文化成立論の一視角として――」（同『平安文化史論』桜楓社、一九六八年、初出一九六五年）。
(36) 小野機太郎『日本漢文学史』岩波講座日本文学一七―六　岩波書店、一九三二年。
(37) 小島憲之「奈良朝文学より平安初頭文学へ」（同『上代日本文学と中国文学――出典論を中心とする比較文学的考察――』下　塙書房、一九六五年）、同『古今集以前――詩と歌の交流――』（塙書房、一九七六年）など。また、歴史学から同様の見解を述べたものとして、後述する笹山氏の論考のほかに、榎本淳一「「国風文化」の成立」（註〔12〕書、初出一九九七年）がある。
(38) 笹山晴生「平安初期の政治改革」（同『平安の朝廷　その光と影』吉川弘文館、一九九三年、初出一九七六年）、同「唐風文化と国風文化」（同『平安初期の王権と文化』吉川弘文館、二〇一六年、初出一九九五年）。
(39) 古瀬奈津子「昇殿制の成立」（同『日本古代王権と儀式』吉川弘文館、一九九八年、初出一九八七年）。
(40) 橋本義則「平安宮草創期の豊楽院」（同『平安宮成立史の研究』塙書房、一九九五年、初出一九八四年）。
(41) 西本昌弘「古礼よりみた『内裏儀式』の成立」（同『日本古代儀礼成立史の研究』塙書房、一九九七年、初出一九八七年）、同「日本古代礼制研究の現状と課題」（同上書）。
(42) 瀧川政次郎「革命思想と長岡遷都」（同『法制史論叢』二　京制並に都城制の研究　角川書店、一九六七年）、林陸朗「桓武天皇の政治思想」（山中裕編『平安時代の歴史と文学』歴史編　吉川弘文館、一九八一年）。

(43) 吉田孝「律令国家の諸段階」(同『律令国家と古代の社会』岩波書店、一九八三年、初出一九八二年)。
(44) 大津透『古代の天皇制』(岩波書店、一九九九年)、大隅清陽「礼と儒教思想」(同『律令官制と礼秩序の研究』吉川弘文館、二〇一一年、初出二〇〇六年)。
(45) 桑原朝子「宮廷社会の形成——弘仁・天長期」(同『平安朝の漢詩と「法」』東京大学出版会、二〇〇五年)。
(46) 川尻秋生「平安時代における格の特質」(同『日本古代の格と資財帳』吉川弘文館、二〇〇三年、初出一九九四年)、同「日本古代における「議」」(『史学雑誌』一一〇―三、二〇〇一年)では、平安時代前期のなかでも特に貞観期の意義を重視して論じている。

第一部　外交文書・儀礼から見た対外姿勢

第一章　国書・儀式書から見た平安前期の渤海観

はじめに

古代日本の対外関係は華夷秩序に規定されたものであり、朝鮮半島諸国や国内夷狄に対して大国としての意識を持って臨んでいたという論は古代に、さらには中世においても適用されている。(1)　また、九世紀以降、日本の朝廷の大国としての意識が国際社会で通用しなくなり、排外思想へと到るという見通しも述べられている。(2)　しかし、このような大国意識を前提とするあまり、多様な他国に対する意識が顧みられていないのではないだろうか。

ここでは平安時代前期の日本と渤海の関係を扱うが、この時期の渤海への朝廷の姿勢はめまぐるしく変わる。それは「年期制」の扱いに表れている。延暦十七年（七九八）に設定された六年の年期は、すぐに撤廃される。しかし、天長元年（八二四）に、十二年の年期が唐突に決定され、延長七年（九二九）まで遵守される。延暦の年期制については、石井正敏氏により、日本と渤海の関係を覇王・天子（朝廷）と諸侯（渤海）の関係に擬えることで徳を強調することに主眼があり、来朝を規制する意図はなかったことが指摘されている。(3)　一方、天長の年期制については、迎接儀礼の増大や渤海使が商業目的であったことにより、来朝を制限したとされ、主に経済的側面により理解される傾向にある。(4)　しかし、天長の年期制で、渤海使の来朝が制限されたことは、自らを慕ってくるものを受け入れる「華夷思想」に基づいた対応を行ってきた朝廷にとって大きな転換であると言え、経済的側面だけではなくそれ以外の理由もあると考えられる。この時期に関しては、古瀬奈津子氏が、弘仁十三年（八二二）以降、朝賀に渤海使の参加が見られないことから、「『外交』の意義の低下」が起こったと述べているが、(5)　このような、朝廷内部での、外交や他国に対する認識や外交の意義を明らかにすることも、渤海側の状況や東アジア世界の中での連関を考慮することと同様に必要であると考える。

このような問題意識に立ち、本章では、朝廷から見た渤海観の変化を通して、日本と渤海の二国間関係を考察していく。当該期の渤海観については、すでに、保科富士男・重松敏彦両氏により、延暦期に渤海と日本を対等とする意識が見えることが指摘されている(6)。日渤関係は単純な上下関係ではないとする両氏の視点を継承し、名分関係に囚われない渤海観を明らかにするために、以下で日本から渤海に発給した国書（外交文書）と儀式書の中に表れる渤海について検討していく。

第一節　国書に表れた渤海観の変化

日本から出される外交文書は、史料中では「璽書」や単に「書」などとも呼ばれるが、本書では、天皇から他国の王に向けて出された文書を国書と呼ぶ。渤海王宛の国書は奈良時代から平安時代にかけて十七通が確認できる（【表1　国書の中の表現一覧表】参照）。国書はその形式面に関する研究蓄積が多いが(7)、内容面に触れた研究は少なく、漠然と中華思想に満ち溢れたものであると評価される傾向にある(8)。ここでは、日本から渤海に発給された国書全体を取り扱い、朝廷自身及び渤海への言及の仕方の変化を見ていく。

まず、『続日本紀』天平勝宝五年（七五三）六月八日条（表1―②）に載せる国書を例に、冒頭句・結句を除いた、本文部分の内容について確認する。

【天皇自身への言及】朕以二寡徳一、虔奉二宝図一、亭二毒黎民一、照二臨八極一。

【渤海への言及】王僻居二海外一、遠使入朝、丹心至明、深可二嘉尚一。

【外交上の伝達事項】但省二来啓一、無レ称二臣名一。仍尋二高麗旧記一、国平之日、上表文云、族惟兄弟、義則君臣。

或乞二援兵一、或賀二践祚一、修二朝聘之恒式一、効二忠款之懇誠一。故先朝善二其貞節一、待以二殊恩一、栄命之隆、日新無レ絶、想所レ知レ之、何仮二一二言一也。由レ是、先廻之後、既賜二勅書一、何其今歳之朝、重無二上表一。以レ礼進退、彼此共同。王熟思之。

このように本文部分は、天皇への言及、渤海への言及、外交上の伝達事項が書かれている。この国書の本文部分は、所謂美文であり、中国の典籍に出典を持つ修飾された文言が重ねられている。また、実際に唐から発給された外交文書を参考にしているものも多い。しかし、それらは単なる模倣ではありえず、その時々の状況にふさわしいものを選び取り用いている(9)。したがって、この本文部分の分析は朝廷から見た渤海観の変化を見るのに有効な手段であると考える。

（二）宝亀・延暦年間の国書

（1）自らの徳の強調——国書の中の天皇像——

天皇に言及する部分は、自身で自身について言及していることになり、外部からどのように見られたいのか、という意識が表れる部分である。

先に挙げた、天平勝宝五年六月八日条の天皇自身への言及では、徳が少ないながらも（「寡徳」）、位を継ぎ、この地を治めているということを述べる。ここでは自身のことを述べる際に、謙遜を交えている。このような、謙遜表現は、渤海へ宛てた国書では八・九世紀を通じて見られ(10)、また、新羅へ宛てた国書でも見られる(11)。国書内で他国王に対して、謙遜表現を用いることは、広く行なわれていたようである。しかし、宝亀・延暦年間に変化が見られる。

朕継レ体承レ基、臨二馭区宇一、思二覃徳沢一、寧二済蒼生一。然則率土之浜、化有レ輯二於同軌一、普天之下、恩無レ隔二於殊隣一。

（宝亀三年［七七二］二月二十八日条・表1―④）

表1　国書の中の表現一覧表＊国書の中に現れた表現を項目ごとに抜き出し掲げたものである。従って、国書全文を挙げたものではなく、また順序も元のままではない。＃⑩は⑩を与えて帰国した渤海使が遭難したため、同使に再度与えたもの。

年（西暦）月日	天皇自身に関する表現	渤海に対する言及	高麗への言及	その他伝達事項等	出典
①神亀5(728)4/16 壬午		恢二復旧壌一、聿修二曩好一。朕以嘉レ之。		宜下佩レ義懐レ仁監二撫有境一、滄波雖レ隔、不上断二往来一。	続紀
②天平勝宝5(753)6/8 丁丑	朕以二寡徳一、虔奉二宝図一、亭二毒黎民一、照二臨八極一。	王僻居二海外一、遠使入朝、丹心至明、深可二嘉尚一。	但省二来啓一、無レ称二臣名一。仍尋二高麗旧記一、国平之日、上表文云、族惟兄弟、義則君臣、或乞二援兵一、或賀二践祚一、修二朝聘之恒式一、効二忠款之懇誠一。故先朝善二其貞節一、待以二殊恩一、栄命之隆、日新無レ絶、想所レ知之、何仮二一二言一也。	先廻之後、既賜二勅書一、何其今歳之朝、重無二上表一。以レ礼進退、彼此共同。王熟思之。	続紀
③天平宝字3(759)2/朔 戊戌		使揚承慶等、遠渉二滄海一、来弔二国憂一。誠表二慇懃一、深増二酷痛一。		但随レ時変レ礼、聖哲通規、従レ吉履レ新、更無二余事一。仍差二単使一、送二還本蕃一、便従二彼郷一、達二於大唐一、欲レ迎二前年入唐大使藤原朝臣河清一、宜二知相資一。	続紀
④宝亀3(772)2/28 己卯	朕継レ体承レ基、臨二駅区宇一、思二覃徳沢一、寧二済蒼生一。然則率土之浜、化有レ輯二於同軌一、普天之下、恩無レ隔二於殊隣一。	爰洎二神亀四年一、王之先考、左金吾衛大将軍渤海郡王、遣使来朝、始修二職貢一、先朝嘉二其丹款一、寵待優隆。王襲二遺風一、纂二修前業一、献レ誠述レ職、不レ墜二家声一。	昔高麗全盛時、其王高武、祖宗奕世、介二居瀛表一、親如二兄弟一、義若二君臣一、帆海梯山、朝貢相続。逮二乎季歳一、高氏淪亡、自レ尓以来、音問寂絶。又高氏之世、兵乱無レ休、為レ仮二朝威一、彼称二兄弟一、方今大氏、曾無レ事故、妄称二舅甥一、於レ礼失矣。後歳之使、不レ可二更然一、若能改レ往自新、寔乃継レ好無レ窮耳。	今省二来書一、頓改二父道一、日下不レ注二官品姓名一、書尾虚陳二天孫僭号一。遠度二王意一、豈有レ是乎。近慮二事勢一、疑似二錯誤一。故仰二有司一、停二其賓礼一。但使人万福等、深悔二前咎一、代レ王申レ謝。朕矜二遠来一、聴二其悛改一。王悉二此意一、永念二良図一。	続紀
⑤宝亀8(777)5/23 癸酉	顧三慙二寡徳叨嗣二洪基一、若下渉二大川一罔上知レ攸レ済。	王修二朝聘於典故一、慶二宝暦於惟新一。慇懃之誠、実有二嘉尚一。		但都蒙等、比レ及二此岸一、忽遇二我風一。有レ損二人物一、無二船駕去一。想レ彼聞レ此、復以傷レ懐。言念二越郷一、倍二加軫悼一。故造レ舟差レ使、送至二本郷一。	続紀
⑥延暦15(796)5/17 丁未	朕運承二下武一、業膺二守天一。徳沢攸レ覃、既有レ洽二於同軌一、風声所レ暢、庶無レ隔二於殊方一。	王新纉二先基一、肇臨二旧服一、慕二徽猷於上国一、輸二礼信於闕廷一、眷二言款誠一、載深慶慰。		而有司執レ奏、勝宝以前、数度之啓、頗存二体制一、詞義可レ観、今検二定琳所レ上之啓一、首尾不レ慥、既違二旧儀一者。朕以修聘之道、礼敬為レ先、苟乖二於斯一、何須二来往一。但定琳等、漂二着辺夷一、悉被二劫掠一、僅存二性命一。言念二艱苦一、有レ憫二于懐一、仍加二優賞一、存撫発遣。	類史
⑦延暦17(798)5/19 戊戌	朕祇膺二睿図一、嗣奉二神器一、声教傍洎、既無レ偏二於朔南一、区寓雖レ殊、豈有レ隔二于懐抱一。	彼渤海之国、隔以二滄溟一、世修二聘礼一、有二自来一矣。王追二蹤曩烈一、修二聘于今一、因請二隔年之裁一、庶作二永歳之則一。丹款所レ著、深有レ嘉焉。	往者高氏継レ緒、毎慕レ化而相尋、大家復レ基、亦占レ風而靡レ絶。中間書疏、傲慢有レ乖二旧儀一、為レ此、待二彼行人一、不レ似二常礼一。	所以依二彼所レ請、許二其往来一。使人之数、勿レ限二多少一。但顧二巨海之無レ際、非二一葦之可レ航、驚風踊浪、動罹二患害一。若以二毎年一為レ期、艱虞叵レ測。間以二六歳一、遠近合レ宜。	類史
⑧延暦18(799)4/15 己丑		王逖慕二風化一、重請二聘期一。占雲之訳交レ肩、驟水之貢継レ踵、毎念二美志一、嘉尚無レ已。		故遣二専使一、告以二年期一、而猶嫌二其遅一、更事二覆請一。夫制以二六載一、本為二路難一。彼如レ此不レ辞、豈論二遅促一。宜下其修聘之使、勿上労二年限一。	後紀
⑨弘仁2(811)正/22 丁巳	朕嗣膺二景命一、虔承二睿図一、剋レ己以臨二寰区一、不レ顕以撫二兆庶一、徳未レ懐レ邇、化曷覃レ遐。	惟王資質宏茂、性度弘深、敦レ恵輯レ中、盡レ恭奉レ外。代居二北涯一、与国修好。沃レ日滄溟、企乃到矣、接レ天波浪、葦能乱レ之、賮琛効レ精、慶賀具レ礼、眷二彼情款一、嘉賞何止。王念濇二善隣一、心切二事大一、弗レ難二劬労一、聿修二先業一。		況南容荐至、使命不レ堕、船舶窮危、奮志增勵、雖レ靡二来請一、豈能忍レ之。仍換二駕船一、副レ使押送、同附二少物一。	後紀

（天皇自身に関する表現：④〜⑦の範囲に「←自身の徳の強調→」）

（渤海に対する言及：①〜⑧の範囲に「←朝貢という行為をほめる。→」、⑨にも「→」）

⑩弘仁6(815)正/22 甲午			王祚流二累葉一、慶溢二連枝一、遠発二使臣一、聿修二旧業一。占二風北海一、指二蟠木一而問レ津、望二日南朝一、凌二鯨波一以修レ聘。永念二誠款一、歎慰攸レ深。間以二雲海一。相見無レ由、良用為レ念也。	加えて、王の個人的な資質について述べる。	彼国修聘、由来久矣、書疏往来、皆有二故実一。専輒違乖、斯則長レ傲。夫克レ己復レ礼、聖人明訓、失レ之者亡、典籍垂レ規。苟礼義之或レ虧、何須レ貴二於来往一。今問二孝廉等一、対云、世移主易、不レ知二前事一。今之上啓、不三敢違レ常、然不レ遵二旧例一、愆在二本国一、不レ謝之罪、唯命是聴者。朕不レ咎二已往一、容二其自新一。所以勅二於有司一、待以二恒礼一。宜レ悉二此懐一。	後紀
⑩#弘仁7(816)5/2 丁卯			王祚流二累葉一、慶溢二連枝一、遠発二使臣一、聿修二旧業一。占二風北海一、指二蟠木一而問レ津、望二日南朝一、凌二鯨波一以修レ聘。永念二誠款一、歎慰攸レ深。間以二雲海一。相見無レ由、良用為レ念也。		去年孝廉等却廻、忽遭二悪風一、漂蕩還着。本船破壊、不レ勝レ過レ海、更造二一船一、未レ得二風便一。孝廉患レ瘡。卒然殞逝、王昇基、釈仁貞等続物故。甚以愴然。	類史
⑪弘仁11(820)正/21 甲午			王信義成レ性、礼儀立レ身、嗣二守蕃緒一、践二修旧好一。候二雲呂一而聳レ望、傃二風律一以馳レ誠。行李無レ曠二於歳時一、琛贄不レ盡二於天府一。其依レ風之恩、王受レ施勿レ忘、追迪二前良一、虔発二使臣一、遠令二報謝一、言念二丹款一、深有レ嘉焉。		況前使感徳等、駕船漂破、利渉無レ由。朕特遺賜二一舟一還。悠々絶域、煙水間レ之、迺睠二北領一、遐不レ謂矣。	類史
⑫弘仁13(822)正/21 癸丑	朕以二菲昧一、虔守二先基一、情存二善隣一、慮切二来遠一。		王俗伝二礼楽一、門襲二衣冠一、器範淹通、襟霊劭挙、其儀不レ忒、執徳有レ恒、靡レ憚二艱究一、頻令二朝聘一。絶二鯤溟一而掛レ帆、駿二奔滄波一、随二雁序一而輪レ琛、磬二制絳闕一。不レ有二君子一、其能国乎、言念二血誠一、無レ忘二興寝一。		風馬異レ壌、斗牛同レ天、道之云遥、愛而不レ見。	類史
⑬天長3(826)5/15 辛巳			王信確金石、操貞松筠。賽二国命於西秦一、五台之嶺非レ邈、敦二隣好於南夏一、万里之航自通、煙波雖レ遼、義誠密邇。有斐君子、秉二心塞淵一、感激之懐、不レ可二導説一。		其釈貞素、操行所レ缺者、承祖周悉。	類史
⑭承和9(842)4/12 丙子			惟王奉二遵明約一、沿二酌旧章一、一紀星廻。朝観之期不レ爽、万里溟濶、賝貢之款仍通、言念二乃誠一、無レ忘二鑑寐一。		前年聘唐使人却廻、詳知二苾蒭霊仙化去一。今省二別状一、事自合レ符。亦悉三付遺黄金陥二没緑浦一、雖二人逝賚失元図不レ譜、而思二夫転送之労一、遥感二応接之義一。	続後紀
⑮嘉祥2(849)5/12 乙丑			惟王敦二志欽仁一、宅二心懐憓一。飛颿不レ断、望二日域一而忘レ遐、貢篚相尋、想二遼陽一而如レ近。眷二其勤苦一、良嘉二乃誠一。		但修聘之期、一紀為レ限、先皇明制、国憲已成。故有司固請下責二文矩等一、以背二彝規一、自レ辺還却上、朕閔下其匪二躬之故一、遠踏二重溟一、船破物亡、人命纔活上、使レ得下入二奉朝観一、拝中首軒墀上、禄賜栄班、准二憑恒典一。斯乃一切之恩、難レ可二再恃一、王宜下守二旧章一而不レ失、昭二明徳一以有レ恒。唯存二信順之心一、誰嫌二情礼之薄一。	続後紀
⑯貞観元(859)6/23	先皇以二去年八月一昇遐、遺詔不レ許二奔赴一、朕以二寡徳一、荷二託宸闈一、奉二先訓一而聿修、撫二旧甿一以自恤。		維王文武兼レ体、忠孝由レ衷、襲二当国之徽猷一、敦二親仁之旧好一、傾心久契、無レ疎二就日之誠一、利渉長期、不レ廃二飛雲之嶮一、乃顧二深款一、何靡レ増レ懐。		雖二則会同之礼、大喪無レ虧、延正之朝、春秋所レ美、然而闕庭遏密、事須レ隔二於殷頫一、邦国頻災、人有レ艱二於郵伝一。縁レ此慰二藉使者一、迨レ期放還。間レ紀如レ睽、通レ情猶レ邇。	三実
⑰貞観14(872)5/25			惟王家之急、繕二粉沢一施レ治、坤性之貞、擬二丹青一守レ信、風猷不レ墜、景式猶全、相二襲旧基於居城一、靡レ欺二先紀於行棹一、言二其篤義一、来観既修、贈以二翔仁一、放帰如レ速。数千里之波浪、雖レ有二辺涯一、十二廻之寒暄、豈促二圭晷一。苟謂レ拘レ礼、誰為二隔疎一、徳也不レ孤、夢二想君子一。			三実

ここでは天皇の「化」と「恩」が果てしなく広がっていることが述べられる。

朕運承二下武一、業膺二守天一。徳沢攸レ覃、既有レ洽二於同軌一、風声所レ暢、庶無レ隔二於殊方一。
（延暦十五年（七九六）五月十七日条・表1—⑥）

天皇に言及する中で、徳沢（めぐみ）が同軌（国内）にあふれ、風声（教え）が殊方（他国）を隔てることなく及んでいると述べる。両者とも、国内（「同軌」）のみならず、国外（「殊隣」「殊方」）まで徳が及んでいることを強調しており、それまでの謙遜表現は姿を消し、謙遜とは逆に自らの強さを強調する自尊表現がとられている。しかし、このような自らの徳について直接的に言及することは、弘仁年間に入ると姿を消し、再び謙遜表現が用いられる。

国書での自尊表現は、古代を通じて広く見られるのではなく、宝亀・延暦年間にのみ限定して使用されている特殊な表現と言える(12)。このような表現がとられるのは、自らの徳を強調し、より強い天皇像を描こうとしたためと考えられる。宝亀・延暦年間は、華夷秩序の遵守を求める態度が強いとされる(13)。国書の自尊表現はこのような外交態度を反映したものと考えられる。

（2）渤海を高句麗とみなす意識の残存——国書の中の渤海像——

次に、渤海の位置づけを知る手がかりとして、高句麗への言及を取り上げる。朝廷側が、渤海をかつての朝貢国、高句麗の後身とみなすことにより、渤海を朝貢国として遇し、渤海も積極的にそれを受け入れ、「名を捨てて実を取る」外交政策をとっていたことが石井正敏氏により指摘されている(14)。高句麗として渤海に言及するということは、渤海を大和朝廷以来の古い由来に基づき、朝貢してくる小国として見なしていると言える。

国書では、神亀五年（七二八）の第一次渤海使からすでに高句麗としての言及がなされているが(15)、延暦十七年（七九八）五月十九日条に載せる国書を最後に見られなくなる(16)。渤海から日本に出された王啓でも、延暦十七年十二月二十七日条を最後に見られなくなる(17)。これ以降は、高句麗を持ち出す代わりに、「聿修二先業一」（弘仁二年

〔八一一〕正月二十二日条・表1―⑨）、「聿修㆓旧業㆒」（弘仁六年正月二十二日条・表1―⑩）などの抽象的な表現のみが用いられ、渤海を古い由来を引き継ぐ朝貢国として直接的に言及することは見られなくなる。延暦十七年という時期は、渤海＝高句麗という認識が語られた最末期として位置づけられる(18)。

また、日本が高句麗への言及を止めてからは、渤海側からは一切、言及が見られず、また渤海が日本の希望に沿う形で高句麗に積極的に言及していたことを考えると、この言及が消える原因は、主に朝廷側にあり、彼らにとってその位置づけが好ましいものではなくなったためと考えられる。

以上、宝亀・延暦年間の国書の表現を取り上げた。天皇自身については、以前よりも、徳を強調している点で変化が認められるが、渤海の位置づけは、大和朝廷以来の高句麗―日本の関係を引き継ぐものであり、特に新しい要素は見られなかった。

（二）弘仁年間の国書

（1）渤海に対する評価の変化――行為から王個人へ――

先に述べたように、国書の中で、渤海を高句麗と同一視し、朝貢国としての側面を強調することは、弘仁年間には見られなくなる。では、それに代わり、新たに、どのように言及されるのか。次に、渤海王を褒める表現を取り上げる。渤海王に対する言及は、単なる美辞麗句ではなくて、その時々の状況を反映している。

惟王奉㆓遵明約㆒、沿㆓酌旧章㆒、一紀星廻、朝覲之期不㆑爽、万里溟潤、賝貢之款仍通。
（承和九年〔八四二〕四月十二日条・表1―⑭）

これは、十二年一貢を定めてから、初めて年期を満たして入朝した渤海使に与えられた国書である。そのため、王が「明約」（年期制）を守ったことを高く評価している。このような時宜に応じて変化する渤海王への言及を追っていく。

A　恢㆓復旧壌㆒、聿修㆓曩好㆒。朕以嘉㆑之。（神亀五年〔七二八〕四月十六日条・表1―①）

この第一次渤海使に与えられた国書では、以前の土地を回復し、古い好（よしみ）を結んだことを喜び褒めている。

B　王逖慕㆓風化㆒、重請㆓聘期㆒、占雲之訳交㆑肩、驟水之貢継㆑踵。毎念㆓美志㆒、嘉尚無㆑已。（延暦十八年〔七九九〕四月十五日条・表1―⑧）

渤海王が、天皇の「風化」（上が下を化すこと）によって遣使したことを述べている。先に指摘した、宝亀・延暦年間の天皇の徳を強調する傾向がここでも表れているのだが、渤海王への評価という面から見ると、史料A・Bはともに遣使という行為を評価している。このように、国書での渤海への言及は、朝貢してきたことに対する「嘉尚」がその主な内容であり、朝廷の関心がこの点にあったことが窺える。

しかし、弘仁年間に新たな要素が付加される。煩雑ではあるが弘仁年間の国書で、渤海王に言及した部分を以下に列挙する。

C　惟王資質宏茂、性度弘深、敦㆑恵輯㆑中、盡㆑恭奉㆑外。代居㆓北涯㆒、与国修好。（弘仁二年〔八一一〕正月二十二日条・表1―⑨）

D　王祚流㆓累葉㆒、慶溢㆓連枝㆒、遠発㆓使臣㆒、聿修㆓旧業㆒。（弘仁六年正月二十二日条・表1―⑩）

E　王信義成㆑性、礼儀立㆑身、嗣㆓守蕃緒㆒、践㆓修旧好㆒。（弘仁十一年正月二十一日条・表1―⑪）

F　王俗伝㆓礼楽㆒、門襲㆓衣冠㆒、器範淹通、襟霊劭挙、其儀不㆑忒、執徳有㆑恒。（弘仁十三年正月二十一日条・表1―⑫）

史料C・D・E・Fでは、王への好意的な言及のあと、それに続けて来朝を褒めるという形が取られている。史料Cでは、王の「資質」や「性度」（性質度量）について述べ、続けて来朝について述べている。来朝を褒めるという点では以前と同様であるが、来朝という行為を、王の資質が表れたものとして、王の個性に積極的に言及している。行為のみを評価の対象とするのではなく、王個人の資質を通して行為を褒める表現がとられている。また、同時に、渤海王は史料Bのような天皇から「風化」を及ぼされる対象としては描かれず、個性を有した、より具体的な存在として述べられる。行為から王個人へと評価の対象が広がっている。では、渤海王個人のどのような点が評価されているのだろうか。

まず、史料Fについて検討する。ここでは渤海王が「俗」（渤海社会全体）へ「礼楽」を伝えていること、「門」（渤海王家）が「衣冠」を襲ねていることを評価している。この「礼楽」という語は唐が他国に発給した外交文書にもしばしば見られる。では、唐と日本は同じようにこの語を使用しているのだろうか。まず、唐の外交文書での用法について検討する。石見清裕氏の研究に依拠し(19)、唐から他国に宛てた外交文書での「礼楽」の使用例を以下に列挙する。

G　早慕㆓礼楽之風㆒、久習㆓詩書之教㆒。（「撫慰百済王詔」『文館詞林』六六四　唐貞観十九年〔六四五〕）

H　文章礼楽、聞㆓君子之風㆒、納㆑款輸㆑忠、效㆓勤王之節㆒。（「賜新羅王金興光書」『冊府元亀』九七五　唐開元十九年〔七三一〕）

I　雖㆑隔㆓滄海㆒、無㆑異㆓諸華㆒、礼楽衣冠、亦在㆑此矣。（「勅新羅王金興光書」『曲江集』五　唐開元二十三年）

J　況文章礼楽、粲然可㆑観、徳義簪裾、浸以成㆑俗。（「勅新羅王金興光書」『曲江集』五　唐開元二十四年）

史料Gの「慕㆓礼楽之風㆒」は、唐の礼楽を、百済が求め取り入れていることを意味する。さらに史料Iでも、新羅が唐から遠く離れているのに、諸華と異ならないような「礼楽衣冠」があることを褒めている。「衣冠」は史料Fにも登場したが、文明の風俗を示す(20)。このような唐から見て、「礼楽」が有るという状況は、唐と同質な文化・文明がその国に伝わり、唐の影響が及んでいることを表す。つまり、これは唐の影響力を強調する表現であり、唐の文化・文明を中心に周囲の国を評価していく、中華思想が背景にある(21)。

日本も、おそらくこのような唐から他国に出した外交文書を模倣したのであろう。しかし文化の中心ではない日本の朝廷が史料Fのように述べても、唐のように支配—被支配の関係を強調することにはならず、渤海が唐の文化を取り入れていることを素直に賞賛していることになる。日本の文化・文明を渤海に及ぼしているわけではないからである。したがって、史料Fでは渤海は進んだ文化を持った国として表現されている。また、史料C・Eでも、「宏茂」「弘深」、「信義」「礼儀」など渤海王に儒教的徳目が身についていることを述べている。弘仁年間の国書からは、高い文化を持ち、王も優れた人物であるという渤海像が浮かび上がる。

弘仁年間には他にも渤海王に対する好意的な表現を指摘できる。

不レ有二君子一、其能国乎、言念二血誠一、無レ忘二興寝一。風馬異レ壌、斗牛同レ天、道之云遥、愛而不レ見。

（弘仁十三年正月二十一日条・表1—⑫）

「不レ有二君子一、其能国乎」と相手国に優れた君子がいることを述べる[22]。その後で、馬牛の雌雄が誘い合って領土に入ることがないほど遠くにいるが[23]、それでも斗牛（斗宿と牛宿）が天にあるのは[24]、渤海と日本とでともに同じであるとする。ここでは、渤海王を君子とし、さらに天皇と渤海王の間の親密さを強調している。また、他にも「執徳有レ恒」（史料F）のように渤海王に徳があることを示す表現も存在する。

以上、弘仁年間の国書での渤海王に対する言及について見てきた。以前とは異なり、文化の進んだ国としての言及が見られ、渤海王自身も尊重されていることを指摘した。それまでと比較すると、直接的な朝貢国としての言及は減少する。宝亀・延暦年間と弘仁年間とで、国書の中で表現される渤海像は変化している。

この渤海像の変化の前提として、実際に当時の渤海が、唐の文化を摂取し、高い文化を持っていたことがある。しかし、それは、以前から日本側も認識していたことである[25]。それにもかかわらず、弘仁年間に入ってから、積極的に国書内で渤海の文化的な側面への言及が開始されており、この時期に、朝廷が国書内での渤海への扱いを意図的に変化させていると推測される。

（2）儀礼風景への言及

次に、弘仁年間の国書の特徴を明らかにするために、貢物についての言及を取り上げる。

K　賷琛効レ精、慶賀具レ礼。（弘仁二年〔八一一〕正月二十二日条・表1—⑨）

L　行李無レ曠二於歳時一、琛贄不レ盡二於天府一。（弘仁十一年正月二十一日条・表1—⑪）

M　随二雁序一而輸レ琛、磬二制絳闕一。（弘仁十三年正月二十一日条・表1—⑫）

N　慕二徽猷於上国一、輸二礼信於闕廷一。（延暦十五年〔七九六〕五月十七日条・表1—⑥）

史料Kでは、貢物は素晴らしく、慶賀も礼を備えていることを、史料Mでは、順序に従い整然と貢物を出していること、絳闕（門）のことについて述べ[26]、いずれも具体的な貢物や貢物の出される会場について描写している。

史料Nも一見すると、具体的な貢物について述べているように見える。しかし、「徽猷」はよいはかりごとを意味し、上国（日本）に使いを派遣したことを指す。次の「礼信」は礼儀と信義を意味し[27]、これが「闕廷」（宮中の庭）に出されたことを述べる。具体的な物について言及しているのではなく、抽象的なもの（ここでは、「礼信」）を持ち出している。このような抽象的な表現は史料Nのみではなく、古代の国書を通じて見られる。貢物などに関する具体的表現が表れるのは、弘仁年間の国書のみの傾向であり、天長三年（八二六）以降の国書では見られない。史料Lも、使者と貢物について述べた部分である。「行李」は使者を指し、「琛贄」は貢ぎ物、「天府」は天子の倉を意味する。使人は歳時をむなしくすることがなく、宝物は天皇の倉に満ち溢れていると述べている。この「歳時」という語は、単なる時間・歳月という意味で使用される場合もあるが、特定の時期を指す場合もある[28]。ここでは後者の意味で解すべきであろう。弘仁年間の渤海使はそのほとんどが正月行事に参加していることから（本章二節参照）、ここで想定されている「歳時」も正月のことであると考えられる。

また、この部分の出典は「行李相二継於道路一、賝賮不レ絶二於王府一。」（「撫慰百済王詔」『文館詞林』六四四　唐貞観十九年〔六四五〕）である[29]。これと、史料Lを比べると、「相継於道路」の部分を「無曠於歳時」と改変して使用していることがわかる。「琛贄不盡於天府」については、「絶」→「盡」、「王府」→「天府」と変えているが、意味としてはほぼ同様である。「歳時」は国書執筆者が独自に付け足した部分に当たり、決まった時期（正月）の来朝が強く意識されていたことが窺える。

以上、弘仁年間の国書について検討した。その特徴として、①渤海王を尊重する表現が見られ、渤海自体を文化の進んだ国として言及する、②渤海を高句麗の後裔とする言及が消えるとともに、直接的に小国として言及することも減る、③具体的な貢物やそれに関連する儀礼風景についての言及が見られる、という三点を指摘した。

その後に当たる、天長三年（八二六）以降の国書（表1-⑬~⑰）では、年期制への言及が内容の大部分を占める(30)が、引き続き渤海王を「君子」として言及することが多く見られ(31)、弘仁年間の国書で確認できた渤海王を尊重する表現は、継承されていると言える(32)。ただし、先述したように、貢物に関する描写は見られなくなる。

ここまで国書の中での表現について検討したが、弘仁年間に大きな変化があることがわかった。この国書内での変化には、実際の弘仁年間における渤海使の参加する儀式も大きく影響していると考えられる。次節で詳しく述べるが、弘仁年間に入ると、渤海使の参加しうる儀式が増加する。また、弘仁六年・弘仁十三年には、豊楽院で日渤両国の詩文の交換が行なわれ(33)、宮城内において、群臣の前での作詩が行われている。儀式の中において高い教養がこの時期の渤海使に求められていたと言える。弘仁年間の渤海使には、新たに文化使節としての役割が付加されており、それまでの朝廷を慕ってくる小国とする以外の新たな渤海観が生まれている。

第二節　儀式から見た渤海使——蕃客の節会参加規定の検討——

先に、弘仁年間の国書の特徴のひとつとして具体的な貢物や儀礼風景への言及が見られることを指摘した。ここでは、弘仁年間における渤海使の参加する儀式の検討から、当該期の渤海と儀式の関わりについて考えてみたい。渤海使が参加する儀式に関しては「迎接儀礼」としての研究の蓄積があるが(34)、ここではともに弘仁年間に成立したとされる『内裏儀式』『内裏式』の蕃客参加の見える正月節会次第文（元日節会・七日節会・踏歌節会）の検討を行う。

まず、元日節会次第文の蕃客参加規定について取り上げる。これに関しては、所功氏が『内裏式』正月三節会の蕃客参加規定を取り上げ、渤海使の来朝の頻繁であった弘仁年間の実情に応じて設けられた規定であると述べ(35)、また西本昌弘氏は『内裏式』には蕃客来朝を強く意識した規定が多く、その中には空文に近い規定も存在したと述べている(36)。元日節会次第文について、これらの先学の指摘に、若干の形式に関する指摘を加え、何故このような規定が成立したのかを考えたい。なお、『内裏式』は弘仁十二年（八二一）に成立し、天長十年（八三三）に改訂され、割注には承和年間を下らない頃の書入れがある(37)。しかし官撰儀式書という性格上、本文・割注を含め、弘仁十二年の成立以降に儀式次第の部分に大きな改変はなかったと考える。また、『内裏儀式』については、最終的にまとめられたのが、弘仁初年頃であったとする見解をとる(38)。

（一）『内裏式』元日節会規定の検討

実際に儀式次第を見る前に、外国使節の年中行事参加について概観したい。来朝した渤海使が参加した儀式を表したものが【表2　渤海使の儀式参加一覧】である。外国使節が年中行事に参加する初例は、文武天皇二年（六九八）の新羅使の朝賀参加である(39)。当初は朝賀にしか参加が見られないが、霊亀元年（七一五）には新羅使の節会参加が見られる(40)。それ以降、さらに参加範囲を拡大させてゆく(41)。ただ、当然のことながら、外国使節が正月に来朝した場合とそうでない場合では、その参加儀式は大きく異なる。正月以外に来朝した場合は、節会としてではなく、外国使節のための臨時の宴会が朝堂で開催される（表2-3・9）。

弘仁二年（八一一）には、それまでの［朝賀＋七日節会＋踏歌＋射礼］に加え、新たに朝集堂での臣下による饗が開催され、参加儀式が増加した(42)。しかし、弘仁十三年（八二二）を最後に、渤海使の正月儀式への参加は見

表 2　渤海使の儀式参加一覧

天皇	No	来朝した日付	朝賀	七日節会	踏歌	射礼	朝堂（豊楽院）	その他の宴
聖武	1	神亀 4（727）・9・21	●		●（貢方物と同日）大射・楽			
	2	天平 11（739）・7・13	●	●[*1]	●	●		●本国楽
孝謙	3	天平勝宝 4（752）・9・24					●	
淳仁	4	天平宝字 2（758）・9・18	●	雨で中止	●18日	●		●仲麻呂第・詩宴
	5	天平宝字 3（759）・10・18	●	●		●射のみ		
	6	天平宝字 6（762）・10・朔	●	●	●	●		●仲麻呂第
光仁	7	宝亀 2（771）・6・27	●				●	
	9	宝亀 7（776）・12・22				●騎射・本国楽・舞台	●叙位・賜禄のみ	
	10	宝亀 9（778）・9・21	●	●	●	●		
桓武	14	延暦 17（798）・12・27	●	●	●	●		
嵯峨	15	大同 4（809）・10・朔						●鴻臚館
	16	弘仁元（810）・9・29	●	●		●		●朝集堂
	17	弘仁 5（814）・9・30	●	●女楽	●			●朝集堂
	19	弘仁 10（819）・11・20	●	●	●			
	20	弘仁 12（821）・11・13	●	●	●奏楽打毬			●朝集堂
淳和	22	天長 2（825）・12・3						叙位のみあり。
仁明	24	承和 8（841）・12・22					●	●朝集堂
	25	嘉祥元（848）・12・30				●武徳殿観馬射	●	●朝集堂
清和	28	貞観 13（871）・12・11						●鴻臚館 ●曲宴を賜う。詩を賦す。
陽成	30	元慶 6（882）・11・27				●武徳殿騎射	●	●朝集堂
宇多	32	寛平 6（894）・12・29					●	●鴻臚館 ●朝集堂
醍醐	33	延喜 8（908）・正・8					●〈貞〉	●鴻臚館 ●朝集堂〈扶〉
	34	延喜 19（919）・12・朔					●	●朝集堂

凡例
「朝堂（豊楽院）」項は No9 以前は朝堂で行われた饗宴を、No24 からは平安宮豊楽院で行われた饗宴の有無を示した。No は日本に来朝した渤海使の通し番号。第 8 次渤海使・第 11 次～第 13 次・第 21 次・第 23 次・第 26 次・第 27 次・第 29 次・第 31 次は入京していないため省いた。第 18 次は来朝したこと以外不明。出典は、特に記載がない限り、No 1～10 は『続日本紀』、14・16・17 は『日本後紀』、19・20・22 は『類聚国史』七一・七二・一九四、24・25 は『続日本後紀』、28・30 は『日本三代実録』、15・32 以降は『日本紀略』。〈扶〉は『扶桑略記』、〈貞〉は『貞信公記』。

*1　年中行事の一環かは明証がないが、日付から七日節会と判断した。

られず、渤海使に対する儀式は、豊楽院での宴・朝集堂での饗に限られる。節会については、五月五日節への参加が僅かに見られるのみとなる。[43] 弘仁年間の渤海使に対する儀式は、奈良時代以来の節会に外国使節を参加させる方式を継承している。そして、参加儀式の数が最も多く、また渤海使の正月儀式の参加が絶える直前の時期と言える。

　次に実際の次第文の分析に入っていきたい。元日節会の次第文について、『内裏式』と『内裏儀式』との比較から次の三点が指摘できる。

①『内裏儀式』には蕃客に関する記述がないが、『内裏式』にはある。

顕陽・承歓両堂、〔若有二蕃客一総設二顕陽堂一。〕設二不昇殿者座一。〔東西面北上。〕
吉野国栖於二儀鸞門外一奏二歌笛一、献二御贄一。〔若有二蕃客一不レ奏、他皆效レ此。〕
訖治部・雅楽率二工人等一参入奏レ歌。〔若有二蕃客一不レ奏レ之。〕

いずれの規定も蕃客に関する部分が割注で記述される。実例として元日節会に蕃客が参加した事例はなく、[44] 実態を反映した次第文ではない。

②『内裏儀式』は会場を内裏前殿とするのに対し、[45]『内裏式』は豊楽院とする。

天平勝宝五年（七五三）以降、内裏が元日節会の会場として定着しており、『内裏儀式』の規定は実例を反映している。それに対し、『内裏式』に書かれる豊楽院の使用は、弘仁十一・十三・十四年の三回のみであり、会場としてはほぼ前殿（紫宸殿）が用いられている。[46]

③『内裏式』には六位以下の参加規定がある。

参加者は『内裏儀式』では「五位以上」、『内裏式』では「侍臣」とするが、『内裏式』は割注で六位以下の参加規定を載せる。

五位以上東西分頭入レ自二東西扉一。〔参議以上後レ自二親王一五許丈、四位後レ自二参議一七許丈、五位与二四位一連属、五位最後者比レ到二明義堂北頭一六位以下参入。但参議以上列行之間三許丈。〕

しかし『続日本紀』以下の国史において元日節会の参加者は「侍臣」「侍従」「次侍従」と表記され、実際に六位以下の参加があったとは考え難い。

以上が元日節会での主な『内裏式』と『内裏儀式』との相違点である。これら『内裏式』に見える三つの要素は『大唐開元礼』会の儀式次第に見られる。

尚舎奉御鋪二群官升殿者座一、文官三品以上於二御座東南一西向。褒聖侯於二三品之下一。介公・酅公於二御座西南一東向、武官三品以上於二介公・酅公之後一、朝集使・都督・刺史及三品以上東方南方於二文官三品之後一、西方北方於二武官三品之後一、蕃客三等以上東方南方於二東方朝集使之後一、西方北方於二西方朝集使之後一。倶重行、毎レ等異レ位、以レ北為レ上。

（『大唐開元礼』九七　皇帝元正冬至受群臣朝賀并会）

唐礼では、朝賀の後に行われる宴に、蕃客も昇殿して参加する。(47) 先ほど指摘した『内裏式』に見られる実例と乖離している部分は、このような『大唐開元礼』に見える元正の宴を意識したものと推測される。

また、注目すべきは、①蕃客参加の次第と③六位以下官人の参加とがともに割注で書かれ、実例として見られない点である。渤海使の参加が確認される七日節会・踏歌節会・射礼の『内裏式』次第文では、通常の次第文の後に、「若有二蕃客一者」に続けて、外国使節が参加した場合の次第文を載せている。『内裏式』元日節会次第文は外国使節について触れながら、他の儀式に見られるような具体的な次第文は書かれていない。当時の現状の儀式次第を記述した上で、割注という形で、当時は行われていない、新しい次第を付加していると言える。

このような、新しい次第が加えられたのは、儀式文に『内裏式』成立当時の志向・理想を反映させたからではないだろうか。唐礼の影響もあり、蕃客の儀式参加、それに伴う大規模化が強く意識されていた。

於レ是、抄二摭新見一、採二綴旧章一、原始要終、緝二斯朝憲一、取捨之宜、断レ於二天旨一。起レ自二元正一訖二季冬一、所二常履行一、及臨時軍国、諸大小事、以レ類区分、勒二成三巻一。

（『内裏式』序文）(48)

ここに「断レ於二天旨一」と天皇の判断を仰いだ事が明記されていることから、『内裏式』に表れている志向・理想は、嵯峨天皇及びその周辺に負うところが大きいと推測される。

（二）叙位の次第から見た七日節会の変化

次に七日節会について検討を行う。渤海使は来朝すると、宴会の中で位階や禄を与えられる。外国使節に位階を与えることは慶雲三年（七〇六）から見られ、渤海使については、第一次の来朝から見られ(49)、位階の授与は、儀礼の中で欠くことのできない要素のひとつであった。位階授与の儀式次第は、『内裏儀式』『内裏式』ともに、七日節会の一環として記載している。宴会が始まる前に官人への叙位が行われる次第が書かれ、その後に、渤海使への位階の授与について明記されている(50)。

実例を見ると、七日節会の中で官人の叙位が行われるのは宝亀年間からである(51)。しかし、節会の中での官人への叙位が恒例化しても、七日節会に渤海使が参加する場合は、官人の叙位は他日に行われる。例えば、延暦十八年（七九九）正月七日の節会に渤海使は参加するが、官人の叙位は正月十二日条に記される(52)。官人の叙位と渤海使の叙位を併せて行うことが避けられている(53)。

通常は節会の中で叙位を行うが、渤海使の参加がある場合には節会では渤海使のための迎接儀礼を行い、叙位は他日にずらすという方式がとられ、『内裏儀式』『内裏式』の次第とは異なっている。儀式書のような形——渤海使の節会参加と官人叙位の同日挙行——で節会が開催されるのは、弘仁六年（八一五）に初めて確認できる。

宴㆓五位以上并渤海使㆒。奏㆓女楽㆒。是日、正四位下藤原朝臣緒嗣・秋篠朝臣安人授㆓従三位㆒。……渤海国大使王孝廉従三位、副使高景秀正四位下、判官高英善・王昇基正五位下、録事釈仁貞・烏賢偲・訳語李俊雄従五位下。賜㆑禄有㆑差。（『日本後紀』弘仁六年正月七日条）

節会の開催を述べる記事に続けて、叙位に預かった従三位から外従五位下の官人とその位階、渤海使とその位階が並べられ、官人の叙位と渤海使の叙位とが同日に行われたことがわかる。

それまで別々に開催していた叙位を、同日に開催することにはいかなる意義が認められるのだろうか。ひとつは、渤海使は以前に比べ、官人に近い存在になっているのではないだろうか。叙位に限れば朝廷の官人と渤海使との差が縮まっている。また同時に、儀式開催の面から見ると、以前は通常の節会を変更して渤海使を迎えていたのに対し、渤海使が参加してもしなくても変更点の少ない儀式になっている。渤海使の参加を自明のものとした儀式整備が行われているのではないだろうか。

> 節会之儀、蕃客之朝、歳時不レ絶、必須二餝刀一。今惣被レ断、恐損二国威一。伏望雑石及毛皮等、悉聴レ用レ之。画餝刀者、除二節会・蕃客一之外、将レ加二禁制一。……
> （『日本後紀』弘仁元年〔八一〇〕九月二十八日条）

これは、儀式での餝刀等の着用に関する奏言であるが[54]、この中で「節会之儀」「蕃客之朝」がともに、途絶えることがないとしており、渤海使の来朝が頻繁であることを前提に新たな格が出されている。すでに弘仁初年の段階から、渤海使の存在は強く意識されていたと言える。

以上、儀式について検討を行なった。弘仁年間は、奈良時代以前から続く外国使節の正月儀式参加の見られる最末期であるが、渤海使を儀式へ参加させようとする意識が高いことを述べた。国書で見られた、貢物及びその場への具体的表現は、このような弘仁年間の意識を反映していると考えられる。

おわりに

ここまで、朝廷から見た渤海への意識の変化という視点から考察を行った。第一節では、国書での天皇及び渤海への言及を検討した。弘仁年間の国書には渤海王の個性を評価し、文化的な国とする言及が表れ、この時期に従来からの渤海観に変化が生じていることを指摘した。また、国書の中で華夷秩序を強調しているのは宝亀・延暦年間のみであり、弘仁年間以降にはそのような強調はなくなることがわかった。また、この時期の国書にだけ、貢物やその場についての具体的表現が見られることを述べた。

第二節では、儀式について検討を行い、『内裏式』元日節会次第文の蕃客参加規定は、割注という形で弘仁年間の志向・理想が表れたものであること、七日節会については、弘仁年間に官人の叙位と渤海使の叙位が同日に開催されていることを指摘し、以前に比べ、儀式の中での官人と渤海使との差が縮まっていることを述べた。儀式についても、弘仁年間には渤海使の存在が強く意識されている。

従来、弘仁年間＝嵯峨朝の外交については、桓武朝の外交方針を継承したものと評価される傾向にあり[55]、また、渤海使と文運を競ったことが独立して取り上げられることが多かった[56]。しかし、国書・儀式を通して見ると、渤海使を積極的に儀式に参加させ、それまでの朝貢国ではなく、文化的な側面を強調した新たな渤海観が生じている。これは、渤海観の転換期に当たると言えるだろう。この新しい渤海観は、この時期の文化・儀式に高い政治的意味を付与するあり方、いわゆる嵯峨朝の唐風化政策と連関していると考えられる[57]。したがって、弘仁年間を過ぎると、渤海使の文化的側面はそれほど重要視されなくなり、それがその後の対外関係に大きく影響すると考えられる。

（1）石母田正「日本古代における国際意識について――古代貴族の場合――」（『石母田正著作集』四　古代国家論　岩波書店、一九八九年、初出一九六二年）、同「天皇と「諸蕃」――大宝令制定の意義に関連して――」（同上、初出一九六三年）、保立道久『黄金国家』（青木書店、二〇〇四年）九九頁・二六八～二六九頁。また、森公章「古代日本における対唐観の研究――「対等外交」と国書問題を中心に――」（同『古代日本の対外認識と通交』吉川弘文館、一九九八年、初出一九八八年）では、対唐関係においては日本中心主義的立場があるものの、国際的には表明されなかったとする。

（2）酒寄雅志「華夷思想の諸相」（同『渤海と古代の日本』校倉書房、二〇〇一年、初出一九九二年）。

（3）石井正敏「光仁・桓武朝の日本と渤海」（同『日本渤海関係史の研究』吉川弘文館、二〇〇一年、初出一九九五年）。

（4）石井氏前掲論文では、来日渤海使の商旅としての側面が大きくなり、滞在費を出してまで迎える有益な存在ではなくなったとする。

（5）古瀬奈津子「平安時代の「儀式」と天皇」（同『日本古代王権と儀式』吉川弘文館、一九九八年、初出一九八六年）。鍋田一「古代の賓礼をめぐって」（『日本文化史論叢』柴田實先生古稀記念会、一九七六年）でも、渤海使の参加儀式の分析から、この時期に外交上の変化があったことを指摘する。

（6）保科富士男「古代日本の対外意識――相互関係をしめす用語から――」（田中健夫編『前近代の日本と東アジア』吉川弘文館、一九九五年）、重松敏彦「平安初期における日本の国際秩序構想の変遷――新羅と渤海の位置づけの相違から――」（『九州史学』一一八・一一九合併号、一九九七年）。

（7）金子修一「唐代の国際文書形式」（同『隋唐の国際秩序と東アジア』名著刊行会、二〇〇一年、初出一九七四年）、中村裕一「慰労制書式」（同『唐代制勅研究』汲古書院、一九九一年、初出一九八六年）、中野高行「慰労詔書の「結語」の変遷」（同『日本古代の外交制度史』岩田書院、二〇〇八年、初出一九八五年）など。

（8）石井正敏「古代東アジアの外交と文書――日本と新羅・渤海の例を中心に――」（註〔3〕書、二〇〇一年、初出一九九二年）。

（9）形式面の受容についても、単純な模倣は行なわれていない。中野氏註（7）論文によると延暦以降の「結語」は唐の慰労詔書には見られない形式であるという。

（10）「朕嗣膺二景命一、虔承二睿図一、剋レ己以臨二寰区一、丕顕以撫二兆庶一、徳未レ懐レ邇、化曷覃レ遐。」（弘仁三年〔八一二〕正月二十二日条・表1―⑨）など。他にも、弘仁十三年正月二十一日条（表1―⑫）、貞観元年（八五九）六月二十三日条（表1―⑯）に謙遜表現が見られる。

（11）「天皇敬問二新羅国王一。朕以二虚薄一、謬承二景運一、慚無二練石之才一、徒奉二握鏡之任一。」（『続日本紀』慶雲三年〔七〇六〕十一月三日条）。

（12）他の自尊表現の例として、「朕祇膺二睿図一、嗣奉二神器一、声教傍洎、既無レ偏二於朔南一、区寓雖レ殊、豈有レ隔二于懐抱一。」（延暦十七年五月十九日条・表1―⑦）がある。

（13）石井氏註（3）論文では、光仁朝に渤海に対して、形式の具備を重視した華夷秩序遵守の姿勢が取られ、桓武朝にもその姿勢が継承されるが、『日本後紀』延暦十五年（七九六）十月二日条の啓で、渤海王が年期の設定を要求して以降、桓武朝の外交姿勢が軟化したとする。

（14）石井正敏「日本・渤海交渉と渤海高句麗継承国意識」（註〔3〕書、初出一九七五年）。

（15）『続日本紀』神亀五年（七二八）正月十七日条に載せる渤海王啓で「武芸忝当二列国一濫総二諸蕃一、復二高麗之旧居一、有二扶余之遺俗一。」と述べる。また国書でも、天平勝宝五年（七五三）六月八日条「仍尋二高麗旧記一。」（表1―②）、宝亀三年（七七二）二月二十八日条「昔高麗全盛時、其王高武、祖宗奕世、介二居瀛表一、親如二兄弟一、義若二君臣一。」（表1―④）と述べる。

（16）「往者、高氏継レ緒、毎慕レ化而相尋、大家復レ基、亦占レ風而靡レ絶。」（『類聚国史』一九三　延暦十七年五月十九日条・表1―⑦）。

（17）「然則向レ風之趣、自不レ倦二於寡情一、慕レ化之勤、可レ尋二蹤於高氏一。」（『類聚国史』一九三　延暦十七年十二月二十七日条）。

（18）廣瀬憲雄「古代倭国・日本の外交儀礼と服属思想」（同『東アジアの国際秩序と古代日本』吉川弘文館、二〇一一年、初出二〇〇七年）では、渤海を高句麗として扱うことを仕奉観念によるものとするが、仕奉観念の衰退期を宝亀年間とする。

（19）石見清裕「唐朝発給の「国書」一覧」（『アジア遊学』三、一九九九年）。

（20）『漢語大詞典』「衣冠」項。

（21）那波利貞『中華思想』岩波講座東洋思潮・東洋思想の諸問題　岩波書店、一九三六年。

（22）『春秋左氏伝』文公十二年秋に同じ表現が見える。『春秋左氏伝』の理解については鎌田正『春秋左氏伝』新釈漢文大系　明治書院、一九七一～一九八一年を参照した。

（23）『春秋左氏伝』僖公四年春に類似の表現が見える。

（24）中野高行「〈斗牛〉に関する基礎的考察」（『日本歴史』七九四、二〇一四年）。

（25）『類聚国史』一九三　延暦十五年四月二十七日条。石井正敏「渤海の地方社会――『類聚国史』渤海沿革記事の検討――」（註〔3〕書、初出一九九八年）で、「奈良時代頃の渤海関係記録集にもとづいて『日本後紀』編者によって記された文」とする。

（26）本章初出時には「磬制二絳闕一」と読み、「磬」が儀式の会場に並べられていることを表現しものと解釈したが、赤羽目匡由氏は「磬二制絳闕一」と読み、朝廷で渤海使が磬折する様子を示したものと指摘している（鈴木靖民・金子修一・石見清裕・浜田久美子編『訳註　日本古代の外交文書』八木書店、二〇一四年、一九一～一九二頁）。決定打はないが、この解釈の方が前の文章の句作りとも整合的なので、これに随って史料Mの表記及び本文を改めた。

（27）諸橋轍次『大漢和辞典』「礼信」項。

(28) 渤海王啓には「思欲修礼勝方、結交貴国、歳時朝覲、桅帆相望。」(『日本後紀』延暦十五年十月二日条)とあり、歳時の朝覲を行うために船をだしたい、と述べる。ここでの「歳時」を時間とすると意味がとれない。ここでは「決まった時期に」と解すべきであろう。

(29) 阿部隆一「文館詞林考」(『影弘仁本　文館詞林』古典研究會、一九六九年)によると、弘仁十四年(八二三)の奥書を持つ写本が現存し、この時期に日本にもたらされていたことが確認される。この写本には「嵯峨院」及び「冷然院」の印が見られ、奥書には「校書殿写」とある。この写本が作成される以前に、中国から伝来したものを、国書執筆者は見ていたことが推測される。

(30) 国書内での年期制の言及は、天長三年(八二六)五月十五日条(表1―⑬)、承和九年(八四二)四月十二日条(表1―⑭)など。

(31) 渤海王を「君子」として言及した例は「有斐君子。」(『類聚国史』一九四　天長三年〔八二六〕五月十五日条・表1―⑬)、「夢想君子。」(『日本三代実録』貞観十四年〔八七二〕五月二十五日条・表1―⑰)など。

(32) 承和九年(八四二)以降は、詔書とともに太政官牒が渤海使に渡されたことが確認でき、国書とは記述内容の役割分担が行われている。そのため、従来の国書と同列に扱うことはできず、太政官牒を踏まえた検討が必要である。

(33) 『文華秀麗集』上　王孝廉「奉勅陪内宴詩、一首」、釈仁貞「七日禁中陪宴詩、一首」、『経国集』一一　太上天皇「七言、早春観打毬、一首」、滋貞主「七言、奉和観打毬、一首」。また、『日本三代実録』貞観十四年(八七二)五月二十四日条では、鴻臚館で詩宴が行なわれているが、平安宮内で群臣たちの前で詩文を交わすことは見られなくなる。

(34) 田島公「古代の律令国家の「賓礼」――外交儀礼より見た天皇と太政官――」(『史林』六八―三、一九八五年)、同「外交と儀礼」(『日本の古代』七　まつりごとの展開　中央公論社、一九八六年)、森公章「古代難波における外交儀礼とその変遷」(註〔1〕書、初出一九九五年)、浜田久美子「『延喜式』にみえる外国使節迎接使」(同『日本古代の外交儀礼と渤海』同成社、二〇一一年、初出二〇〇二年)など。儀式書の分析を通し対外関係に触れている研究としては、酒寄雅志「渤海通事の研究」(註〔2〕書、初出一九八八年)、古瀬氏註(5)論文がある。

(35) 所功「『内裏儀式』と『内裏式』の関係」(同『宮廷儀式書成立史の再検討』国書刊行会、二〇〇一年、初出二〇〇〇年)。

(36) 西本昌弘「奈良時代の正月節会について」(同『日本古代儀礼成立史の研究』塙書房、一九九七年、初出一九九四年)。

(37) 大西孝子「『内裏式』の書誌的考察」(『皇學館論叢』五―三、一九七二年)。

(38)『内裏式』『内裏儀式』をめぐる研究は多いが、主なものとして、所功「『内裏式』の成立」(同『平安朝儀式書成立史の研究』国書刊行会、一九八五年、初出一九八四年)、大西氏前掲論文、西本昌弘「古礼からみた『内裏儀式』の成立」(註〔36〕書、初出一九八七年)などがある。『内裏儀式』『内裏式』は、その位置づけを巡る議論があるが、『内裏儀式』の内容が『内裏式』より古い点については、早くに江戸中期の壺井義知が指摘し、現在の各研究者間でも一致している。

(39)『日本書紀』皇極天皇元年(六四二)五月五日条に、百済王子翹岐が馬猟を見た事例、同年七月二十二日条に、百済使人の前で相撲を取らせた事例があるが、翹岐が王子であること、また節日が整う以前であることから、特殊な事例と判断した。

(40)『続日本紀』霊亀元年正月十六日条。

(41)『続日本紀』天平宝字七年(七六三)正月朔条・七日条・十七日条・二十一日条によると渤海使は朝賀・二度の節会・射礼に参加している(表2-6参照)。

(42)田島公「古代の律令国家の「賓礼」」(註〔34〕書)では、これを太政官外交の発展と解釈する。

(43)五月五日節に渤海使が参加した例としては、『続日本後紀』嘉祥二年(八四九)五月五日条、『日本三代実録』元慶七年(八八三)五月五日条。

(44)橋本義則「平安宮草創期の豊楽院」(同『平安宮成立史の研究』塙書房、一九九五年、初出一九八四年)で既に指摘されているが、一例として、『日本後紀』弘仁六年(八一五)の正月儀式記事を挙げる。「皇帝御二大極殿一。受レ朝。蕃客陪レ位。宴二侍臣於前殿一。賜二御被一。」(正月朔条)、「宴二五位以上并渤海使一。奏二女楽一。」(正月七日条)、「御二豊楽院一。宴二五位已上及蕃客一。奏二踏歌一。賜レ禄有レ差。」(正月十六日条)。七日・十六日条のように、節会などに蕃客が参加した場合は、その旨が明記されるが、朔条では宴への参加は「侍臣」のみであり、渤海使は朝賀に参加するものの、元日節会には参加しなかったことがわかる。

(45)不昇殿者の幄を立てていること、南門に闈司が居することから、内裏前殿(紫宸殿)と判断できる。内裏前殿に関しては、鈴木亘「平安宮における前殿と朝堂」(同『平安宮内裏の研究』中央公論美術出版、一九九〇年、初出一九八四年)に詳しい。

(46)豊楽院と紫宸殿をめぐる会場の問題については、橋本氏註(44)論文、森優子「日本古代の正月三節会における儀場と参加者について——その政治的性格をめぐって——」(『福島県立博物館紀要』一五、二〇〇〇年)、神谷正昌「紫宸殿と節会」(同『平安宮廷の儀式と天皇』同成社、二〇一六年、初出一九九一年)など。いずれも、実際には紫宸殿で開催されても、豊楽院で行うべきという意識があったと評価する。

（47）　渡辺信一郎「帝国の構造――元会儀礼と帝国的秩序」（同『天空の玉座』柏書房、一九九六年）。また、延暦の遣唐使の帰朝報告に「（唐開元）廿一年正月元日於二含元殿一朝賀。」（『日本後紀』延暦二十四年〔八〇五〕六月八日条）とあり、このときの遣唐使は実際に唐での朝賀に参加している。朝賀後の会にも参加している可能性が高い。

（48）　西本昌弘「『内裏式』の古写本について」（註〔36〕書、初出一九九三年）による復元を用いた。

（49）　『続日本紀』神亀五年（七二八）正月十七日条。

（50）　『内裏式』七日会式には「宣制曰、天皇我詔旨良万止勅御命乎渤海客人衆聞食止宣不国乃王差某等進度志天皇我朝廷乎拝奉留事乎矜賜比慈賜比冠位上賜比治賜久止勅天皇我大命乎聞食止宣通事称唯、…時式部少輔進叙二大使一、次丞進叙二副使以下一。」とある。

（51）　早川庄八「成選叙位をめぐって」（笹山晴生先生還暦記念会編『日本律令制論集』下　吉川弘文館、一九九三年）。

（52）　『日本後紀』延暦十八年正月七日条・十二日条。

（53）　七日に叙位を行い、さらに別の日に臨時叙位を行ったものが記事として残ったことももちろん考えられるが、他に宝亀十年（七七九）も、渤海使が正月七日に節会に参加し、叙位は正月二十三日に行われており、同日が避けられている。また宝亀十一年（七八〇）にも唐使・新羅使の叙位が正月五日に行われ、官人の叙位が正月七日の節会で行われており、ここでも外国使節・官人の叙位を同日に行うことが避けられている。

（54）　この奏言は大同二年（八〇七）八月十九日に下された弾例で禁止された「雑石腰帯」「画餝大刀」「素木鞍橋」「独射干・葦鹿・貖・羆皮」について、その使用を許すことを要求したもの。

（55）　石井氏註（3）論文。

（56）　上田雄・孫栄健『日本渤海交渉史』六興出版、一九九〇年。

（57）　嵯峨朝の位置づけについては、桑原朝子『平安朝の漢詩と「法」――文人貴族の貴族制構想の成立と挫折――』（東京大学出版会、二〇〇五年）、笹山晴生「唐風文化と国風文化」（同『平安初期の王権と文化』吉川弘文館、二〇一六年、初出一九九五年）を参照した。

〔補註〕　初出論文から、第二節の『類聚国史』弘仁十三年正月二十一日条（史料M）「斗牛」「磬制絳闕」の解釈を改めるとともに、註（24）（26）を増補した。また註（38）（47）（53）（54）も内容を補っている。

第二章　対渤海外交における太政官牒の成立――中台省牒との相違から――

はじめに

古代日本の対外関係は、一〇世紀において公使を介した交渉がなくなる一方、日宋貿易が盛行することにより、大きく転換するとされてきた。(1)また、そうした研究の進展を受け、九世紀における排外意識の高揚や新羅・唐商人との交易が取り上げられるようになり、(2)一〇世紀へ連続する面が指摘されている。九世紀半ばには公使を介して交渉するのは渤海のみとなり、天長元年（八二四）には、十二年一貢の年期制が定められ、外交関係は確かに縮小している。九世紀の対外交渉上の変化を、一〇世紀に現れる諸要素から遡って考えるのみではなく、八世紀からの連続性を踏まえて捉えるために、公使外交の変質を明らかにすることが必要であり、ここに九世紀の対渤海外交を検討する意義がある。

本章では、九世紀の外交関係を考える素材として官司間外交文書を取り上げる。日本・渤海交渉では、渤海王の出す王啓と天皇の出す国書とを用いて外交意思が伝達された。九世紀にはこれに加え、渤海国中台省と日本国太政官との官司間での文書のやりとりが史料上に現れる。中台省牒は天長五年（八二八）から史料に見え始め、(3)その返信としての太政官牒も承和九年（八四二）から見られる。

省牒・官牒の先行研究は、その性格を実務的文書とするが、成立時期や意義について意見が分かれる。中村裕一氏が、交流の初期より存在し、他の東アジアの国家でも見られる形式ではないかと述べたのに対し、酒寄雅志氏は、文書の上下関係を明確にする面を重視し、弘仁年間に形式が整えられたと、日本・渤海交渉の中に文書を位置づけた[4]。田島公氏は、天長五年（八二八）の省牒の発給に対し、官牒が返送されたとし、そこに、太政官の外交への関与の深まりと[5]、口頭外交から文書外交へという外交システムの変化を指摘した[6]。石井正敏氏は外交システムの中でも特に入国審査と関連づけて論じ、宝亀年間に使用が始まるとする[7]。このように、二国間の関係や外交制度の変化の中で省牒・官牒をどう位置づけるかによって、各人の主張する成立時期は異なる。また、省牒の返信として官牒が発給されるため、一対の文書として扱われ、その成立・性格までもが同列に論じられてきた。

本章では、文書の具体的内容から、省牒と官牒とを個別に検討する。同時に発給された王啓・国書との比較から文書固有の内容を明らかにし、それがどこまで遡るのかを検討し、成立時期を可能な限り明らかにする。その上で、これら文書を用いた九世紀の対渤海外交の具体相を捉え、公使外交の変化を明らかにする。なお、本書では便宜的に天皇から渤海王へ出される文書を「国書」、渤海王から天皇へ出される文書を「王啓」と呼ぶ。

第一節　渤海国中台省牒の成立時期と役割

日本に向けて出された渤海国中台省牒の初出は天平宝字三年（七五九）であるが[8]、王啓を伴わず単独で出されており、王啓とともにもたらされる省牒とは分けて考察する。（【表1　日本・渤海間の意思伝達一覧】参照。）承和九年（八四二）・嘉祥二年（八四九）・貞観元年（八五九）・貞観十四年・元慶元年（八七七）の五例の省牒は、ほぼ全文が残るので、これらを主な検討対象とする[9]。

（一）王啓との比較

まず、承和九年の王啓と省牒とを比較し、その果たした役割を確認する[10]。

【王啓】（a）渤海国王大彝震啓、季秋漸冷、伏惟天皇起居万福、即此彝震蒙ㇾ恩。（b）前者王文矩等入覲、初到二貴界一、文矩等即従二界末一却廻。到レ国之日、勘問不レ得二入覲逗留一。文矩口二伝天皇之旨一、年満二一紀一、後許二入覲一。（c）彝震仰、計二天皇衷旨一、不レ要二頻煩一、謹依二口伝一、仍守二前約一。今者天星転運、躔次過レ紀、覲覲之礼、爰恐レ愆レ期、差レ使奉レ啓、任レ約令レ覲。（d）彝震限以二溟闊一、不レ獲二拝覲一、下情無レ任二馳恋一。謹遣二政堂省左允賀福延一奉レ啓。

【省牒】（A）渤海国中台省牒二日本国太政官一。応レ差入覲貴国使政堂省左允賀福延、并行従一百五人。（B）一人使頭政堂省左允賀福延（中略）廿八人梢工。（C）牒、奉二処分一。日域東遥、遼陽西阻、両邦相去、万里有余。溟漲滔レ天、風雲難レ可レ難レ測、扶光出レ地、程途亦或レ易レ標。所以展二親旧意一、拝覲須レ申、毎航レ海以占レ風、長候レ時而入覲。（D）年祀雖レ限、星軺尚通、賷レ書遣レ使、爰至二于今一、宜下遵二旧章一、欽修中覲礼上。（E）謹差二政堂省左允賀福延一、令レ覲二貴国一者。准レ状牒二上日本国太政官一者。謹録牒上。謹牒。

王啓の内容の構成は、（a）冒頭句、（b）前使王文矩の伝達内容の確認、（c）遣使の理由（年期を満たした）、（d）結句、となる。それに対し省牒は、（A）使の名前と人数、（B）使節の内訳、（C）日本・渤海間の遠さの強調、（D）遣使の理由（年期を満たした）、（E）結句、となる。王啓と省牒の最大の相違点は、王啓には（A）・（B）がないことであり、使の名前・人数・内訳の伝達が省牒の主要な役割であると言える。（D）には、王啓にない「旧好」の強調があるが、具体的な内容は王啓（c）の域を出ず、王啓の要約と言える。（C）も王啓に無いが、この「日本と渤海が離れている」という内容は、五例の省牒すべてに見られ、続けて「所以」で（D）へ接続して遣使の理由を示すという構成も共通し、定型化している。

すでに指摘はあるが[11]、内容の比較を通しても、王啓こそが外交意思伝達の文書であり、省牒は使の名前・人数・内訳を除けば、王啓の要約であることが確認された。また、嘉祥二年（八四九）以降、「罕続二音塵一」（啓）―「音耗稀伝」（牒）（嘉祥二年）、「期二海津於挂席一」（啓）―「欲二占レ風而挂席一」（牒）、「係二寸心一」（啓）―「拳々方寸」（牒）（貞観元年）など、王啓と省牒が共通する語句を使う傾向がある。このように（A）（B）以外の部分は王啓との共通性が高い。

表1　日本・渤海間の意思伝達一覧

No	渤海から伝達を受けた年	西暦	渤海から出されたもの 王啓		渤海から出されたもの 中台省牒		渤海から出されたもの その他	日本から出されたもの 国書		日本から出されたもの 太政官牒		日本から出されたもの その他
1	神亀五年	七二八	王啓	◎				国書	◎			
2	天平十一年	七三九	王啓	◎								
3	天平勝宝五年	七五三	啓	△			王言◎	国書	◎			
4	天平宝字三年①	七五九	表文	△			唐の勅書△王言◎	国書	◎			詔◎
5	天平宝字三年②	七五九			中台省牒	◎	藤原朝臣河清上表△王言◎					詔◎
6	天平宝字六年	七六二										
7	宝亀三年	七七二	表	△				国書	◎			
8	宝亀四年	七七三	表	△			報書◎					太政官処分◎
9	宝亀八年	七七七					国王妃喪△王言◎	国書	◎			詔◎
10	宝亀十年①	七七九					王言◎	国書	△			詔◎
11	宝亀十年②	七七九	表	△								勅◎・太政官処分◎
12	延暦五年	七八六										
13	延暦十五年	七九六	王啓	◎			告喪啓◎永忠書△	国書	◎			賜太政官書於在唐僧永忠等△
ⓐ	延暦十五年	七九六	王啓	◎								
ⓑ	延暦十七年	七九八						国書	◎			賜在唐留学僧永忠等書△
14	延暦十七年	七九八	王啓	◎				国書	◎			
ⓒ	延暦十八年	七九九	王啓	◎								
15	大同四年	八〇九	王啓	△				国書	△			
16	弘仁元年	八一〇	王啓	◎				国書	◎			
17	弘仁五年	八一四	王啓	△				国書	◎			＊七年に再び国書発給
18	弘仁九年カ	八一八						無勅書				
19	弘仁十年	八一九	王啓	◎				国書	◎			
20	弘仁十二年	八二一	王啓	◎				国書	◎			
21	弘仁十四年	八二三						国書	△			詔◎
22	天長三年	八二六	王啓	△			霊仙の表△	国書	◎			
23	天長五年	八二八	王啓	△	中台省牒	△						天皇之旨○
24	承和九年	八四二	王啓	◎	中台省牒	◎	黄金陥没状◎	国書	◎	太政官牒	◎	

25	嘉祥二年	八四九	王啓	◎	中台省牒	◎		国書	◎	太政官牒	◎	
26	貞観元年	八五九	王啓	◎	中台省牒	◎		国書	◎	太政官牒	◎	
27	貞観三年	八六一	王啓	△	中台省牒	△				太政官牒	△	
28	貞観十四年	八七二	王啓	◎	中台省牒	◎		国書	◎	太政官牒	◎	
29	元慶元年	八七七	王啓	◎	中台省牒	◎				太政官牒（都）	◎	太政官宣◎
30	元慶六年	八八二	王啓	△				国書	△	太政官牒	△	
31	寛平四年	八九二			中台省牒	○		国書	△	太政官牒（本）	◎	
32	寛平六年	八九四										
33	延喜八年	九〇八	王啓（貞）	△				国書（扶）	△	太政官牒（扶）	△	法皇の書（本）◎
34	延喜二十年	九一九	王啓	△	中台省牒	△	大江朝綱への書状（扶）△			太政官牒	△	法皇の書△ 渤海大使への書状（扶）△
35	延長八年	九二九					怠状（本）◎					

・渤海使によってもたらされた文書・王言と日本から渤海使に渡された文書または行なわれた口頭での伝達について年ごとに記した。
・出典は六国史と『日本紀略』。但し、No13・ⓑ・14・18～23は『類聚国史』一九三・一九四。（扶）は『扶桑略記』、（都）は『都氏文集』、（本）は『本朝文粋』、（貞）は『貞信公記』を示す。
・Noⓐ～ⓒは日本からの遣渤海使がもたらしたもので、渤海使は来朝していない。
・記号◎はその内容のほぼ全容がわかるもの、○は一部がわかるもの、△はその存在のみが確認されることを示す。

（二）省牒の利用方法

次に、この省牒固有の内容（A）（B）がどのような場面で必要なのかを検討し、省牒の史料上の初出である天長五年（八二八）からどこまで遡るのか、その成立時期を考える。

（1）使の名前と人数――渤海使到着記事の検討――

渤海使が日本海沿岸諸国に到着すると、到着国の国司は解文で中央へ報告する。中央は、その報告をもとに対応する。[12]この中央への報告に際し、最も基本的な情報は使の名前と人数である。[13]

この伝達の状況を明らかにするため、渤海使が来朝後初めて国史に現れる記事を渤海使到着記事として検討する。この全三〇例の記事は、Ⅰ～Ⅲの三つの類型に分けることができる（【表2　六国史に見える渤海使到着記事一覧】参照）。

表2　六国史に見える渤海使到着記事一覧

No	年	西暦	月日	記事	出典	分類
1	神亀四年	七二七	九月二十一日	渤海郡王使首領高斉徳八人、来㆓着出羽国㆒。遣㆑使存問、兼賜㆓時服㆒。	続紀一〇	I
2	天平十一年	七三九	七月十三日	渤海副使雲麾将軍己珍蒙等、来朝。	続紀一三	I
※	天平十八年	七四六	是年条	渤海人及鉄利惣一千一百余人、慕㆑化来朝。安㆓置出羽国㆒、給㆓衣粮㆒放還。	続紀一六	I
3	天平勝宝四年	七五二	九月二十四日	渤海使輔国大将軍慕施蒙等、着㆓于越後国佐渡嶋㆒。	続紀一八	I
｜			十月七日	遣㆓左大史正六位上坂上忌寸老人等於越後国㆒問㆓渤海客等消息㆒。	続紀一八	[参考]
4	天平宝字二年	七五八	九月十八日	小野朝臣田守等至㆑自㆓渤海㆒。渤海大使輔国大将軍兼将軍行木底州刺史兼兵署少正開国公楊承慶已下廿三人、随㆓田守㆒来朝、便於㆓越前国㆒安置。	続紀二一	I
5	天平宝字三年	七五九	十月十八日	迎藤原河清使判官内蔵忌寸全成、自㆓渤海㆒却廻、海中遭㆑風漂㆓着対馬㆒。渤海使輔国大将軍兼将軍玄菟州刺史兼押衙官開国公高南申、相随来朝。其中台牒曰……。	続紀二二	I
6	天平宝字六年	七六二	十月朔	正六位上伊吉連益麻呂等、至㆑自㆓渤海㆒、其国使紫綬大夫行政堂左允開国男王新福已下廿三人相随来朝。於㆓越前国加賀郡㆒安置供給。我大使従五位下高麗朝臣大山、去日船上臥㆑病、到㆓佐利翼津㆒卒。	続紀二四	I
7	宝亀二年	七七一	六月二十七日	渤海国使青綬大夫壱万福三百廿五人、駕㆓船十七隻㆒、着㆓出羽国賊地野代湊㆒、於㆓常陸国㆒安置供給。	続紀三一	I
8	宝亀四年	七七三	六月十二日	能登国言、渤海国使烏須弗等、乗船一艘来㆓着部下㆒、差㆑使勘問。烏須弗報書曰……。	続紀三二	II
9	宝亀七年	七七六	十二月二十二日	渤海国遣㆓献可大夫司賓少令開国男史都蒙等一百八十七人㆒、賀㆓我即位㆒并赴㆓彼国王妃之喪㆒。比㆑着㆓我岸㆒、忽遭㆓悪風㆒、柂折帆落。漂没者多、計㆓其全存㆒、僅有㆓卌六人㆒、便於㆓越前国加賀郡㆒、安置供給。	続紀三四	I
10	宝亀九年	七七八	九月二十一日	送高麗使正六位上高麗朝臣殿嗣等、来㆓着越前国坂井郡三国湊㆒。勅㆓越前国㆒、遣高麗使并彼国送使、宜㆘安㆓置便処㆒、依㆑例供給㆖之。但殿嗣一人早令㆓入京㆒。	続紀三五	II（I含む）
11	宝亀十年	七七九	九月十四日	勅渤海及鉄利三百五十九人、慕㆑化入朝、在㆓出羽国㆒、宜㆓依㆑例供給㆒之。但来使軽微、不㆑足㆑為㆑賓、今欲㆓遣㆑使給㆑饗自㆑彼放還㆒。其駕来船、若有㆓損壊㆒、亦宜㆓修造㆒。帰蕃之日、勿㆑令㆓留滞㆒。	続紀三五	II
12	延暦五年	七八六	九月十八日	出羽国言、渤海国使大使李元泰已下六十五人、乗船一隻漂㆓着部下㆒、被㆓蝦夷略㆒十二人、見存卌一人。	続紀三九	II
13	延暦十四年	七九五	十一月三日	出羽国言、渤海国使呂定琳等六十八人、漂㆓着夷地志理波村㆒、因㆑被㆓劫略㆒、人物散亡。勅宜㆘遷㆓越後国㆒依㆑例供給㆖。	類史一九三（後紀四）	II
｜	延暦十五年	七九六	四月二十七日	渤海国遣㆑使献㆓方物㆒、其王啓曰……。	類史一九三（後紀四）	[参考]
14	延暦十七年	七九八	十二月二十七日	渤海国遣㆑使献㆓方物㆒、其啓曰……。	類史一九三（後紀七）	III
15	大同四年	八〇九	十月朔	渤海国遣㆑使献㆓方物㆒、王啓曰云々。	紀略（後紀一八）	III
16	弘仁元年	八一〇	九月二十九日	渤海国遣㆑使献㆓方物㆒、其王啓云……。	後紀二〇	III
17	弘仁五年	八一四	九月三十日	渤海国遣㆑使献㆓方物㆒。	後紀二四	III

※は文書や外交意志の伝達が確認できない。

18	弘仁九年	八一八		※明確に来朝を示す記事無し。		
19	弘仁十年	八一九	十一月二十日	渤海国遣レ使献二方物一、上啓曰……。	類史一九四（後紀二七）	Ⅲ
20	弘仁十二年	八二一	十一月十三日	渤海国遣レ使献二方物一、国王上啓曰……。	類史一九四（後紀二九）	Ⅲ
21	弘仁十四年	八二三	十一月二十二日	加賀国、言二上渤海国入覲使一百一人到着状一。	類史一九四（後紀三一）	Ⅱ
22	天長二年	八二五	十二月三日	隠岐国馳駅奏上、渤海国使高承祖等百三人到来。	類史一九四（後紀三三）	Ⅱ
23	天長五年	八二八	正月十七日	但馬国馳駅言上、渤海人百余人来着。	類史一九四（後紀三六）	Ⅱ
24	承和八年	八四一	十二月二十二日	長門国言、渤海客徒賀福延一百五人来着。	続後紀一〇	Ⅱ
25	嘉祥元年	八四八	十二月三十日	能登国馳駅奏、渤海国入覲使王文矩等一百人来着矣。	続後紀一八	Ⅱ
26	貞観元年	八五九	正月二十二日	能登国馳駅言、渤海国入覲使烏孝慎等一百四人、来二着珠洲郡一。	三実二	Ⅱ
27	貞観三年	八六一	正月二十日	出雲国上言、渤海国使李居正等一百五人、自二隠岐国一来二着嶋根郡一。	三実五	Ⅱ
28	貞観十三年	八七一	十二月十一日	渤海国入覲使楊成規等百五人着二加賀国岸一。	三実二〇	Ⅱ
29	元慶元年	八七七	正月十六日	出雲国言、渤海国大使政堂省孔目官楊中遠等一百五人、去年十二月廿六日着岸、中遠申云、為二謝恩請使一差二遣中遠等一、兼献二方物一。於二嶋根郡一安置供給。	三実三〇	Ⅱ
30	元慶六年	八八二	十一月二十七日	加賀国馳駅言、今月十四日、渤海国入覲使裴頲等一百五人着岸。	三実四二	Ⅱ

Ⅰ類は、報告や指示が国史の地の文として溶け込んでおり、『続日本紀』にのみ見られる。神亀四年（七二七）から宝亀二年（七七一）および宝亀七年の九例である〈1～7・9（表2の番号と対応、以下同。）〉。渤海使の官名を詳細に記載していることが多いが、到着地から使節を放還した場合、官名は最後まで不明であることから[14]、渤海使の正式な官名は入京後に把握されていたと推測される。到着記事に見える詳細な官名は、後で得た情報をここに掛けて記載したものと考えられ、Ⅰ類には概して文飾が多いことが確認される。Ⅱ類は、国司からの言上及び中央からの指示を記載した記事である。編纂時の文飾が少なく、到着時に諸国が把握していた情報の具体的な形を抽出することができる。宝亀四年（七七三）〈8〉、宝亀九年から延暦十四年（七九五）、弘仁十四年（八二三）から元慶六年（八八二）の一五例である〈8・10～13・21～30〉。Ⅲ類は、「渤海国遣レ使献二方物一」とし、続けて王啓を引用する〈14～19〉。『日本後紀』にのみ見られるものである。

このような記事の違いは国史の編纂方針によるものであろうが、この背景については措いておく。ここでの目的は、渤海使到着時の状況を明らかにすることなので、Ⅱ類から到着地で把握していた情報がわかること、しか

表3　省牒・到着記事に見える渤海使の呼称

年（西暦）	中台省牒の表記	到着記事の表記
承和九年（842）	「入覲貴国使」	渤海客徒
嘉祥二年（849）	「入覲貴国使」	渤海国入覲使
貞観元年（859）	国史が省牒を省略。	渤海国入覲使
貞観十四年（872）	国史が省牒を省略。	渤海国入覲使
元慶元年（877）	「入貴国中謝并請客使」	渤海国大使

しⅡ類は限られた期間にしかないことを確認し、記事の検討に入る。

淳和天皇弘仁十四年（八二三）十一月壬申、加賀国、言上渤海国入覲使一百一人到着状。（『類聚国史』一九四〈21〉）

ここで加賀国からの正確な人数が一桁まで報告されている。口頭で渤海使人から人数を聞くこともできるが、その場合でも渤海使人の申告を証明するものが必要であろう。この人数は省牒（A）部分に相当する。到着地での使節全体の人数確認の際に省牒（A）部分が参照されたのではないだろうか。(15)この傍証となるのが、「入覲使」という語句の使用状況である。(16)渤海使は国史では「渤海使」「蕃客」「渤海客」等と記載され、「入覲使」とする事例は多くない。「入覲使」の国史での使用例は全一〇例、そのうち五例が到着記事に、二例が省牒にある。残り三例は渤海使の儀礼に関する記事にある。(17)省牒で使用されていることから、これが渤海使の正式名称と考えられる。ほぼ全文の残る五例の省牒の中で「入覲使」のないもののうち、貞観元年（八五九）・貞観十四年の二例の省牒は、冒頭の（A）の部分が省略されて『日本三代実録』に記載されており、この省略された部分に「入覲使」の語句が存在したと思われる。(18)また元慶元年の省牒では、渤海使は「入貴国中謝并請客使」と名乗っており、このときの使節の正式名称は「入覲使」ではなかった。このときの到着記事は「渤海国大使政堂省孔目官楊中遠等一百五人……」としており、「入覲使」とはされない。このように渤海使の名称について、省牒の記載と報告の内容とは対応している。省牒を参照した上で、中央への報告がなされていると言える（【表3　省牒・到着記事に見える渤海使の呼称】参照）。

Ⅱ類のうち、「入覲使」の使用と正確な人数の記載の両者が、弘仁十四年（八二三）〈21〉に見え、省牒の存在はここまで遡る。これ以前のⅡ類に「入覲使」の語はないが、これは「入覲使」がいまだ渤海使の正式名称とはなっていなかったためと考えられる。ただ、Ⅱ類のうち、到着地で正確な人数把握ができていることがわかる、延暦五年（七八六）〈12〉・同十四年〈13〉は、省牒を参照して報告した可能性が高い。また、Ⅰ類の宝亀七年（七七六）〈9〉や延暦五年（七八六）〈12〉では、渤海出国時の人数と、現存の人数や遭難した人数を記載する。到着地で人数を数えるのと同時に、出国時の人数を記した省牒を参照したことが推測される。

　省牒（A）部分は、到着地での使節の人数の確認に使用されていた。ここから、中台省牒の使用は、早ければ宝亀七年、確実なところでは弘仁十四年と考えられる。

（2）使節の内訳――食料支給規定の検討――

（B）使節の内訳では、使頭（大使）から首領までの使節全体の構成が記載されている。延喜主税式上81渤海客食法条はそれと同様の使節の構成を示す。

A　凡渤海客食法、大使・副使、日稲各五束、判官・録事各四束、史生・訳語・天文生各三束五把、首領・梢工各二束五把。

これは、諸国の正税から支出する渤海使の粮料の規定である。到着地の国司が、この規定通りに支給するためには、使節の内訳を知る必要があった。ここで（B）使節の内訳の情報が必要とされる。したがって、省牒のこの記載は、粮料の支給規定に対応して成立している可能性がある。この規定がどこまで遡るのか検討する。

天長五年（八二八）正月二日太政官符（『類聚三代格』一八）では、「違期之過不レ可レ不レ責、宜下彼食法減二半恒数一、以二白米一充中生料上者、所レ定如レ件。」とし、

　大使・副使、日各二束五把。　判官・録事、日各二束。
　史生・訳語・医師・天文生、日各一束五把。　首領已下、日各一束三把。

という支給方法を但馬国に伝えている。医師が加わる一方、梢工がいないなど、細かい違いはあるが、使節の構成員を四つに分ける点、及びその倍にした各量は史料Aと同じである。ここでは、「白米」での支給と「恒数」

の半減とが指示されており、これ以前に諸国へ渤海使の支給に関する規定が通達されていたと思われる。それを示すのが、天長元年（八二四）六月二十日太政官符（『類聚三代格』一八）である。

B　太政官符

改㆓定渤海国使朝聘期㆒事。

右検㆓案内㆒、太政官去延暦十八年五月廿日符偁、「右大臣宣『奉㆑勅、渤海聘期、制以㆓六載㆒。而今彼国遣使太昌泰等、猶嫌㆓其遅㆒、更事㆓覆請㆒。乃縦㆓彼所㆑慾、不㆑立㆓年限㆒。宜㆘随㆓其来㆒令㆗礼待㆖』者、諸国承知、厚加㆓供備㆒、馳駅言上」者、今被㆓右大臣宣㆒偁、「奉㆑勅、小之事㆑大、上之待㆑下、年期礼数、不㆑可㆑無㆑限。仍附㆓彼使高貞泰等還㆒、更改㆓前例㆒、告以㆓一紀㆒。宜㆘仰㆓縁海郡㆒、永以為㆖例。其資給等事、一依㆓前符㆒。」

天長元年六月廿日

これは一紀一貢の年期制を諸国に通達した官符である。最後の「其資給等事」は、史料Aのような粮の支給量を指すと考えられる。また、「前符」は先に言及されている延暦十八年（七九九）五月二十日官符と解するのが自然で、延暦十八年官符は、年期制の撤廃に伴い改めてその待遇を定めたものであり、粮の支給規定も含む渤海使来朝時の対応方法を諸国へ通達したものと考えられる。延暦十八年官符は、粮の支給規定自体はさらに遡る可能性が高い。次に『延喜式』のもうひとつの渤海使の構成員を示す規定、延喜大蔵式98賜渤海王条と史料Aとを比較し、その成立時期を考える。

C　渤海王絹卅疋・絁卅疋・絲二百絇・綿三百屯、並以㆓白布㆒裹束。大使絹十疋・絁廿疋・絲五十絇・綿一百屯。副使絁廿疋・絲卌絇・綿七十屯。判官各絁十五疋・絲廿絇・綿五十屯。録事各絁十疋・綿卌屯。訳語・史生及首領各絁五疋・綿廿屯。

渤海使が大蔵省から与えられる禄の支給額の規定である。渤海王への支給額を見る限り、この数量は、天平宝字二年（七五八）来朝の第四次渤海使に対して適用されたもので[19]、それ以降も、基本的にこの数量を送っている[20]。

また、史料Aにはある「天文生」がないなど古い要素が残る[21]。史料Aは史料Cに比べ新しく、天平宝字二年より後の状況を反映したものと言える。史料Aの規定は天平宝字二年より以後、延暦十八年以前に成立した。この規定を実行する際に必要な情報を持つ省牒の成立も、この規定の成立以降と考えられる。

以上、省牒の（A）使の名前と人数と（B）使節の内訳から、その成立時期を検討した。多く推測にわたったが、両者の検討結果を単純に組み合わせると、天平宝字二年より後、早ければ宝亀七年、遅くとも延暦十八年には省牒は使用されていることになる。また、先に省牒は、（A）（B）部分以外は王啓の要約であると述べたが、ここを参照すれば、渤海使の来朝理由を知ることが出来る。これも到着地から中央へ報告する内容のひとつである。省牒は、中央への言上・食料の支給の際に参照される情報を持ち、太政官宛ではあるが[22]、到着地の国司が受け取り、参照すべき文書であったと思われる。

（三）省牒使用に至る契機

省牒の使用開始時期をある程度限定したが、何故この時期に省牒の使用が始まったのか。省牒には、使節の身分を証明する機能があったとされる[23]。この機能も含め、省牒成立の契機を考える。

（1）渤海使の単独来朝と人数の増加

通交初期の渤海使の到着状況について見ると、天平十一年（七三九）・天平宝字二年（七五八）・天平宝字三年・天平宝字六年の四例〈2・4・5・6〉で、渤海使は遣渤海使や遣唐使など日本の官人とともに到着している[24]。この場合、同行している日本の官人が彼らの身分を証明してくれるので、渤海使が自身の身分を説明し、国司の詰問を受ける必要はなかったであろう。したがって、省牒のような文書は必要ない。

しかし宝亀二年（七七一）〈7〉になると渤海使は単独で来朝し、以前は二〇人程度であった使の人数が三二五人と大幅に増加した。日本側はこの事態に対し、入京人数を制限し、次回以降は筑紫道から来朝するよう命じた[25]。

筑紫道つまり大宰府から来朝せよという指示は、光仁朝の華夷秩序遵守の対外姿勢によるものとされるが[26]、現実的な到着国の負担や身分確認の必要を考慮した側面もあるのではないだろうか。蕃客への供給体制が整備されている大宰府の方が、使節への対応は容易である。

この後、大宰府を目指した第九次渤海使は遭難し、一六七人中一二一人が死亡する。朝廷も宝亀十年（七七九）を最後に北陸に到着しても咎めなくなる[27]。こうして日本海沿岸諸国は百数十人の渤海使に対応せざるを得なくなった。省牒があれば、沿岸諸国のどこに到着しても、自らの身分・大使の名前・人数・使の内訳・来朝理由が証明できる。省牒は、宝亀二年の単独来朝及び人数の増加により必要となったのだろう。

（2）中台省牒の日本・渤海間以外での使用

先に省牒の成立を日本・渤海間の通交状況の変化から考えた。一方、省牒のような使節の身分を証明する文書は、渤海が唐へ入国する際にも用いた可能性が高い。その文書の存在を示すのが次の史料である。

先レ是、大宰府馳駅言、「渤海国人崔宗佐・門孫宰等漂二着肥前国天草郡一。遣二大唐通事張建忠一、覆二問事由一、審二実情状一、是渤海国入唐之使、去三月着二薩摩国一、逃去之一艦也。仍奉二進宗佐等日記并所レ齎蝋封函子・雑封書・弓剣等一。」是日、勅「討二覈宗佐等申状一、知二是渤海人一。亦其表函・牒書、印封・官銜等、讎三校先来入覲在二此間一者、符合如レ一。崔宗佐等、既非二伺レ隙之奸寇一、可レ謂二善隣之使臣一。其飄泊艱渋、誠当二矜恤一。宜レ令三在所支二済衣粮一、所レ上蝋封函子・雑封書等、全二其印封一、莫レ煩二披閲一。亦其随身雑物、秋毫不レ犯、皆悉還与。……」

（『日本三代実録』貞観十五年〔八七三〕七月八日条[28]）

これは、渤海の遣唐使が遭難し、肥前国へ漂着した記事である[29]。当初は新羅人ではないかと疑っていたが、所持品検査により渤海人とわかった。その所持品に「表函牒書印封官銜等」なるものが見られる。これは、「表函の牒書、印封の官銜」と読まれ、牒書と官銜という二つの文書とその各外装とを記したと解されている[30]。しかし、日本へ王啓と省牒とをもたらしていたことを考えると、表函＝渤海王から唐皇帝に送る上表文、牒書＝省牒のような実務的文書と解することもできる。後ろに「全二其印封一」とあることから、朝廷は文書を開封せず、外装を観察して渤海使と判断している。その判断材料が「印封・官衙」であろう。「印封」――渤海が封泥に用いた印の形状――、「官衙」――函上に書かれた官司名――を確認し、それが朝廷の持っていた渤海王啓・中台省牒と一致したので、渤海使と認識し、疑いが晴れたと思われる。「官衙」については、日本から渤海に出される国書の函上に「中務省」の三字があったことが知られる(31)。これと同じく渤海が唐へ出す文書にも官司名が書かれていたのだろう。ここは、「表函・牒書の印封・官衙」と読むべきである(32)。おそらく、中台省牒は東アジアで広く遣外使節の派遣の際に用いられていた実務的文書を元に、日本・渤海交渉において必要とされる情報を掲載する文書として発給されたと考えられる。

以上、省牒の成立時期及び性格を検討し、宝亀二年（七七一）の渤海使の単独来朝及び人数の増加により必要となった、到着地で参照するべき情報を載せた文書が中台省牒であることを示した。省牒の実務的文書としての性格は明らかになったが、このような文書に対して返信は必要なのだろうか。個人の身分証である公験も、発給した官司に対して返信することは考え難い(33)。次に、省牒の返信とされていた太政官牒の性格を検討する。

第二節　日本国太政官牒の成立と国書

（一）国書との比較

官牒の初出は承和九年（八四二）である。まず、このときの国書と比較し、その内容を確認する。

【国書】（a）天皇敬問二渤海国王一。福延等至、得レ啓具之。（b）惟王奉二遵明約一、沿二酌旧章一。一紀星廻、朝覲之期不レ爽、万里溟澗、賝貢之款仍通。言念二乃誠一、無レ忘二鑑寐一。（c）前年聘唐使人却廻、詳知二苾蒭霊仙化去一。今省二別状一、事自合レ符。亦悉三付遣黄金陥二没緑浦一。雖二人逝賫失一元図不レ諧、而思二夫転送之労一、遥感二応接之義一。（d）悠々天際、非レ可二跂予一、相見無レ由、惄焉不レ已耳。附二少国信一、色目如レ別。夏景初蒸、比平安好、略此還答、指不二多及一。

【太政官牒】（A）日本国太政官牒渤海国中台省。入覲使政堂省左允賀福延等壱佰伍人。牒。（B）得二中台省牒一偁、奉二処分一、日域東遥、遼陽西阻。両邦相去、万里有レ余。溟漲滔レ天、風雲雖レ可レ難レ測、扶光出レ地、程途亦或レ易レ標。所以、毎航レ海以占レ風、長候レ時而入覲。宜下遵二旧章一、欽修中観礼上。謹差二政堂省左允賀福延一、令レ観二貴国一者。（C）福延等来修二聘礼一。守二一紀之龍信一、凌二千里之鼇波一、乗二風便一以企レ心、仰二日光一而進レ影。（D）事有二成規一、准レ例奏請。被二勅報一曰、隣好相尋、匪二亶今日一、静言二純至一、嘉二尚于懐一。宜下加二優矜一、得中復命上者。（E）今使還之次、附二璽書并信物一。至宜レ領之。（F）但啓函修飾、不レ依二旧例一。官議棄レ瑕不レ挙、自後奉以悛レ之。（G）准レ勅牒送、牒到准レ状。故牒。

（『続日本後紀』承和九年四月十二日条）

国書の内容の構成は、（a）冒頭句、（b）渤海王への賛辞、（c）黄金転送への礼辞、（d）結句、となる。官牒の内容は、（A）冒頭句、（B）中台省牒の引用、（C）使節への賛辞、（D）勅の引用、（E）国書・信物、（F）違例の指摘、（G）結句、となる。官牒固有の部分は（F）違例の指摘である。このとき、実際に啓・別状の違例が問題となっており、渤海使を詰問している。[34] 一方、国書では違例に触れず、国書と官牒とで内容が異なっている。

渤海から出された王啓と省牒が人数の記載等を除いた部分が重複するのに対し、国書と官牒とでは相違が見られ、互いに補完して外交意思を伝えている。しかし、官牒にのみ見られる（F）違例の指摘は、かつては国書に記載されていた内容である。官牒成立の前提として、先に「国書では違例の指摘をしない」という原則が成立していたと思われる。この原則が成立するまでの国書の変遷を見る。

（二）太政官牒の成立時期――「違例の指摘」の変遷――

渤海への国書での違例の指摘は、天平勝宝五年（七五三）から見られ、四例ある。[35] 延暦十五年（七九六）の国書では次のように述べる。

而有司執レ奏、「勝宝以前、数度之啓、頗存二体制一、詞義可レ観。今検二定琳所レ上之啓一、首尾不レ慥、既違二旧儀一」者。朕以修聘之道、礼敬為レ先。苟乖二於斯一、何須二来往一。（『類聚国史』一九三　延暦十五年五月十七日条）

「有司」（太政官）は礼に適っているかを調査し奏上する。それに基づき礼を守るべきと指摘し、渤海王を責めるのは「朕」＝桓武天皇である。ここでは、天皇が直接、渤海王を責める形をとっている。また、弘仁六年（八一五）には、以前に派遣した遣渤海国使林宿禰東人が、王啓が無礼であったため持ち帰らなかった件で、渤海大使を責めている(36)。国書の中で「苟礼義之或レ虧、何須レ貴レ於二来往一」と礼義に基づいた交渉をすべきとし、「朕不レ咎二已往一、容二其自新一」と許し、通常通り渤海を遇したと述べる。ここでも判断を下し、渤海を責めるのは天皇である。

しかし、この国書は渤海王に届かなかった。日本を出発した渤海使は遭難し、大使は病死する。それを受けて弘仁七年に再発給された国書は大きく改変された(37)。東人の件に関する部分は削除され、新たに大使らの死亡を告げる内容が加えられ、結句も「略此還報、一二無悉」から「略此呈報、指不一二」へと丁寧な語句に変更された。ここで、渤海大使の死という非常事態に対応し、国書から違例の指摘が消された。弘仁十年の第一九次渤海使来朝時には、前回、国書を発給していないのに、王啓が国書への感謝を述べていたため、放還すべきかが問題になった(38)。結局入京させるのだが、国書ではそのことに一切言及しない。

朕特遣二賜一舟一還、其依レ風之恩、王受レ施勿レ忘、追二迪前良一、虔発二使臣一、遠令レ報レ謝。言念二丹款一、深有レ嘉焉。（『類聚国史』一九四　弘仁十一年正月二十一日条）

と、国書では遣使を褒めるのみである。違例の指摘は、弘仁七年の偶発的原因による削除以降も、国書から消えている。これは、渤海に示す天皇像の変化に原因があると推測される。この時期の儒教の受容の深化を受け(39)、渤海に対して憐れみを示す「有徳の君主」が国書で示されているのではないか。このときは、「理想＝天皇が国書で憐れみを示す」と「現実＝実際に渤海使を厚遇する」とが一致している状況である。細かい違例はあっても、大きな問題はない時期が続く。

この「違例の指摘は国書には載せない」という原則は、天長元年（八二四）の一紀一貢の年期制設定以降も続く。天長二年には渤海使が年期違反で来朝したことが問題となり、入京はさせたが宮内での儀礼は行われなかった(40)。これに対し、国書では年期違反に触れず、来朝を褒める。再び、天長五年に年期を守らず来朝したときには、入京を許さず但馬国から放還した。「口伝」によって「天皇之旨」として、年期を守るべきことが伝えられ、国書は出されていない(41)。「口伝」は口頭での太政官処分または勅の伝達を指すと思われる。これ以前も、渤海使を到着地から放還する場合の処置として、太政官処分や勅が口頭で伝達されることがあった(42)。官牒の成立以降はそれに代わり、官牒のみを返信するという処置がみられ、口頭外交から文書外交への変化が指摘されている(43)。つまり、口頭伝達を行っている天長五年の段階では、官牒は未成立と言えるだろう。したがって、この次に来朝する渤海使に対して出された承和九年（八四二）の官牒が、最初の発給といえる。

このように、天長二年・同五年は、年期違反に対して、違例の指摘をしない国書のみではうまく対処できていない様子が窺える。一致していた「理想＝渤海に憐れみを示す」と「現実＝年期違反を咎める」とが乖離している。承和九年の官牒の発給により、「理想＝天皇は国書で憐れみを示す」、「現実＝官牒において違例の指摘を行う」という役割分担が成立する。理想の天皇像を保ちつつ、違例を渤海側に伝えるために、省牒の返信の体裁をとって、新たに発給された文書が官牒である。このように、省牒と官牒はその役割も成立時期も異なるのである。

第三節　年期制をめぐる渤海の論理と日本の論理

省牒・官牒の役割を個別に検討し、その成立について述べた。特に官牒の成立には年期制が大きく影響している。ここでは、官牒成立以降の外交文書から、年期制に関する言及を取り上げ、年期を無視する渤海の論理及びそれに対する日本の論理を追う[44]。年期制の成立は重要な論点であるが、そこには立ち入らず、外交文書内で年期制がどのように扱われているのかを問題にする。外交文書に書かれる内容は、いわゆる建前であるが、だからこそ互いのあるべき姿やこうありたいという理想が表れると考える。特に年期を違反し、かつ王啓・省牒・国書・官牒の四つの外交文書の残る嘉祥元年（八四八）の第二五次渤海使と貞観元年（八五九）の第二六次渤海使とを取り上げる。

（一）嘉祥元年来朝の渤海使

まず渤海側の論理を確認する。王啓では年期違反を承知の上で、「自レ古隣好、憑レ礼相交。曠二時一歳一、猶恐二情疎一。」と、日本・渤海間の古くから「礼」に基づき通交していること、「情疎」を恐れることを述べる[45]。省牒でも、日本を慕っていること、「旧準」に従い来朝したことを述べる。このときは、年期違反にもかかわらず入京が許されている[46]。国書では、「故有司固請下責二文矩等一、以レ背二彝規一、自レ邊還却上。」と、違例を指摘して厳しい態度を取るのは、「有司」とする[47]。そして天皇自身は、「朕閔下其匪躬之故、遠踏二重溟一、船破物亡、人命纔活上」と、渤海使を厚遇する存在とされる。また、王啓の「曠レ時一歳、猶恐二情疎一」に対し、「唯存二信順之心一、誰嫌二情礼之薄一」と、信順の心があれば礼義が薄くなることは問題でない、と返答している。年期違反について言及はしているが、「先皇明制、国憲已成」「王宜下守二旧章一而不レ失、昭二明徳一以有上レ恒」とし、渤海を強く責める表現はない。一方、官牒では、（F）牒の地の文―（D）勅の引用、という形で太政官と天皇が対置され[48]、（F）牒の地の文の部分では、「小之事レ大、理難二自由一、盈二縮期程一、那得レ在レ彼。事須三在所却還、戒二其愆違一。官具状。」とする。これは、年期制設定時に諸国へ出された天長元年官符と同様の表現であり[49]、日本と渤海の上下関係を強調して責めている。ここでも、国書と官牒により、許す天皇と違例を指摘する太政官という二つの立場が示されている。

（二）貞観元年来朝の渤海使

王啓では、「古典攸レ憑、合レ重二礼意一、敢依二旧貫一、差二付使程一。」と、「古典」に基づき、「礼意」を用い、「旧貫」に基づき、遣使したとする。[50] それに対し、国書は以下のように述べる。

雖二則会同之礼、大喪無レ虧、延正之朝、春秋所レ美、然而闕庭遏密、事須レ隔二於殷頫一。邦国頻災、人有レ艱二於郵伝一。縁レ此、慰二藉使者一、迨レ期放還。

（『日本三代実録』貞観元年六月二十三日条）

「会同」は、諸侯が天子に拝謁することを指す。国書は渤海使への儀礼は大喪でも行なうべきとする。[51]「延正之朝、春秋所レ美」は意味が取りにくいが、官牒の勅の引用「況魯侯再朝、春秋無レ貶」が、同内容を述べたものであろう。「再朝」は『春秋左氏伝』昭公十三年に「是故明王之制、使下諸侯、歳聘以志レ業、間朝以講レ礼、再朝而会以示レ威、再会而盟以顕中昭明上」とあり、諸侯が王に拝謁することを指す。来朝を『春秋』は褒めている、という意味であろう。続けて、諒闇で音曲停止であること、災害が多いことの二点の入京させない理由を挙げる。年期違反については「間レ紀如レ睽、通レ情猶レ邇。」とするのみで、今回の違反への言及はない。渤海側の「礼」の強調に対し、国書では渤海の主張を認め、年期違反とは別の入京させられない理由を示す。一方、官牒では、「滄瀛不レ測、義在二含弘一、江漢可レ宗、礼存二朝会一。」と礼に基づいた来朝を認めつつ、「駿奔惟遽、来不レ及レ期、有司執レ平、弗レ肯二容待一。」と、年期違反を咎めている。ここでも国書と官牒の役割分担が見られる。

以上、年期違反の際の外交文書を検討した。渤海は、かつて無制限の来朝が認められていたこと、天皇を慕い礼に基づき遣使していることを強調して違期来朝する。これに対して国書では厳しい文言を用いない。しかし、国書で「有司」の主張を述べ、官牒を発給することで、憐れみ深い天皇像を保ちつつ、渤海側の違例を指摘する。また、国書では上下関係の強調はほとんど見られない。「礼」を強調する渤海に対し強い態度が取れないでいる。

おわりに

本章では九世紀から史料上に表れる中台省牒と太政官牒の役割・成立時期を検討し、九世紀の日本と渤海との関係の一側面を明らかにした。結論は以下の通りである。

①渤海の発給する中台省牒は、使節の身分確認、中央への報告、食料の支給を行うために、到着地の国司が参照する実務的文書で、延暦十八年（七九九）には存在し、宝亀二年（七七一）の渤海使の単独来朝及び人数の増加を契機にその必要が生じた。また、遣外使節のもたらす実務的文書は、渤海―唐間でも使用されている。

②省牒の返信として発給される太政官牒は、承和九年（八四二）から使用され、違例の指摘や年期遵守の要請を載せ、国書を補完した。また、この前提として弘仁七年（八一六）以降、「国書では違例の指摘をしない」という原則が成立している。

③年期制が定められても、渤海はかつての通交と国家間の礼義とを強調し年期違反を行う。国書では渤海の主張を容認し、太政官の主張の引用と太政官牒とで渤海を責める、という役割分担がある。また、礼を強調する渤海に対し、国書では強い態度をとれない。

中台省牒が極めて実務的な文書であるのに対し、太政官牒は理想の天皇を保つという必要から平安時代初期に成立する。九世紀の外交文書を見る限り、天皇の儒教的君主としての立場が重視されており、天皇の自己意識の変化が外交に大きく影響している。ここにおいて生じた天皇と外交の関わり方は、一〇世紀に継承されるのではないだろうか。

（1）石母田正「日本古代における国際意識について――古代貴族の場合――」（『石母田正著作集』四　古代国家論　岩波書

店、一九八九年、初出一九六二年）。榎本淳一「「蕃国」から「異国」へ」（同『唐王朝と古代日本』吉川弘文館、二〇〇八年、初出二〇〇一年）。

（2）石上英一「古代国家と対外関係」（『講座日本歴史』二　東京大学出版会、一九八四年）、石井正敏「十世紀の国際変動と日宋貿易」（『石井正敏著作集』三　高麗・宋元と日本　勉誠出版、二〇一七年、初出一九九二年）、村井章介「王土王民思想と九世紀の転換」（同『日本中世境界史論』岩波書店、二〇一三年、初出一九九五年）。

（3）天長五年正月二日官符（『類聚三代格』一八）・『類聚国史』一九四　天長五年二月二日条からこのとき中台省牒が存在したことがわかるが、内容は不明。

（4）中村裕一「渤海国咸和十一年（八四二）中台省牒――古代東亜国際文書の一形式――」（同『唐代官文書研究』中文出版社、一九九一年、初出一九七九年）、酒寄雅志「渤海国中台省牒の基礎的研究」（同『渤海と古代の日本』校倉書房、二〇〇一年、初出一九八五年）。

（5）田島公「日本の律令国家の「賓礼」――外交儀礼より見た天皇と太政官――」（『史林』六八―三、一九八五年）。

（6）田島公「外交と儀礼」（『日本の古代』七　まつりごとの展開　中央公論社、一九八六年）。

（7）石井正敏「古代東アジアの外交と文書――日本と新羅・渤海の例を中心に――」（同『日本渤海関係史の研究』吉川弘文館、二〇〇一年、初出一九九二年）。

（8）『続日本紀』天平宝字三年十月十八日条。迎藤原河清使として前回の渤海使の帰国に同伴した内蔵全成を日本へ送り返してきた事情を述べたものである。

（9）『続日本後紀』嘉祥二年三月十四日条、『日本三代実録』貞観元年五月十日条・貞観十四年五月十八日条・元慶元年四月十八日条。

（10）王啓・中台省牒ともに『続日本後紀』承和九年三月六日条を使用し、中台省牒については、酒寄氏註（4）論文所収の宮内庁書陵部所蔵「壬生官務家文書」も参照したが、日付と署名は省略した。

（11）田島氏註（6）論文、石井氏註（7）論文。

（12）渤海使到着地での対応については、越前の事例を中心に、田島公「奈良・平安初期の対外交流」（『福井県史』通史編一　一九九三年）に詳しい言及がある。

（13）天長五年正月二日太政官符（『類聚三代格』一八）に引用されている但馬国解でも、冒頭に使人名と人数が載せられている。

（14）表2の宝亀四年〈8〉・延暦五年・〈12〉・延暦十四年〈13〉。
（15）『続日本紀』天平十八年（七四六）是歳条の「鉄利惣一千一百余人」や、『続日本後紀』承和十二年（八四五）十二月五日条の「本国漂蕩人五十余人」では、漂着した人々の正確な人数を把握出来ていない。ただ、『日本三代実録』貞観五年（八六三）十一月十七日条では、言語の通じない細羅国人五十四人を把握している。
（16）「入覲」に関する史料は、重松敏彦「平安初期における日本の国際秩序構想の変遷――新羅と渤海の位置づけの相違から――」（『九州史学』一一八・一一九合併号、一九九七年）を参照した。
（17）「入覲使」は弘仁十四年〈21〉・嘉祥元年〈25〉・貞観元年〈26〉・貞観十三年〈28〉・元慶六年〈30〉の五例の到着記事、『続日本後紀』承和九年三月六日条・嘉祥二年三月十四日条の二例の中台省牒中、『類聚国史』一九四　弘仁十一年正月七日条・『続日本後紀』嘉祥二年五月二日条・『日本三代実録』貞観十四年五月十五日条の三例の迎接儀礼の記事にある。
（18）中村氏註（4）論文の貞観元年・貞観十四年の中台省牒復元案も「入覲貴国使」とする。
（19）『続日本紀』天平宝字三年二月朔条。
（20）『続日本紀』天平宝字四年正月七日条〈5〉、宝亀三年二月二日条〈7〉、『類聚国史』一九三　延暦十七年（七九八）十二月二十七日条（遣渤海使に託す）、『日本後紀』延暦十八年九月二十日条〈14〉で規定と同じ数量が送られている。
（21）渤海使の「天文生」の初出は天長五年（八二八）正月二日太政官符（『類聚三代格』一八）。
（22）太政官宛となっているのは、中野高行「日本古代における外国使節処遇の決定主体」（同『日本古代の外交制度史』岩田書院、二〇〇八年、初出一九九七年）が指摘する、宝亀四年以前、到着地への派遣官人を太政官関係者が独占していたことと関わるか。
（23）石井氏註（7）論文。
（24）それぞれ遣唐使判官平群広成〈2〉、遣渤海使小野田守〈4〉、遣唐使（迎藤原河清使）内蔵全成〈5〉、遣渤海使（遣高麗使）伊吉益麻呂〈6〉と共に来朝した。また、少し後の事例になるが、宝亀九年（七七八）にも遣渤海使高麗殿嗣と来朝している〈10〉。
（25）『続日本紀』宝亀四年六月二十四日条。
（26）石井正敏「光仁・桓武朝の日本と渤海」（註〔7〕書、初出一九九五年）。
（27）『続日本紀』宝亀十年十一月九日条。
（28）新訂増補国史大系『日本三代実録』をもとに、『類聚国史』一九四　同日条・佐伯有義編『増補　六国史』（朝日新聞社、

一九四〇年）・『本朝六国史』（郁文堂、一九〇七年）を用い、字句を一部改めている。
（29）この使節が、唐への往路か帰路かは明記がないが（上田雄『渤海使の研究』明石書店、二〇〇二年、五二八頁）、以下の理由により往路と考える。①この使を「本国往唐国相般検校官」としている。（『日本三代実録』元慶元年四月十八日条）②帰路ならば、所持している文書は唐が発給した文書なので、朝廷の「先来入覲在ニ此間一」との讎校が出来ない。
（30）武田祐吉・佐藤謙三訳『訓読日本三代実録』臨川書店、一九八六年（一九三七～一九四五年に発行された『国文六国史』を改題、復刻）。
（31）延喜内記式27函上書条。
（32）石井正敏「大宰府・縁海国司と外交文書」（註〔7〕書、初出一九九一年）もこの史料を取り上げ、「表函」の形態について論じている。
（33）礪波護「唐代の過所と公験」（同編『中国中世の文物』京都大学人文科学研究所、一九九三年）。
（34）『続日本後紀』承和九年三月二十九日条。
（35）『続日本紀』天平勝宝五年六月八日条。国書での違例の指摘は宝亀三年二月二十八日条にもある。
（36）『日本後紀』弘仁六年正月二十二日条。
（37）『類聚国史』一九四　弘仁七年五月二日条。
（38）『類聚国史』一九四　弘仁十年十一月二十日条。
（39）日本における儒教的帝王像の受容については、丸山裕美子「古代の天皇と病者」（『岩波講座天皇と王権を考える』八　コスモロジーと身体　岩波書店、二〇〇二年）を参照した。
（40）『類聚国史』一九四　天長三年五月八日条・十二日条・十四日条。
（41）次の来朝のときにもたらした王啓の中に、「文矩口伝天皇之旨」（『続日本後紀』承和九年三月六日条）とあり、このときの伝達内容は使節から渤海王へ口頭で伝えられている。文書は発給されなかったのであろう。
（42）放還時に太政官処分を出した事例は、『続日本紀』宝亀四年六月十二日条〈表1-8〉・宝亀十年十一月十日条〈表1-11〉。ただし、『類聚国史』一九四　天長元年五月十五日条〈表1-21〉・『日本三代実録』貞観元年六月二十三日条〈表1-26〉など放還であっても国書を出す場合もある。
（43）田島氏註（6）論文。
（44）浜田久美子「年期制の成立とその影響」（同『日本古代の外交儀礼と渤海』同成社、二〇一一年、初出二〇〇八年）。

(45) 王啓・省牒ともに『続日本後紀』嘉祥二年三月十四日条。

(46) 『続日本後紀』嘉祥二年五月二日条・三日条・十日条。

(47) 国書・官牒ともに『続日本後紀』嘉祥二年五月十二日条。

(48) 嘉祥二年の太政官牒の（D）勅の引用は、「奉レ勅、文矩等、孤舟已破、百口纔存。眷二其艱辛一、義深合レ宥。宜下特賜二恩隠一聴奉二入覲一、爵賜匹段、准中拠旧章上。但権時之制、不レ可二通行一。詳告二所司一莫レ令二重違一者。」。

(49) 天長元年六月二十日太政官符（『類聚三代格』一八）に「小之事レ大、上之待レ下、年期礼数、不レ可レ無レ限」とある。なお、この出典は『春秋左氏伝』昭公三十年夏六月「礼也者、小事大、大字小之謂。」。

(50) 『日本三代実録』貞観元年五月十日条。

(51) 「大喪」は、文徳天皇が前年の天安二年（八五八）八月に崩じたことを指す。初出時には「大喪は欠けるべきではない」と解釈していたが、意味が通らないので改めた。

〔補註〕初出論文から、第一節（二）（1）使の名前と人数　については、論旨を明確にするために、表3を増補するとともに一部改稿している。また、註（32）を増補した。第三節（二）貞観元年の渤海使　について、『日本三代実録』貞観元年六月二十三日条の「大喪」の解釈を改めるとともに、註（51）を増補した。なお、本章第一節（三）（1）渤海使の単独来朝と人数の増加　で述べた宝亀四年の筑紫道への来朝要請については、その後、鄭淳一「縁海警固と「九世紀」の黎明」（同『九世紀の来航新羅人と日本列島』勉誠出版、二〇一五年）、赤羽目匡由「渤海使の大宰府航路（朝鮮半島東岸航路）をめぐって」（『人文学報』五〇五、二〇一五年）、浜田久美子「日本渤海関係史　宝亀年間の北路来朝問題への展望」（『アジア遊学』二一四、二〇一七年）でも触れられている。また本章で触れなかった天平宝字三年の中台省牒については、河内春人「渤海国中臺省牒の出現と日渤外交」（加藤謙吉編『日本古代の氏族と政治・宗教』下　雄山閣、二〇一八年）が論じている。参照されたい。

第三章　外国使節の朝賀・節会への参加

はじめに

日本に来朝した外国使節に対する儀礼については、これまで様々な角度から検討が積み重ねられてきた(1)。外国使節が来朝した際の到着から帰国までの一連の儀礼のなかで中核となるのは、使節から外交内容の伝達を受け、貢献物を受け取る「使旨奏上・貢献物奉呈儀」と、使節をねぎらうために行う「饗宴」である(2)。そして、この基本的な外交儀礼とともに、使節は元日朝賀や正月節会といった官人を対象とする儀礼にも参加する。

元日朝賀への外国使節参加は、石母田正氏が、唐の朝賀を模倣して、朝鮮諸国を蕃国として扱う「東夷の小帝国」の姿を示すものと指摘して以来、その視点が発展・継承されてきた(3)。朝賀が中華と蕃国とを視覚的に示し、官人と外国使節とを含む帝国的秩序を表す役割を持つことは、広く研究の前提となっている。ただ、この議論の根拠を改めて見てみると、「外国使節が朝賀に参加している」という事実から、朝賀の性格を導き出していることに気付く(4)。しかし外国使節の参加＝「帝国的秩序」という解釈は必ずしも成立しないのではないか。例えば時代は下るが、澶淵の盟の成立後、宋を訪れた契丹使は正月儀式に参加するが、そのなかでは契丹優位の礼式が取られたことが指摘されている(5)。使節の儀式への参加の具体的状況を史料に立ち返って検討した上で、改めてその性格を論じるべきだろう。

唐の朝賀については、渡辺信一郎氏が官人・諸州・蕃客がそれぞれ貢献物を皇帝に献上し、そのことによって皇帝を頂点とした帝国的構造が示されることを指摘している(6)。しかし、日本の朝賀では貢献物の献上は行われておらず、唐の朝賀の持っていた構造がそのまま当てはめられるのかは、注意を要する。日本では唐とは異なる背景において外国使節の朝賀参加が行われたことを考える必要がある。これに関して、大隅清陽氏は日本の朝賀の主眼は天皇への拝礼にあり、天皇と官人との人格的関係を確認する場という要素が強いことを指摘し、諸蕃もそのなかに包摂されたとする。(7) しかし通常は君臣関係の外に存在する外国使節がその場に参加した意義についても改めて考えるべきであろう。

また古代の外交儀礼を検討した田島公氏は、元日朝賀に新羅使が参加し、天皇がそこに出御したことをもって、外国使節に天皇が直接に対応する、中国的な「律令的外交」が成立するとした。(8) ここで朝賀は外交儀礼の一部として位置づけられ、結果として、天皇の出御状況などの基本的事実が曖昧になっている。朝賀と外交儀礼とを一旦切り離した上で、その相互関係を検討する必要があるだろう。

これらの研究を受け、本稿では外国使節の朝賀参加を外交儀礼との関連を含めて検討する。つまり、外交儀礼から朝賀を捉え直すことを試みる。具体的には朝賀のなかでの外国使節の動作及び一連の外交儀礼と朝賀との相関関係を検討する。

また外国使節の節会参加も霊亀元年（七一五）以降、頻繁に見られる。これも官人と使節とが場を共有することから、天皇を頂点とする秩序を示す性格があるものとされる。(9) しかし、使節が節会に参加した場合には、改めて使節への饗宴は開催されない事例が確認される。(10) これは唐との大きな相違点であると思われる。『大唐開元礼』には元日朝賀及びその後の宴会に外国使節が参加するように書かれてあり、一見すると、唐においても日本と同様に国内向けの儀式への外国使節の参加が規定されているように見える。しかしこれは使節が「嘉礼」である朝賀とその後の宴会に参加したのに過ぎないのであって、これとは別に皇帝から使節に対する宴会が「賓礼」として規定されている。唐において外国使節は国内向けの儀式に参加した場合も、それとは別に外交儀礼によって遇される。延暦度遣唐使の帰朝報告にも、「内裏」での宴会（賓礼）を受けた後に、元日朝賀（嘉礼）にも参加していたことが見えており（『日本後紀』延暦二十四年〔八〇五〕六月八日条）、朝賀の後の宴会にも参加した可能性が十分に考えられる。それに対して日本では、外交儀礼である使節への宴会が、本来は国内の官人を参加対象とする節会に置き換えられている状況が見られる。これは節会が、天皇と官人の関係を確認する儀礼にとどまらず(11)、外交儀礼の一部である外国使節への「饗宴」として機能したことを示している。この節会の外交儀礼としての役割についても、朝賀と併せて検討する。

第一節　朝賀での外国使節の拝礼

先に述べたように、唐の朝賀においては貢献物の献上が重要であるのに対し、日本の朝賀では、貢献物の献上は基本的に行われず、天皇への賀詞の奏上・天皇からの宣命・それに対する拝礼こそが重要な要素であったという(12)。この拝礼と外国使節との関わりについて、まず見ておきたい。

朝賀において官人は、天皇に対して四拝・拍手を行っていたが(13)、弘仁九年（八一八）に、この日本固有の拝礼方法が中国風の再拝・不拍手に改められることが明らかにされている(14)。それ以前の延暦十八年（七九九）には、

　A　皇帝御二大極殿一受レ朝。文武官九品以上蕃客等各陪レ位。減二四拝一為二再拝一。不二拍手一。以レ有二渤海国使一也。諸衛人等並挙二賀声一。（『日本後紀』延暦十八年正月朔条）

と、渤海使参加に際して再拝・不拍手を行っており、外国使節の参加があるときに限って拝礼方法を変更していたことが知られる。では、外国使節の朝賀参加の初例である文武天皇二年（六九八）から延暦十八年までの間、使節は朝賀のなかでどのような拝礼方法を行っていたのだろうか。これは外国使節の朝賀参加の性格を考える上で重要な点だと思われるが、これについては二つの説が出されている。

酒寄雅志氏は、日本固有の四拝・拍手を使節に強制していたとし(15)、筧敏生氏は、この延暦十八年以前から、外

国使節が参加した場合には官人の拝礼方法を一時的に再拝・不拍手へ変更していたとする。[16] しかし後者の説については、寛氏が自ら述べるように、連綿と行われていた使節来朝時の慣習であれば、延暦十八年の段階でこのような記事が書かれることは考えがたい。朝賀で再拝・不拍手を行ったのは、ここが初例であった可能性が十分に考えられる。弘仁九年の新礼導入によって「再拝・不拍手」に拝礼方法が一本化されることを考えれば、延暦十八年の措置は、その直前の過渡的な状況を示すものと位置づけられる。[17] ただ、日本固有の拝礼方法である四拝・拍手を使節に強制していたとする、酒寄氏の説も想定し難い。

Ｂ　領唐客使等奏言、（中略）又奏曰、（中略）又新羅朝貢使王子泰廉入京之日、官使宣命、賜以二迎馬一、客徒斂レ轡、馬上答謝。但渤海国使、皆悉下馬、再拝儛踏。今領二唐客一、准二拠何例一者。（後略）

（『続日本紀』宝亀十年〔七七九〕四月二十一日条）

唐使来朝に際し、新羅使・渤海使の入京儀礼の礼式が先例として述べられているが、新羅使は馬上から答謝、渤海使は下馬して再拝舞踏、とそれぞれ異なる礼式を用いたという。朝賀ではないが、朝廷が外国使節に対して特定の礼式を強制していなかったことが読み取れる。官人が外国使節の再拝・不拍手に合わせていたとする寛説、外国使節が官人の四拝・拍手に合わせていたとする酒寄説はともに成り立たない可能性が高い。両説とは異なる別の可能性が、『内裏儀式』『内裏式』の記載から見えてくる。

（二）儀式書から見た官人・外国使節の拝礼

弘仁十二年（八二一）撰進『内裏式』は、弘仁九年（八一八）に導入された新礼が反映された官撰儀式書であり、『内裏儀式』は、『内裏式』に先行する儀式書で、新礼導入前の古い次第を残している。[18] その最終的な成立年代は弘仁初年頃であるが、弘仁初年以前に遡る古い要素も断片的に確認される。[19] 特に動作・礼式等に関しては、弘仁九年以前に大きな変更があったことは想定し難く、[20] さらに遡って考えられるだろう。この『内裏儀式』の記載を

表1　『内裏式』『内裏儀式』に見える拝礼

	儀式次第の場面	『内裏式』	『内裏儀式』
a	天皇出御	「群臣磬折」	「群臣磬折」
b	皇太子奏賀前	「皇太子再拝」	「皇太子再拝両段」
c	皇太子奏賀	「俛伏而興」	「俛伏而興」
d	侍従、宣命を受ける	「俛伏而興」	「俛伏而興」
e	皇太子、宣命を受ける	「皇太子称唯再拝」	—
f	宣命を受けた後	「皇太子称唯、再拝舞踏再拝」	「皇太子称唯、両段再拝拍手揚賀声」
g	皇太子奏賀終了	「再拝」	—
h	奏賀前	「王公百官再拝」	「王公百官蕃客拝賀如常」
i	奏賀後	「群臣客徒等再拝」	—
j	宣命を受ける	「王公百官称唯再拝」	—
k	宣命を受けた後	「王公百官共称唯再拝舞踏再拝」	「群臣在位者共称唯」「群官倶再拝両段拍手両段、毎㆓拍手㆒揚㆓賀声㆒両段」
l	朝賀終了	「群臣再拝」	—

（b〜f）皇太子奏賀

『内裏式』と対照させることで、外国使節の行っていた拝礼の一端を明らかにしたい。

まず『内裏式』元正受群臣朝賀式の次第文に見える、朝賀の場で行われた拝礼全体を確認する（【表1『内裏式』『内裏儀式』に見える拝礼】参照）。官人は（a）天皇出御に対しての「磬折」、（h）奏賀使による奏賀前の「再拝」、（i）奏賀を終えた後の「再拝」、（j）天皇からの宣命に対する「再拝」、（k）宣命を受けた後の「再拝・舞踏・再拝」、（l）宣命者が戻ってから「再拝」と、六度の拝礼を行う。外国使節の動作として記載されている部分は、（i）の「群臣客徒等再拝」のみである。ただ、これ以外の部分は、別途記載するまでもなく、「王公百官」や「群臣」のなかに外国使節が含まれ、官人と同様に再拝・舞踏などの動作を行うことを示しているのだろう。これが弘仁九年の新礼導入以降の朝賀の儀式次第である。

そして『内裏儀式』のこの部分を確認すると、『内裏式』の「再拝」が「再拝両段（四拝）」に、『内裏式』の「舞踏」が「拍手」となっており、古礼が記載されている（b・f・k）[21]。しかしそれらと性質が異なるのが、（h）奏賀前の拝礼である。『内裏式』が「王公百官再拝」とする箇所を、『内裏儀式』は「王公百官蕃客拝賀如レ常」として、具体的な拝礼の方法を記さず、漠然とした記載となっている。儀式の動作を明記して、その円滑な開催を目指す儀式書の記載としては異質な部分と言える。他の箇所では『内裏式』が「再拝」とする箇所を、『内裏儀式』は古礼の「再拝両段」としていること[22]、『内裏儀式』でも皇太子の奏賀前の拝礼は「両段再拝」であることから、この『内裏儀式』（h）の「拝賀」も具体的な動作としては「両段再拝」、つまり四拝であると推測される。それにもかかわらず『内裏儀式』は、この部分に限り具体的な動作を記さず、「拝賀如レ常」としている。これは、この箇所の主語である「王公百官・蕃客」の動作として「両段再拝」とは明記できなかった、つまり官人は「四拝」、外国使節は「再拝」と、それぞれが異なる拝礼を行っていたことを示しているのではないだろうか。外国使節に合わせて官人が再拝を行う寛説でもなく、外国使節に四拝を行わせる酒寄説でもない、両者の礼式が並列している状況がこの記載からは想定される。このような状況は『続日本紀』の朝賀記事からも窺うことができる。

（二）『続日本紀』朝賀記事の検討――「各依儀拝賀」について――

『内裏儀式』に見えた「拝賀」は、その言葉の意味としては、正月に目上の人、主に天皇に対して拝礼を行うことを指すが[23]、『続日本紀』（以下『続紀』）では天平宝字三年（七五九）以降の外国使節の参加する朝賀記事に散見する（【表2　『続日本紀』外国使節及び国内夷狄参加の元日朝賀記事】参照）。『続紀』の朝賀記事の構成は、「御二大極殿一受レ朝」という、会場と「受朝」の事実のみとを記載するシンプルなもので、儀式内容の変更などの特記す

表2　『続日本紀』外国使節及び国内夷狄参加の元日朝賀記事

	年	西暦	月日	官人以外の参加者	儀式内容に関わる記載	備考
1	文武天皇二年	六九八	正月朔	新羅使	「其儀如レ常」	
2	大宝元年	七〇一	正月朔	新羅使	「文物之儀於レ是備矣」	
3	慶雲三年	七〇六	正月朔	新羅使	「朝廷儀衛有レ異二於常一」	
4	和銅三年	七一〇	正月朔	隼人・蝦夷	「陳二列騎兵一、引二隼人・蝦夷等一而進」	
5	霊亀元年	七一五	正月朔	陸奥出羽蝦夷・南嶋人 （新羅使もか）	「其儀朱雀門左右、陳二列鼓吹・騎兵一」 「元会之日、用二鉦鼓一、自レ是始矣」	朝賀の中で方物を貢ず。
6	神亀五年	七二八	正月三日	渤海使	—	
7	天平十二年	七四〇	正月朔	渤海使・新羅学語	—	
8	天平宝字三年	七五九	正月朔	渤海使	「各依レ儀拝賀」	
9	天平宝字四年	七六〇	正月朔	渤海使	「各依レ儀拝賀」	
10	天平宝字七年	七六三	正月朔	渤海使	「各依レ儀拝賀」	
11	神護景雲三年	七六九	正月二日	陸奥蝦夷	「各依レ儀拝賀」	
12	宝亀三年	七七二	正月朔	渤海使・陸奥出羽蝦夷	「各依レ儀拝賀」	
13	宝亀四年	七七三	正月朔	陸奥出羽夷俘	「各依レ儀拝賀」	
14	宝亀十年	七七九	正月朔	渤海使	「其儀如レ常」	
15	宝亀十一年	七八〇	正月三日	唐使・新羅使	「各依レ儀拝賀」	

べき事柄があれば、その後にそれを記載する。[24] 外国使節の朝賀参加は特記事項として記載されている。これらの記事を通覧すると、天平宝字三年以降の外国使節の朝賀参加の場合に、官人と使節とが、「各依レ儀拝賀」するという表現が用いられていることに気付く。

C　御二大極殿一受レ朝。文武百寮及高麗蕃客、各依レ儀拝賀。（天平宝字七年〔七六三〕正月朔条〔表2-10〕）

ここに『内裏儀式』に見える「拝賀」という語句があることは重要だが、それとともに、ここに「各」という字が存することに着目したい。『続紀』には「各」のない「依レ儀」も見える。[25]

D　高野天皇及帝御二閤門一。五位已上及高麗使、依レ儀陳列。詔授二高麗国大使高南申正三位一。（中略）賜二宴於五位已上及蕃客一。賜レ禄有レ差。（『続紀』天平宝字四年〔七六〇〕正月七日条）

ここでは渤海使（史料では「高麗使」）が宴会に先立って位階を授けられている。五位以上の官人と渤海使とが場を同じくして列立しているが、ここで「各」は用いられていない。官人とは別に、外国使節や国内夷狄がいれば、それのみで即ち「各」が用いられるのではないことがわかる。「各」が「別々の」「それぞれの」という意味を持ち、[26] それが拝礼（「拝賀」）に限って用いられていることを重視するなら、「各依レ儀拝賀」は、官人と外国使節とが朝賀のなかでそれぞれ異なる拝礼を行っていることを示しているのではないだろうか。『内裏儀式』の「王公百官蕃客拝賀如レ常」も、『続日本紀』のこのような記載法に何らかの影響を受けて、具体的な礼式を示さない表現として用いられた可能性が考えられる。

またこの記載法が残る部分は、『続紀』の後半部分（現在の巻二一から巻四〇）にまさに合致しており、[27] これが『続紀』後半部分特有の記載法であったことが分かる。『続紀』前半部分では、外国使節参加についての記載法は一定していないが、「新羅使金儒吉等在レ列」（慶雲三年〔七〇六〕正月朔条）のような形式をとっているため、拝礼の具体的な状況が史料上に表れてこない。しかしこれは資料表記の問題で見えないのであって、官人と外国使節とが異なる拝礼を行っているという実態があるとすれば、それは文武天皇二年（六九八）の外国使節の朝賀参加の開始時まで遡る可能性があるだろう。

（三）節会における官人・外国使節の礼式

官人と外国使節との礼式の相違は節会においても確認できる。『内裏儀式』『内裏式』の七日節会（白馬節会）の次第文の末尾には、「若有二蕃客一者」と、外国使節が七日節会に参加した場合の儀式次第が付されている。これまでの研究では主に『内裏式』を用いて、儀式における外国使節の具体的な動作や儀式のなかでの玄蕃寮等の外交関係官司の役割が明らかにされてきたが(28)、礼式の段階差は考慮されてこなかった。ここで両儀式書を用い、新礼導入以前における節会での外国使節の礼式について確認する。

まず節会での着座前の動作についてであるが、『内裏式』では新礼である「謝座・謝酒」が行われている。

E　大臣亦宣「侍レ座」。群臣称唯。以レ次就レ座。（『内裏儀式』元旦受群臣朝賀式并会）(29)

F　大臣宣「侍レ座」。共称唯、謝座訖。造酒正把二空盞一便用二升殿者酒盞一来授二第一人一。共跪受授。訖更還二却二三丈許一北面立。群臣謝酒。謝座亦同。訖受還。他皆效レ此。以レ次升就レ座。（『内裏式』元正受群臣朝賀式并会）

『内裏儀式』では、大臣の「侍レ座」という指示によって称唯して座に就くが、『内裏式』は、その間に謝座・謝酒という動作を新たに加えている。延喜雑式5公宴酒食条によると謝座とは着座前に再拝すること、謝酒は跪いて盞を受けて再拝することである。この動作は、古礼を記す『内裏儀式』のこの箇所には記載がないが、別の箇所に外国使節の大使の動作として記されている。

G　治部・玄蕃・通事引二客徒一参入。各就二庭中位一。客徒再拝舞踏。（中略）即酒部把レ盞。浅着レ酒。降レ自二樽前一授二大使一。大使受レ盞謝訖。勅使引レ客就レ座。（『内裏儀式』七日宴会式）

ここに、参入して再拝舞踏を行い、着座の前に造酒司の官人から盞を受け取って謝すという、『内裏式』の謝座・謝酒と同様な動作が見える(30)。『内裏儀式』の段階では外国使節のみが行っていた動作が、『内裏式』では官人・使節がともに行うものとなっている。すでに酒寄雅志氏は、新礼である「再拝舞踏」が渤海使の作法に影響を受けて成立した可能性を指摘しているが、[31]「再拝舞踏」のみならず、その影響は礼式全般に及んでいる。官人が古い礼式を行っている段階に、外国使節が、後に新礼として導入される礼式を行っている。

また、『内裏儀式』では外国使節参加時の官人の動作を「並如二常儀一」としており、使節が参加した場合に、それに合わせて官人が礼式を変更したことは見えない。ここでも朝賀と同様に官人と外国使節がそれぞれ異なる礼式を行っている状況が考えられる。

もうひとつ、古礼のひとつである「拍手」を取り上げる。「拍手」は朝賀での天皇への拝礼の際に行われるだけではなく、節会の場にも現れる。『内裏儀式』七日宴会式には、

H　被レ叙者少進、異位重行。再拝両段、拍手両段、揚二賀声一、退出。

I　即宣制曰、今詔久今日波正月七日乃豊楽聞食須日爾在故（中略）酒幣乃大物給久止宣。皇太子以下拍手、揚二賀声一。

とあり、位記を賜わるとき、宣命を受けるときに行われている。拍手は恩恵に対する感謝を示す動作であった。この節会で行われていた、感謝を表現する動作としての「拍手」は、『内裏式』で新礼の「再拝舞踏」に改められる。しかし『内裏儀式』においても、

J　唱レ名授二告身一。不二拍手一。訖縫殿寮賜二朝服一。

K　次賜二群臣・客徒酒饌一。勅使・客等不二拍手一。

と、外国使節は、告身を賜わるときに拍手を行わず、酒・食事を賜わるときも、使節とその側にいる供食勅使は拍手を行わない。ここには官人が拍手を行っているなかで、使節とその接待役の官人のみが拍手をしていない状況が示されている。節会での官人の食事時の拍手については次第文に明記されていないが、貞観十四年（八七二）から十九年頃成立の『儀式』平野祭儀等の直来の場面には見えている。[32]これは古い礼式が神事に残存したもので

あろう。食事を賜わったときの拍手は、『内裏儀式』の段階にはごく一般的であったため、次第文としては省略されたものと考えられる。(33)『内裏儀式』からは、同会場において、官人の行う拍手と使節の不拍手という二つの礼式が並列していたことが見える。

会場を同じくする儀式のなかで、官人と外国使節という二種類の礼式が並列して存在している状況が朝賀以外にも確認された。日本の朝賀は、中国に比べて族姓的・貴族制的要素が極めて濃厚で、拝礼によって天皇と官人の人格的関係が確認されるという。(34)この場に、外国使節は参加するが、官人が行う天皇への四拝・不拍手を行っていなかったと考えられる。これは外国使節が官人とは異なる秩序に従っていることを示している。唐の朝賀では蕃国使を含む参加者全員が「再拝」を行い、皇帝を頂点とする同一の秩序に従う。しかし、日本の朝賀では、拝礼が重視されているのにもかかわらず、外国使節は君臣関係を示す拝礼を行わない。従来強調されてきたような、帝国的秩序を示すという朝賀の性格は揺らいでくる。また、そうであれば使節の朝賀参加の意義はどのような点にあるのだろう。節を改め、一連の外交儀礼のなかで最も重要である使旨奏上・貢献物奉呈儀と朝賀との関わりを検討することで、この問題に迫りたい。

第二節　朝賀と使旨奏上・貢献物奉呈儀——八世紀における外交儀礼の整備——

使旨奏上・貢献物奉呈儀は、延喜左右近衛式等で即位儀・朝賀儀とともに「大儀」とされる。

新羅王子金泰廉等、拝朝并貢調。因奏曰、「新羅国王言二日本照臨天皇朝庭一、『新羅国者始レ自二遠朝一、世々不レ絶、舟檝並連、来奉二国家一。（中略）』」詔報曰、「新羅国始レ自二遠朝一、世々不レ絶、供二奉国家一、今復遣二王子泰廉一入朝。（後略）」

（『続紀』天平勝宝四年〔七五二〕六月十四日条）

これは新羅王子・新羅使が来朝したときの使旨奏上・貢献物奉呈儀の記事である。天皇が出御し、外国使節がその前で「新羅国王言」に始まる使旨を述べ、貢献物の献上を行い、天皇からの返詔が出される。この儀式は先行研究では「拝朝儀」とも呼ばれ[35]、天皇が出御して外交に直接関与し、奏上と返詔とによって二国間の関係を確認する場であったことが明らかにされている[36]。

この儀式の成立について廣瀬憲雄氏は、公式令1詔書式条の「明神御宇日本天皇詔旨」という詔の形式が義解や令釈で「蕃国に大事を宣する辞」とされ、これが『日本書紀』大化元年（六四五）七月十日条の百済使等に対する詔に見えていることを重視し、この記事を『書紀』編纂時に、使旨奏上・貢献物奉呈儀での「詔報」を踏まえて文飾されたものと捉える。そしてそこから、この儀式の開始時期を律令制当初とした[37]。しかし、『日本書紀』持統天皇三年（六八九）五月二十二日条の「命二土師宿祢根麻呂一詔二新羅弔使級湌金道那等一曰」のように、官人を客館等に派遣して外国使節に詔の伝達を行っている例もあり、詔書式条の形式はこのような京外に滞在する使節に官人を介して詔を伝達する場合を想定したものとも考えられる[38]。使旨奏上・貢献物奉呈儀でこの形式の詔が出された実例も確認できない。詔の形式から、この儀礼の成立を断定することは難しい。成立時期の問題も含めて使旨奏上・貢献物奉呈儀に関する史料を改めて検討する必要がある。

（二）使旨奏上・貢献物奉呈儀と拝朝――朝賀不参加時における「拝朝」の記載から――

『続紀』の使旨奏上・貢献物奉呈儀の記事を通覧すると、二種類の記載法があることに気づく。（【表3『続日本紀』に見える使旨奏上・貢献物奉呈儀】参照。）

A　帝臨レ軒。高麗使楊承慶等貢二方物一。奏曰（後略）。（『続紀』天平宝字三年〔七五九〕正月三日条〔表3－12〕）

B　金長孫等拝朝。進二種種財物并鸚鵡一口・鴝鵒一口・蜀狗一口・猟狗一口・驢二頭・騾二頭一。仍奏二請来朝年期一。（『続紀』天平四年〔七三二〕五月十九日条〔表3－8〕）

史料Aは、貢献物の奉呈（「貢二方物一」）と口頭での使旨奏上（「奏曰」）とを記載する。このような記事をα型とする。それに対して、史料Bは貢献物の奉呈の前に「拝朝」という語句を加える。このような貢献物奉呈・使旨奏上の内容とともに、「拝朝」と記載する記事をβ型とする。このα型・β型には一定の規則性が見出せる。

史料Aの楊承慶ら渤海使一行は十二月に入京し、翌正月朔の朝賀に参加した上で、三日に使旨奏上・貢献物奉呈を行っている。[39] 一方、史料Bの金長孫ら新羅使一行は、五月に入京し、すぐ使旨奏上・貢献物奉呈を行っている。[40] つまり、事前に朝賀に参加していれば、「拝朝」は記載されず（α型）、事前に朝賀に参加していない場合に「拝朝」が加えられる（β型）。これは神亀五年（七二八）以降のほぼすべての記事に当てはまる。[41] 事前の朝賀参加の有無により、α型・β型の記載の相違が生じている。『続紀』の記載は朝賀と使旨奏上・貢献物奉呈儀とが密接に関わることを示している。

この「拝朝」という語句は、元日朝賀、遣唐使・遣新羅使の辞見といった天皇と対面する儀式に使用されるとともに、「ミカドヲガミ」という古訓を持ち、[42] 天皇を拝礼する動作そのものも指す。ここでの「拝朝」も、外国使節から天皇への拝礼を示すものであろう。『続紀』の記載は、外国使節は朝賀に参加することで、天皇への拝礼を済ませたと認識されていて、朝賀に参加していれば、使旨奏上・貢献物奉呈儀の儀式の内容が変わるという実態を示している。これは朝賀の中で外国使節が行う拝礼と使旨奏上・貢献物奉呈儀で行う拝礼とが、同質の代替可能なものであったことを表している。朝賀は外交儀礼の一環である天皇への拝礼を行う場として機能していた。

また、β型では「拝朝并貢レ調」（『続紀』天平勝宝四年〔七五二〕六月十四日条〔表3-10〕）、「拝朝并貢二信物一」（天平勝宝五年五月二十五日条〔表3-11〕）と、拝礼と使旨奏上・貢献物奉呈とが並列して扱われている。両者が明らかに別個のものとして捉えられ、一つの儀式としては記載されていない。これは、これ以前の段階において天皇への拝礼と使旨奏上・貢献物奉呈とが、まったく別の儀礼として行われていたことを示唆する。

先行研究では、文武天皇二年の新羅使の朝賀参加をもって、天皇出御での外国使節に対する儀礼が確立したと

表3　『続日本紀』に見える使旨奏上・貢献物奉呈儀

	年	西暦	月日	使節の国・名	出御	場所	記事	朝賀参加	類型
1	文武天皇二年	六九八	正月三日	新羅・金弼徳	—	—	「貢二調物一」	○	α
*	大宝元年	七〇一	—	新羅・金所毛			*記事無し。朝賀参加した記事のみ残る。	—	—
*	大宝三年	七〇二	—	新羅・金福護			*記事無し。宴会記事のみ残る。	—	—
2	慶雲三年	七〇六	正月四日	新羅・金儒吉	—	—	「貢レ調」	○	α
3	和銅二年	七〇九	五月二十日	新羅・金信福	—	—	「貢二方物一」		α
*	霊亀元年	七一五	正月朔	新羅・金元静			*記事無し。朝賀・宴会記事のみ残る。	—	—
4	養老三年	七一九	閏七月七日	新羅・金長言	—	—	「献二調物并騾馬牡牝各一疋一」		α
5	養老七年	七二三	八月八日	新羅・金貞宿	—	—	「来貢」		α
6	神亀三年	七二六	六月五日	新羅・金造近	○	「臨軒」	「貢二調物一」		α
7	神亀五年	七二八	正月十七日	渤海・高斉徳	○	「中宮」	「上二其王書并方物一」	○	α
8	天平四年	七三二	五月十九日	新羅・金長孫	○	—	「拝朝」「進二種種財物并鸚鵡一口・（…）」		β
*	天平七年	七三五	—	新羅・金相貞			*王城国と称したことを咎められて帰国。	—	—
9	天平十一年	七三九	十二月十日	渤海・己珎蒙	○	—	「拝朝」「上二其王啓并方物一」	この後	β
10	天平勝宝四年	七五二	六月十四日	新羅・金泰廉	○	—	「拝朝」「貢レ調」		β
11	天平勝宝五年	七五三	五月二十五日	渤海・慕施蒙	○	—	「拝朝」「貢二信物一」		β
12	天平宝字三年	七五九	正月三日	渤海・楊承慶	○	「臨軒」	「貢二方物一」	○	α
13	天平宝字四年	七六〇	正月五日	渤海・高南申	○	「臨軒」	「貢二方物一」	○	α
14	天平宝字七年	七六三	正月三日	渤海・王新福	—	—	「貢二方物一」	○	α
15	宝亀三年	七七二	正月三日	渤海・壱万福	○	「臨軒」	「貢二方物一」	○	α
16	宝亀八年	七七七	四月二十二日	渤海・史都蒙	○	—	「貢二方物一」		α
17	宝亀十年	七七九	正月五日	渤海・張仙寿	—	—	「献二方物一」	○	α
18	宝亀十年	七七九	五月三日	唐・孫興進	○	—	「朝見」「上二唐朝書并貢信物一」		β
19	宝亀十一年	七八〇	正月五日	唐・高鶴林 新羅・金蘭蓀	—	—	「献二方物一」	○	α

凡例　『続日本紀』に見える入京した外国使節を取り上げた。「類型」項は、第二節（一）で検討した使旨奏上・貢献物奉呈儀の記事の2類型を示している。また、本節で述べた規則性に当てはまる事例には網掛けを施している。「出御」項には、天皇の出御の有無を示した。

する。しかし、『続日本紀』の記載は、外国使節の朝賀参加と使旨奏上・貢献物奉呈儀の整備とに、ある程度の段階差を想定する必要があることを示している。おそらく、使節が朝賀に参加して天皇への拝礼を行い、後日に使旨奏上・貢献物奉呈を行っていた段階がまずあり、その後に使旨奏上・貢献物奉呈儀の中で天皇への拝礼を行い得るようになるという、儀式整備のプロセスがあったことが想定される。

（二）使旨奏上・貢献物奉呈儀への出御

では使旨奏上・貢献物奉呈儀で拝礼を行う形への整備は、どの時点で行われたのだろうか。前節で指摘した朝賀不参加の場合に、「拝朝」と表記するβ型は、神亀三年より以前に確認できない。この間は朝賀への参加・不参加にかかわらず、全ての記事に「拝朝」がない。つまりすべてα型として表れている（表3―1～6）。この前後に何らかの段階差があったことが考えられる。『続紀』に見えるこの六例について検討してみよう。

C　新羅使一吉飡金弼徳等貢㆓調物㆒。（文武天皇二年〔六九八〕正月三日条〔表3―1〕）

D　天皇臨㆑軒。新羅使貢㆓調物㆒。（神亀三年〔七二六〕六月五日条〔表3―6〕）

史料Cは『続紀』の使旨奏上・貢献物奉呈についての初見記事であり、天皇出御の有無も、その会場も示されていない。神亀三年の史料Dには「臨軒」という出御を示す記載があり[43]、史料上、この時点で初めて使旨奏上・貢献物奉呈儀への天皇の出御が確認される。

従来、文武天皇二年（六九八）に天皇が出御して朝堂での外交儀礼が開始されたかのように述べられてきたが[44]、それは史料上からは確認出来ない。おそらく当該箇所が省略の多い『続紀』前半部分（文武天皇元年から天平宝字二年〔七五七〕七月）に当たるので[45]、会場や出御に関わる記載が編纂段階で削除されたと判断しているのであろう。しかし、神亀三年より以前の使旨奏上・貢献物奉呈儀の記事すべてに、天皇の出御及び会場の記載がないことは、注意されるべきである。国家の大儀である重要な儀式について、出御や会場の情報をすべて削除することは考え

表4　『続日本紀』巻一から巻二十における儀式の会場

○元日朝賀

no	巻次	年号	月日	儀式の内容	会場	天皇の出御を示す表記
1	一	文武天皇二年　(698)	正月朔	朝賀	大極殿	「御」
2	二	大宝元年　(701)	正月朔	朝賀	大極殿	「御」
3	二	大宝二年　(702)	正月朔	朝賀	大極殿	「御」
4	三	慶雲元年　(704)	正月朔	朝賀	大極殿	「御」
5	三	慶雲三年　(706)	正月朔	朝賀	大極殿	「御」
6	五	和銅三年　(710)	正月朔	朝賀	大極殿	「御」
7	六	霊亀元年　(715)	正月朔	朝賀	大極殿	「御」
8	八	養老三年　(719)	正月二日	朝賀	大極殿	「御」
9	九	神亀元年　(724)	正月二日	朝賀	大極殿	「御」
10	十	神亀四年　(727)	正月三日	朝賀	大極殿	「御」
11	十	神亀五年　(728)	正月三日	朝賀	大極殿	「御」
12	十	天平二年　(730)	正月二日	朝賀	大極殿	「御」
13	十一	天平四年　(732)	正月朔	朝賀	大極殿	「御」
14	十三	天平十二年　(740)	正月朔	朝賀	大極殿	「御」
15	十四	天平十三年　(741)	正月朔	朝賀	恭仁宮	「御」
16	十四	天平十四年　(742)	正月朔	朝賀	四阿殿	—
17	十五	天平十五年　(743)	正月朔	朝賀	大極殿	「御」
18	十八	天平勝宝二年　(750)	正月朔	朝賀	大安殿	「御」

○節会

1	二	大宝元年　(701)	正月十六日	宴	朝堂	—
2	二	大宝元年　(701)	三月三日	宴	東安殿	—
3	二	大宝元年　(701)	五月五日	走馬	—	「臨観」
4	二	大宝二年　(702)	正月十五日	宴	西閣	—
5	三	慶雲二年　(705)	正月十五日	宴	朝堂	—
6	五	和銅三年　(710)	正月十六日	宴	重閣門	「御」
7	六	霊亀元年　(715)	正月十六日	宴	中門	—
8	七	霊亀二年　(716)	正月朔	宴	朝堂	—
9	八	養老四年　(720)	正月朔	宴	殿上	—

10	九	養老七年	(723)	正月十六日	饗	中宮	—
11	九	神亀元年	(724)	正月七日	宴	中宮	「御」
12	九	神亀元年	(724)	五月五日	猟騎	重閣中門	「御」
13	九	神亀三年	(726)	三月三日	宴／給塩鍬	南苑／御在所	—
14	十	神亀四年	(727)	正月七日	宴	朝堂	—
15	十	神亀四年	(727)	正月九日	宴	南苑	「御」
16	十	神亀四年	(727)	五月五日	餝騎	南野榭	「御」
17	十	神亀五年	(728)	正月七日	宴	南苑	「御」
18	十	神亀五年	(728)	三月三日	宴	鳥池塘	「御」
19	十	天平元年	(729)	正月朔	宴	中宮	—
20	十	天平元年	(729)	正月七日	饗	朝堂	—
21	十	天平元年	(729)	三月三日	宴／賜物	松林苑／御在所	「御」
22	十	天平元年	(729)	五月五日	宴	松林	「御」
23	十	天平二年	(730)	正月七日	宴	中朝	—
24	十	天平二年	(730)	正月十六日	宴／賜物	大安殿／皇后宮	「御」「移幸」
25	十	天平二年	(730)	三月三日	宴	松林宮	「御」
26	十一	天平三年	(731)	正月朔	宴	中宮	「御」
27	十一	天平五年	(733)	正月朔	宴／饗	中宮／朝堂	「御」
28	十一	天平六年	(734)	正月朔	宴／饗	中宮／朝堂	「御」
29	十一	天平六年	(734)	七月七日	相撲／賦詩	—／南苑	「観」「徙御」
30	十二	天平七年	(735)	正月朔	宴／饗	中宮／朝堂	「御」
31	十二	天平七年	(735)	五月五日	騎射	北松林	「御」
32	十二	天平八年	(736)	正月十七日	宴	南楼	—
33	十三	天平十年	(738)	正月朔	宴／饗	中宮／朝堂	「御」
34	十三	天平十年	(738)	正月十七日	宴	松林	「幸」
35	十三	天平十年	(738)	七月七日	相撲／賦詩	大蔵省／西池宮	「御」
36	十三	天平十二年	(740)	正月十六日	宴／饗	南苑／朝堂	「御」
37	十四	天平十三年	(741)	正月朔	宴	内裏	—
38	十四	天平十三年	(741)	正月十六日	宴	大極殿	「御」
39	十四	天平十三年	(741)	五月六日	校獦	河南	「幸」「観」
40	十四	天平十四年	(742)	正月七日	宴	城北苑	「幸」
41	十四	天平十四年	(742)	正月十六日	宴	大安殿	「御」

42	十五	天平十五年　（743）	正月六日	宴	大安殿	「御」
43	十五	天平十五年　（743）	正月十一日	饗	石原宮楼	「御」
44	十五	天平十五年　（743）	五月五日	宴	内裏	—
45	十五	天平十六年　（744）	正月朔	饗	朝堂	—
46	十六	天平十七年　（745）	正月朔	宴	御在所	—
47	十六	天平十七年　（745）	正月七日	宴／饗	大安殿／朝堂	「御」
48	十七	天平十九年　（747）	正月朔	宴	南苑	「御」
49	十七	天平十九年　（747）	正月二十日	宴	南苑	「御」
50	十七	天平十九年　（747）	五月五日	騎射	南苑	「御」「観」
51	十七	天平二十年　（748）	正月朔	宴／饗	内裏／朝堂	—
52	十七	天平二十年　（748）	正月七日	宴	南高殿	「御」
53	十八	天平勝宝二年　（750）	正月朔	宴／饗	大郡宮／薬園宮	「還」
54	十八	天平勝宝三年　（750）	正月十六日	宴	大極殿南院	「御」
55	十八	天平勝宝三年　（751）	七月七日	宴	南院	「御」
56	十九	天平勝宝五年　（753）	正月朔	宴	中務南院	「御」
57	十九	天平勝宝六年　（754）	正月朔	宴	内裏	—
58	十九	天平勝宝六年　（754）	正月七日	宴	東院	「御」

○臨時の宴会

1	二	大宝元年　（701）	六月十六日	宴	西高殿	—
2	九	神亀二年　（725）	十一月十日	宴	大安殿	「御」
3	十	神亀四年　（727）	十一月二日	宴	朝堂	—
4	十	神亀四年　（727）	十一月十九日	宴	—	—
5	十一	天平三年　（731）	十一月五日	宴	南樹苑	「御」
6	十一	天平四年　（732）	十一月二十七日	宴	南苑	「御」
7	十一	天平六年　（734）	二月朔	歌垣	朱雀門	「御」
8	十二	天平九年　（737）	十一月二十二日	宴	中宮	—
9	十四	天平十三年　（741）	七月十三日	宴	新宮	—
10	十四	天平十四年　（742）	二月朔	宴	皇后宮	「幸」
11	十四	天平十四年　（742）	四月二十日	宴	皇后宮	「御」
12	十五	天平十五年　（743）	十一月十三日	宴	内裏	—

がたい。試みに、『続紀』前半部分の朝賀・節会・臨時の宴会等といった天皇の出御する儀式の記事における出御及び会場の記載を確認した結果、[46]全八八件のうち一件の例外を除いて出御あるいは会場の記載があった（【表4『続日本紀』巻一から巻二十における儀式の会場】参照）。省略の多い『続紀』前半部分においても、記事が立てられるような重要な儀式の天皇出御または会場に関わる情報は削除されず残されている。神亀三年以前の使旨奏上・貢献物奉呈儀の記事に天皇出御・会場の記載がないことは、その場に天皇の出御がなかったという実態を示している。使旨奏上・貢献物奉呈儀が天皇出御で行われるのは、従来、言われていたような律令制当初ではなく、神亀三年まで下る可能性が高い。儀式に天皇の出御がない状況では、当然、天皇への拝礼をその場で行うことは不可能である。この状況は、（一）で想定した、朝賀で天皇への拝礼、後日に使旨奏上・貢献物奉呈という形式と整合する。つまり、神亀三年以前には使節に朝賀に参加させてその場で天皇への拝礼を行い、別の日に天皇とは関わりなく使旨奏上・貢献物奉呈を行っていたことが考えられる。

このような儀礼の開催方法は文武朝以前の外交儀礼のあり方を考えれば、決して不自然なものではない。六世紀の外交方式は、難波に大夫を派遣し、彼らが外国使節からの貢献物献上・使旨の伝達を受けるものであったが、[47]推古天皇十六年（六〇八）の隋使裴世清の来朝によって小墾田宮を会場とする新しい外交儀礼が行われ、[48]さらに推古天皇十八年の新羅使・任那使に対しても、小墾田宮において使旨奏上及び饗宴が行われた。しかし、貢献物は難波で受領しており、古い外交方式が用いられたことが指摘されている。[49]これ以降も、使節を入京させると饗宴は宮で行われるが、使旨・貢献物については難波で大夫が対応している。[50]推古朝で開始された宮での外交儀礼は、饗宴については継承されるが、使旨奏上・貢献物奉呈は難波で対応する古い方式が長く残存する。これは八世紀初頭にも及び、使節の朝賀参加が開始されても、貢献物の献上や使旨奏上に天皇が直接関わることはなく、官人が外国使節から貢献物を受領し、使旨の伝達を受けていたと考えられる。

この想定を傍証するのが、『続紀』文武天皇四年（七〇〇）の新羅告喪使金所毛、大宝三年（七〇三）の新羅告喪使金福護の事例である。『続紀』には彼らが朝賀・饗宴に参加した記事はあるが、使旨奏上・貢献物奉呈に関わる記事が見えない[51]。前後の使節は、簡潔ながらも貢献物の奉呈に関する記事が見えることを考えると、告喪使には記事を立てるような出来事がなかった、具体的には告喪使は王・王妃の死去を官人に伝達するのみで[52]、実態として貢献物を献上しなかったため、「貢方物」等という記事にならなかったのであろう。これは、使節の来朝時に必ず執り行われる使旨奏上・貢献物奉呈儀が、この時点で未だ確固たる儀式として確立されていなかったことを示している。神亀三年以前に見える「貢調物」という表記は、天皇出御での使旨奏上・貢献物奉呈儀という儀式の開催を示すものではなく、官人が外国使節から貢献物を受領したことを示すものと考えられる。

(三) 使旨奏上・貢献物奉呈儀の性格

では天皇出御での使旨奏上・貢献物奉呈儀が神亀三年に開始されるのには、どのような背景があるのか。この点を都城の整備と儀式との関わりという視角から検討する。平城宮の整備過程・利用形態は、発掘調査の進展とともに研究が飛躍的に進んだ[53]。これら都城制研究の成果によりながら、外交儀礼が行われた場の問題を考える。またこれらの研究のなかで各儀式での殿舎の利用法が検討され、儀式の類型化も行われている[54]。しかしそのなかで外交儀礼は例外的な扱いを受け、国内の他の儀礼との関連が十分に追究されてこなかった。その基礎的な作業も含めて使旨奏上・貢献物奉呈儀の性格を明らかにし、その変化の背景を考える。

(1) 使旨奏上・貢献物奉呈儀は大儀か

使旨奏上・貢献物奉呈儀の性格を示す際によく用いられるのが、延喜左右近衛式1大儀条・2中儀条・3小儀条である。

A　大儀謂元日・即位及受蕃国使表。

B　中儀謂元日宴会・正月七日・十七日大射・十一月新嘗会、及饗賜蕃客。

C　小儀謂告朔・正月上卯日・臨軒授位・任官・十六日踏歌・十八日賭射・五月五日・七月廿五日・九月九日・出雲国造奏神寿詞・冊命皇后・冊命皇太子・百官賀表・遣唐使賜節刀・将軍賜節刀。

冒頭部分のみを抜き出したが、ここでは大・中・小の三つに儀式が分類され、その後に各儀式の近衛府の儀仗について規定されている。[55]「受蕃国使表」が使旨奏上・貢献物奉呈儀に、「饗賜蕃客」が使節への饗宴に当たる。ここから、使旨奏上・貢献物奉呈儀が元日朝賀・即位儀と同じく大極殿を使用し、最も儀仗の整った「大儀」であったと理解されてきた。しかしこれは、延長五年（九二七）撰進の『延喜式』の一部であり、この条文の成立年代を改めて吟味する必要がある。[56]ここで小儀のひとつとして挙げられている「七月二十五日」は七月に開催される相撲節で、その式日が二十五日に固定するのは元慶八年（八八四）である。この条文の原型自体は弘仁式まで遡る可能性も高いが、最終的にこの条文が現在の形になったのは延喜式編纂段階と言える。[57]使旨奏上・貢献物奉呈儀が奈良時代から一貫して大儀であったかどうかは改めて考える必要がある。奈良時代の儀式の状況は以下の史料に見られる。

D　凡元日朔日若有二聚集一及蕃客宴会辞見、皆立二儀仗一。（宮衛令22元日条）

令文では外交儀礼は「蕃客辞見」「蕃客宴会辞見」と呼ばれる。[58]この箇所について古記は以下のように述べる。

E　古記云、（イ）元日夫装二五纛一有二鉦鼓一也。（ハ）朔日・五位以上授聚集時、無レ幡、直帯仗威儀耳。

F　古記云、（ロ）蕃客宴会辞見・左大臣以上任授聚集、立レ幡、無二纛・鉦鼓一也。

寺崎保広氏はこれを整理し、（イ）纛・鉦鼓を用いる元日朝賀（ロ）纛・鉦鼓は用いないが幡を立てる蕃客宴会・辞見・左大臣以上任授（ハ）幡も立てない五位以上授位・告朔（史料では「朔日」）に分け、これがそれぞれ延喜近衛式の大儀・中儀・小儀に対応することを指摘している。[59]延喜近衛式と古記との区分は完全には一致しないが、確かに大儀―元日朝賀、中儀―蕃客宴会、小儀―告朔・授位といった基本的な部分は一致する。元日節会以下の節会の儀仗は古記には見えないが、これは節会の儀仗が後に一斉に整備されたものと考えられるし、「百官賀表」等の平安時代初期に成立する儀式も後に加えられたと考えられ、その基本的な枠組みは継承されている。しかし、この分類で説明がつかないのが、「蕃客宴会辞見」である[60]。これは文字通りに理解すれば、宴会と辞見、つまり使節への饗宴と使旨奏上・貢献物奉呈儀とを指すものと考えられるが[61]、古記はこれをともに、（ロ）纛・鉦鼓は用いないが幡を立てる――延喜左右近衛式での中儀――とし、これを大儀とする延喜左右近衛式と齟齬が生じている。寺崎氏も「これは奈良時代から『延喜式』にいたる間に外国使節との接見が大儀に昇格したようである」としている。この指摘はこれまで外交儀礼の検討に際して取り上げられてこなかったが、大宝令注釈書である古記の段階において[62]、使旨奏上・貢献物奉呈儀が大儀でなかった、つまり、大極殿を用いていなかったことを示す重要な指摘である。儀仗に関する史料からは、使旨奏上・貢献物奉呈儀が、律令制当初から天皇が大極殿に出御する、最も威儀の整った儀式ではなかったことが見える。

（2）平城宮第一次大極殿の利用

次に天皇出御で行われる使旨奏上・貢献物奉呈儀の具体的な内容から、殿舎利用の形を考えてみたい。平安時代の様相を示している延喜式部式下25諸蕃使条には以下のようにある。

G　受二諸蕃使表及信物一

其日、式部設二使者版位於龍尾道南庭一。設二庭実位於客前一。諸衛立レ仗。各有二常儀一。群官五位以上及六位以下左右分入。使者服二其国服一、入如二常儀一。事見二儀式一。

龍尾道の南庭に使者の版位・庭実位が設けられたこと、「五位以上六位以下」＝ほぼすべての官人が参加したことが見える。なお弘仁式も同文である。ここからは殿舎利用の形式は読み取れないが、今泉隆雄氏の朝堂の利用法による儀式の類型を援用して考えてみたい[63]。

（イ）大極殿―朝庭型《即位儀・朝賀》　天皇が大極殿に出御、その前に官人が北面して列立する形式。先に見た儀仗による分類の「大儀」に一致する。

（ロ）大極殿―十二朝堂型の朝庭型《告朔・選叙などの宣命布告》　天皇が大極殿に出御、官人は政務の場である朝堂から降り、その前に列立。

（ハ）大極殿―十二朝堂型《朝政》　朝堂にある官司の座でそれぞれ政務を行う(64)。

（ニ）閤門―四朝堂型《節会》　天皇が大極殿院閤門に出御、その前の殿舎に官人が着座し宴会を行う(65)。

ではこの四分類のなかで使旨奏上・貢献物奉呈儀はどれに当たるだろうか。使節が天皇の前で拝礼を行うこと、即位儀・朝賀儀とともに後に「大儀」とされる点からは（イ）大極殿―朝庭型の要素が強く見える。しかし儀式の内容を見てみると（ロ）大極殿―十二朝堂型の朝庭型との共通性も高い。この点を、（ロ）の代表的な儀式である告朔と対照させて示してみたい。

告朔は毎月朔日に、官人が朝堂に集まって各官司の前月の公文を天皇に奏上する、一種の政務儀礼である(66)。平安時代には形骸化が進み、年四回のみの開催（「孟月告朔」）となるが、その儀式の構造に大きな変化はなかったと考えられる。告朔における具体的な公文進上の手続きは延喜式から判明する。

Ｉ　孟月告朔

前一日、①省置二龍尾道以南版位一。告朔大夫預習二儀式一。其日質明、①省令三省掌立二漆案於中庭一。〈事見二儀式一。〉乗輿不レ御之日、省掌直立二弁官庁前一。立二曹司庁一亦同。（延喜式部式下13孟月告朔条）

Ｊ　凡天皇御二大極殿一視告朔者、①諸司大夫進置二函於案上一。②奏者奏畢、復二本列一。③訖侍従令三舎人喚二内記一。〈預候二龍尾道階下一。〉内記二人称唯、昇二東西階一就二版位一立。侍従宣曰、「進文収之」。称唯進二案下一。④搢レ笏舁レ案、退降二東階一。出二蒼龍楼掖門一。〈公文惣送二中務省一。〉（延喜内記式6告朔函条）

天皇出御の場合、①各諸司の五位以上は函に入った公文を龍尾道以南に置かれた案に置き、②それを奏者が奏上し、③侍従の命を受けた内記が龍尾道の階を降り、④公文を載せた案を舁いて東階から戻り、東側の門から退出する。龍尾道以北は天皇の空間とされるが、そこに一般の官人は入らず、天皇の近侍者に当たる中務省隷下の官人が受領の手続きを行っている。先に史料Ｇで見たように使旨奏上・貢献物奉呈儀でも、使節の版位と庭実位は

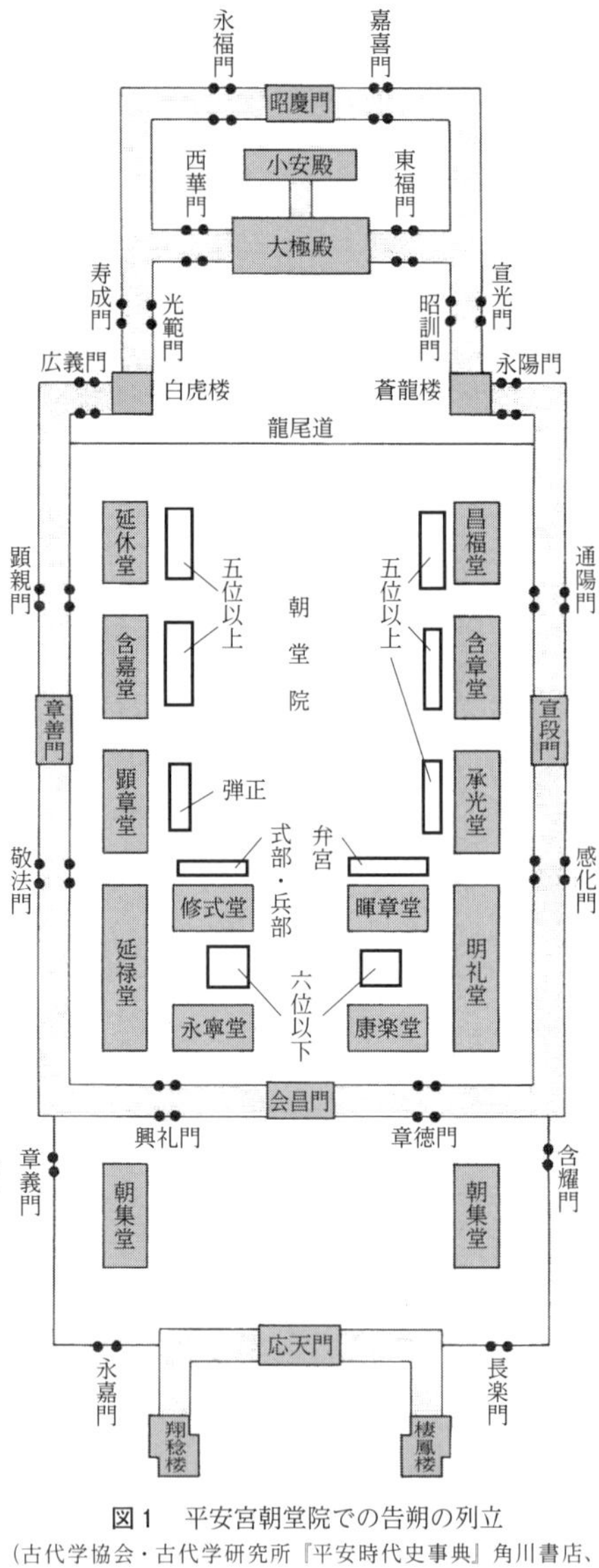

図1　平安宮朝堂院での告朔の列立
（古代学協会・古代学研究所『平安時代史事典』角川書店、1994年所収の図に加筆。）

「龍尾道南庭」に置かれ、奏上及び献上の主体である使節は龍尾道内に入らないが、(67)この点は告朔と共通している。元日朝賀において、官人を代表する奏賀者・奏瑞者が龍尾道を昇って奏上を行うの(68)とは対照的である。

また、告朔には基本的に全官人が参加するが、そこでは、

H　凡進二告朔函一時者、弁官・式部・兵部・弾正五位已上者、立二本司庁前一。他司五位已上者立二東西庁前一。
諸六位已下立二弁官式部庁後一。
（延喜弾正式105進告朔函条）

と、それぞれ、官人が堂（史料では「庁」）の前に立ち、朝庭中央の空間を保つ形で列立が行われる(69)（【図1　平安宮朝堂院での告朔の列立】参照）。選叙などの宣命布告の際も同様の列立が行われ、この形が朝堂で天皇出御を伴って行われる儀式の列立の一つの典型であったという(70)。使旨奏上・貢献物奉呈儀における官人の列立法を明確に示す史料はないが、朝庭の中央には外国使節が進み出るので、朝賀のような位階順に列立して北面する官人が中央

を占めることは想定しがたい(71)。告朔のような、朝堂を背にしたコの字型の列立が、視覚的にも空間的にも合理的である。使旨奏上・貢献物奉呈儀は百官の前で「奏上・貢献」を行う儀礼であり、当然のことながら、それは官人が天皇に奏上・貢献を行う作法を基礎とする。時代は遡るが、『日本書紀』推古天皇十八年（六一〇）十月九日条の新羅使による使旨奏上の場面で、大臣蘇我馬子は「時大臣自レ位起。立二廳前一而聽焉」いたという。本格的な儀礼整備以前についてのものであるが、まさに外国使節の使旨奏上の場面で大臣が庁の前に立っている点は注目される。岸俊男氏は、これを告朔をはじめとする朝堂の政務の始原として論じたが(72)、ここには、政務儀礼と使旨奏上・貢献物奉呈儀とが、その成立期から共通する構造を有する、同根の儀礼であったことが見えている。

次にこの儀式を平城宮の空間に当てはめて考えていきたい。周知のごとく平城宮には大極殿・朝堂院からなる中枢区画が二カ所存在するが、この点について本節に必要な範囲で概観する。中央区は礎石立ちの大極殿を持ち、その前に広大な朝庭を有し、遅れて大極殿門の外に東西各二堂ずつの四堂が造営される。東区は上層と下層に分けられる。遷都当初に存した下層は掘立柱建物で正殿・その前の閤門・十二朝堂からなる。上層では、これらの築造物の配置はそのままに、礎石建ちに改められる。また東区の北側には内裏があった（【図2　奈良時代前半の平城宮】参照）。東区の掘立柱建物から礎石建ちへの改築の時期は、恭仁京から還都した天平十七年（七四五）とする説が有力である(73)。

先に使旨奏上・貢献物奉呈儀の天皇出御での開催は神亀三年（七二六）以降であると述べたが、この当時の平城宮は、礎石建ちの大極殿・朝庭からなる中央区と政務の場である掘立柱建物の朝堂からなる東区とが並立している状況であった。天皇出御で使旨奏上・貢献物奉呈儀を行うためには、天皇が出御するための舞台装置である大極殿と官人たちが列立する際の基準となる朝堂が必要であるが、朝堂のある東区は掘立柱建物しかなく、使節に対する儀礼を行う場としては見劣りがする。しかし中央区の大極殿の前庭には遷都当初朝堂に相当する施設はなく、ここで使旨奏上・貢献物奉呈儀を行えば、コの字型に官人を列立させるのが困難である。

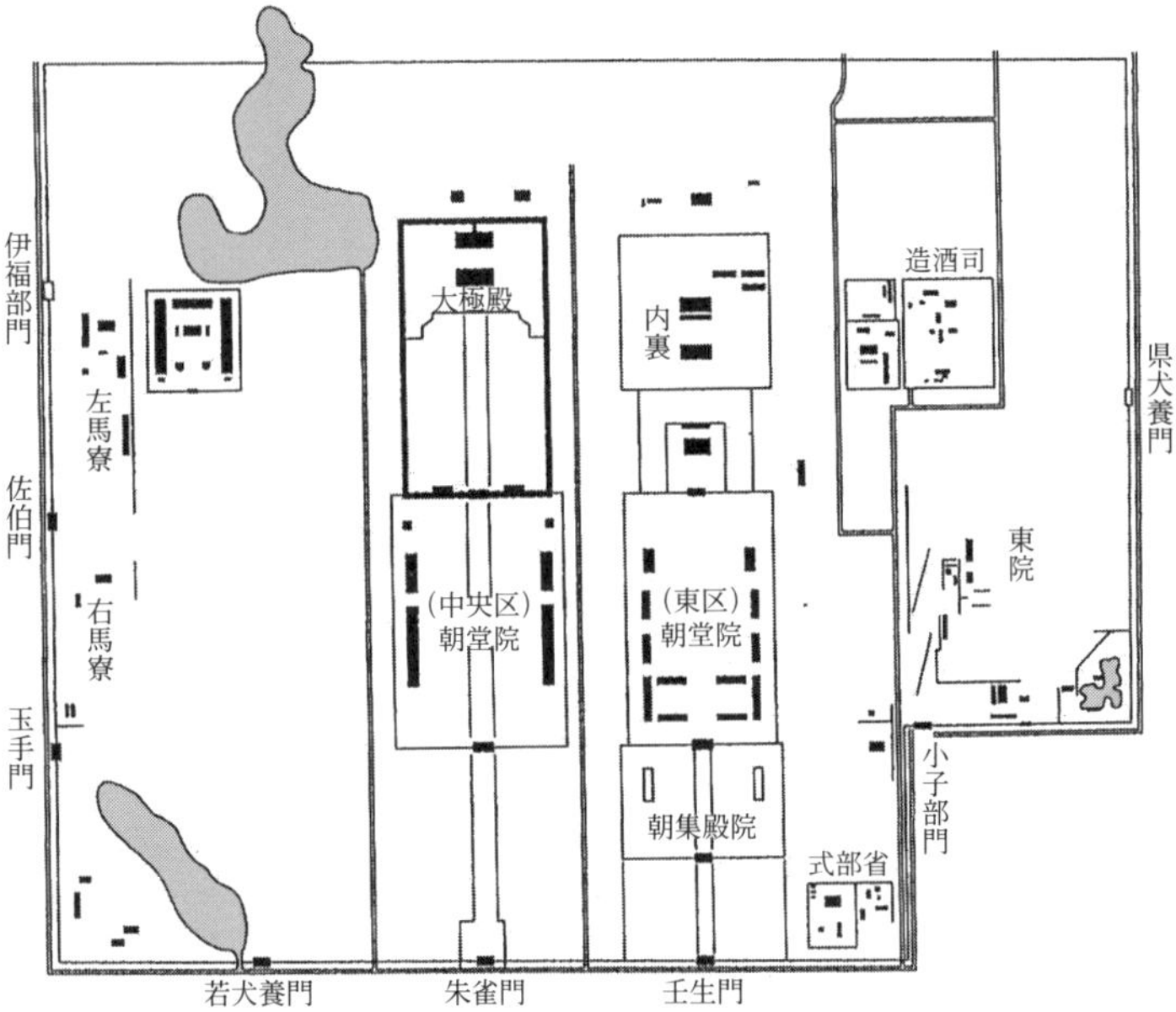

図2　奈良時代前半の平城宮
画像提供元／奈良文化財研究所（奈良文化財研究所編『図説　平城京事典』柊風舎、二〇一〇年）

平城京遷都から少し遅れて大極殿門の南側に四堂が建造されるが、これによって、天皇は礎石建ちの大極殿或いは大極殿院閤門に出御し、官人は堂前に列立して外国使節が中央に進むという形で使旨奏上・貢献物奉呈儀を開催することが可能となる。この四堂の建造時期は霊亀以降とされ[74]、これを中央区大極殿と一連のものと見なし、プラン上での工程差として理解する向きが強い[75]。一方で、聖武天皇即位に向けての都城整備の一貫とする見解もある[76]。本稿の検討に引きつけて考えるのなら、この中央区の整備によって[77]、使旨奏上・貢献物奉呈儀を天皇出御で行う素地が成立すると考えられる。これが神亀三年の使旨奏上・貢献物奉呈儀への天皇出御開始の前提となっているのではないだろうか。

以上、使旨奏上・貢献物奉呈儀の場の問題に関して、明証がない部分を多く推測によって説明してきた。ただ、延喜式部式下25諸蕃使条などから想定される、天皇が大極殿に出御し、その前で外国使節が使旨奏上・貢献物奉呈儀を行うという儀式の設営を、七世紀末にそのまま遡らせて理解するのは困難であることは確かであろう。

また、外交儀礼を行う会場が朝廷にとって重要であったことは、例えば天平十二年（七四〇）十一月から天平十七年十月の五年間にわたり、恭仁宮・紫香楽宮・難波宮と、転々と遷都が繰り返されている間、外国使節の入京は一度もないことからも窺える。この間に新羅使が二度、来朝しているが、ともに来着地から放還されている[78]。この事実は、外国使節に対する儀礼の場が、当時の朝廷に強く意識されていたことを示している。

本節での検討を時間軸に沿って一旦整理する。長らく天皇が外国使節に直接対応することはなかったが、文武天皇二年（六九八）に朝賀への外国使節参加が始まる。しかし使旨奏上・貢献物奉呈の場に天皇は出御せず、外国使節は群臣とともに朝賀に参加し、後日、使旨奏上・貢献物の奉呈をおそらく官人に対して行い、饗宴でのもてなしを受け、帰国した。元日朝賀に使節を参加させることは、その場で使節に天皇への拝礼を行わせるとともに、最も儀仗・参加者ともに充実している儀式を見せて、その威儀を示そうとしたものであろう[79]。ここに朝賀は外交儀礼の一部として組み込まれる。

その後、聖武朝に至り、神亀三年（七二六）に聖武天皇が新羅使の前に出御して使旨奏上・貢献物奉呈儀が行われる。ここで初めて天皇が外交使節のためだけに開催される儀式に出御する。これを可能にした要因としては、ひとつには平城宮の中央区の整備が挙げられる。また、もう一つ考えるべきは、この間の新羅使の日本への来朝時期の変化である。八世紀初頭までは新羅使は基本的に十月から十一月に到着しており[80]、朝賀に参加することが可能であった。しかし養老三年（七一九）以降、新羅使は正月に係らない時期に来朝する。ここで元日朝賀に使節を参加させる方式は物理的に不可能となった。それを受けて朝賀で行われていた天皇への拝礼を行う場として使旨奏上・貢献物奉呈儀が整備されたと考えられる[81]。聖武朝は外交儀礼の整備期と位置づけられる[82]。更に言えば、使節の元日朝賀参加は、宮城での儀礼が整備されていない段階において、精一杯朝廷が外国使節に向けての威儀を備えようとした、苦肉の策としての側面があったことも考えられる。

第三節　外国使節への饗宴──九世紀における外交儀礼の変化──

使旨奏上・貢献物奉呈儀は、宝亀十一年（七八〇）以降、使節からの奏上と天皇からの宣命によるやりとりが史料上確認できなくなり、その儀式としての重要性は低下するとされる。[83]　しかし、八世紀末に変化するのは、従来指摘されてきた使旨奏上・貢献物奉呈儀だけではない。先に述べたように朝賀でも延暦十八年（七九九）に官人・外国使節の礼式が一本化される。また外国使節への饗宴についても変化が見られる。これらの現象を含めて、八世紀末から九世紀初頭の外交儀礼の変化について考えたい。

（一）饗宴・節会への参加者の検討

八・九世紀に外国使節に対して行われる饗宴は、使節の入京時期による制約を受けて、その開催方式が異なる。（Ⅰ）正月以外の時期に入京した場合は、使節のために臨時の饗宴が開かれ、（Ⅱ）正月までに入京している場合は、使節を正月節会に参加させる。[84]（Ⅱ）の節会への外国使節参加は、使節の正月来朝自体がなくなるため、弘仁十三年（八二二）を最後に消滅する（【表5　外国使節への饗宴の実施状況】参照）。しかしそれまでの間に、（Ⅰ）（Ⅱ）ともに参加する官人の範囲に変化が見える。これは饗宴の性格の変化に関わる重要な点だと思われる。それぞれの場合に分けて検討する。

（1）外国使節への臨時の饗宴

A　（前略）於レ是、高斉徳等八人並授二正六位上一、賜二当色服一。仍宴二五位以上及高斉徳等一。賜二大射及雅楽寮之楽一。宴訖賜レ禄有レ差。

（『続紀』神亀五年〔七二八〕正月十七日条〔表5─8、以下同〕）

B　是日、饗二五位已上及渤海蕃客於朝堂一。賜二三種之楽一。（後略）（『続紀』宝亀三年〔七七二〕二月二日条〔19〕）

表5　外国使節への饗宴の実施状況――文武天皇元年（六九七）から延喜十九年（九一九）まで――

No	使節の国・名	来朝した日付	饗宴の日付	類型	会場	官人の参加者	備考
1	新羅・金弼徳	文武天皇元（六九七）十・二十八	※饗宴の記事なし				
2	新羅・金所毛	文武天皇四（七〇〇）十一・八	※饗宴の記事なし				母王の喪を告げる使
3	新羅・金福護	大宝三（七〇三）正・九	同閏四・朔	京外	「難波館」	—	国王の喪を告げる使
4	新羅・金儒吉	慶雲二（七〇五）十・三十	翌正・七	Ⅱ（七日会）カ	「朝堂」	—	
5	新羅・金信福	和銅二（七〇九）三・十五	同五・二十七	Ⅰ	「朝堂」	—	
6	新羅・金元静	和銅七（七一四）十一・十一	翌正・十六	Ⅱ（十六日会）	「中門」	「百寮主典以上」	
7	新羅・金長言	養老三（七一九）五・七	同閏七・十一	Ⅰ	—	—	
8	新羅・金貞宿	養老七（七二三）八・八	同八・九	Ⅰ	「朝堂」	—	
9	新羅・金造近	神亀三（七二六）五・二十四	同六・六	Ⅰ	「朝堂」	—	
10	渤海・高斉徳	神亀四（七二七）九・二十一	翌正・十七	Ⅰ	「中宮」	「五位以上」	使旨奏上・貢献物奉呈も同時に行う。
11	新羅・金長孫	天平四（七三二）正・二十二	同五・二十一	Ⅰ	「朝堂」	—	
12	新羅・金相貞	天平六（七三四）十二・六	※饗宴の記事なし				王城国と称したことを咎められて帰国。
13	渤海・己珎蒙	天平十一（七三九）七・十三	翌正・七 翌正・十六	Ⅱ（七日会）カ Ⅱ（十六日会）	「朝堂」 「南苑／朝堂」	— 「侍臣／百官」	
14	新羅・金泰廉	天平勝宝四（七五二）閏三・二十二	同六・十七 同七・二十四	Ⅰ 京外	「朝堂」 「難波館」	— —	
15	渤海・慕施蒙	天平勝宝四（七五二）九・二十四	翌五・二十七	Ⅰ	「朝堂」	—	
16	渤海・楊承慶	天平宝字二（七五八）九・十八	翌正・十八	Ⅱ（十六日会）	「朝堂」	「五位以上」「主典已上」	
17	渤海・高南申	天平宝字三（七五九）十・十八	翌正・七	Ⅱ（七日会）	「閤門」	「五位以上」	
18	渤海・王新福	天平宝字六（七六二）十・朔	翌正・七 翌正・十七	Ⅱ（七日会） Ⅱ（十六日会）	「閤門」 「朝堂」「閤門」	「五位以上」 「五位以上」「文武百官主典已上」	

19	渤海・壱万福	宝亀二（七七一）六・二十七	翌二・二	I	「朝堂」	「五位已上」	
20	渤海・史都蒙	宝亀七（七七六）十二・二十二	翌四・二十七	I	「臨軒」	―	記事としては叙位のみ。
21	渤海・張仙寿	宝亀九（七七八）九・二十一	翌正・七 翌正・十六	II（七日会） II（十六日会）	「朝堂」 「朝堂」	「五位已上」 「五位已上」	
22	唐・孫興進	宝亀九（七七八）十・二十三	翌五・十七 翌五・二十五	I I	「朝堂」 ―	― ―	
23	唐・高鶴林 新羅・金蘭孫	宝亀十（七七九）七・十	翌正・五 翌正・七 翌正・十六	I II（七日会） II（十六日会）カ	「朝堂」 「朝堂」 ―	― 「五品已上」 ―	
24	渤海・大昌泰	延暦十七（七九八）十二・二十七	翌正・七 翌正・十六	II（七日会） II（十六日会）	「大極殿」 「大極殿」	「五位已上」 「群臣」	
25	渤海・高南容	大同四（八〇九）十・朔	翌四・朔	京内	「鴻臚館」	―	『日本紀略』
26	渤海・高南容	弘仁元（八一〇）九・二十九	翌正・七 翌正・二十	II（七日会） I	 「朝集院」	「五位已上」 「大納言…等」	
27	渤海・王孝廉	弘仁五（八一四）九・三十	翌正・七 翌正・十六 翌正・二十	II（七日会） II（十六日会） I	― 「豊楽院」 「朝集堂」	「五位以上」 「五位已上」 ―	
28	渤海・李承英	弘仁十（八一九）十一・二十	翌正・七 翌正・十六	II（七日会） II（十六日会）	「豊楽殿」 「豊楽殿」	「五位已上」 「群臣」	『類史』七一 『類史』七二
29	渤海・王文矩	弘仁十二（八二一）十一・十三	翌正・七 翌正・十六 翌正・二十	II（七日会） II（十六日会） I	「豊楽殿」 「豊楽殿」 「朝集殿」	「群臣」 「五位已上」 ―	『類史』一九四
30	渤海・高承祖	天長二（八二五）十二・三	※饗宴の記事無し				『類史』一九四 入京するが儀礼は最低限に抑えられる。
31	渤海・賀福延	承和八（八四一）十二・二十二	翌四・五 翌四・九	I I	「豊楽殿」 「朝集堂」	― ―	
32	渤海・王文矩	嘉祥元（八四八）十二・三十	翌五・三 翌五・十	I I	「豊楽殿」 「朝堂」	― 「公卿」	

33	渤海・楊成規	貞観十三（八七一）十二・十一	翌五・二十三 翌五・二十四	京内 京内	「鴻臚館」 ―	「大学頭…等」 「民部少輔」	
34	渤海・裴頲	元慶六（八八二）十一・二十七	翌五・三 翌五・十	Ⅰ Ⅰ	「豊楽殿」等 「朝集堂」	「親王已下参議已上」「五位已上」「百官六位已下」 「大臣已下」「五位已上有容儀者卅人」	
35	渤海・裴頲	寛平六（八九四）十二・二十九	翌五・十一 翌五・十四 翌五・十五	Ⅰ Ⅰ 京内	「豊楽院」 「朝集堂」 「鴻臚館」	― ― 「参議」	『日本紀略』 『日本紀略』 『日本紀略』
36	渤海・裴璆	延喜八（九〇八）正・八	同五・十一 同五・十五 同六月	Ⅰ Ⅰ 京内	「豊楽院」 「朝集堂」 「鴻臚館」	― ― 「掌客使・諸文士」	『貞信公記』 『扶桑略記』 『日本紀略』
37	渤海・裴璆	延喜十九（九一九）十一・十八	翌五・十二 翌五・十六	Ⅰ Ⅰ	「豊楽院」 「朝集堂」	― ―	『扶桑略記』 『扶桑略記』

凡例：入京した外国使節に対して行われた饗宴について一覧にした。但し、大臣第で行われた宴会及び射礼・騎射への参加は除外している。

類型の項には、第三節で行った、Ⅰ…臨時に使節のために開催する饗宴、Ⅱ…節会に使節を参加させたもの、という分類を示し、Ⅱに関わる使節に網掛けを施した。

出典は、No１～23は『続日本紀』、24～27は『日本後紀』、31・32は『続日本後紀』、33・34は『日本三代実録』。それ以外のものについては、備考欄に注した。


史料Ａ・Ｂともに五位以上官人が参加している。(85)使節への饗宴は、八世紀には五位以上という限られた官人が参加する儀式であった。これが九世紀に入ると変化するが、その点を確認する前に、使節への饗宴の変遷に触れておきたい。弘仁二年（八一一）から、正月に入京した使節に対して、節会参加に加えて、官人を派遣して行われる「朝集堂の饗」が開催され、(86)承和九年（八四二）以降、天皇出御での「豊楽院の宴」と天皇不出御の「朝集堂の饗」という二度の臨時の饗宴を行う形で定着する。(87)「朝集堂の饗」が弘仁二年に開始された新しいタイプの饗宴であるのに対し、(88)「豊楽院の宴」では天皇出御の上、使節への叙位・賜禄が行われており、八世紀以来の外国使節への饗宴を継承したものといえる。この伝統的要素の強い「豊楽院の宴」の参加者を見てみよう。

C　天皇御㆓豊楽殿㆒、賜㆓宴渤海客徒㆒。親王已下・参議已上侍㆓殿上㆒。五位已上侍㆓顕陽堂㆒。大使已下廿人侍㆓承歓堂㆒。百官六位已下相分侍㆓観徳・明義両堂㆒。（『日本三代実録』元慶七年〔八八三〕五月三日条〔34〕）

ここでは親王以下参議以上・五位以上六位以下が参加している。この参加範囲は「豊楽院の宴」開始の承和九年まで遡るだろう。延喜式部式下26蕃使宴条でも、五位以上六位以下の参加が明記されている(89)。八世紀には五位以上に限られていた使節への饗宴の参加者は、承和九年には五位以上六位以下へと拡大する。本来大規模に行われるものではなかった使節への饗宴は、平安時代初期には多くの官人が参加するものとなっている。

（2）外国使節の節会参加

次に（Ⅱ）の節会に参加するケースを見ていこう。そもそも節会に参加する官人の範囲は各節会で異なる。これは節会が天皇を中心とする秩序を示す共食儀礼であったことによるのであろう(90)。奈良時代の節会の参加者は七日節会（白馬節会）が五位以上、十六日節会（踏歌節会）が百官主典以上である(91)。ここに外国使節が参加する場合は以下のようになる。

D　宴㆓百寮主典以上並新羅使金元静等于中門㆒。奏㆓諸方楽㆒。宴訖、賜㆑禄有㆑差。（『続紀』霊亀元年〔七一五〕正月十六日条〔表5－6〕）

E　天皇御㆓南苑㆒宴㆓侍臣㆒。饗㆓百官及渤海客於朝堂㆒。五位已上賜㆓摺衣㆒。（『続紀』天平十二年〔七四〇〕正月十六日条〔表5－13〕）

F　高野天皇及帝御㆓閤門㆒。五位已上及高麗使依㆑儀陳列。詔授高麗国大使高南申正三位、（中略）賜㆓宴於五位已上及蕃客㆒。賜㆑禄有㆑差。（『続紀』天平宝字四年〔七六〇〕正月七日条〔表5－17〕）

七日節会を示す史料Fには五位以上、十六日節会を示す史料Dには百官主典以上が、Eには百官が参加したことが見えている。なお、十六日節会に参加する官人の範囲は、宝亀五年（七七四）に一旦五位以上へと縮小されるが、そこに使節が参加しても、その縮小された参加者の範囲は守られている(92)。節会に外国使節が参加したとしても、節会ごとに定められた本来の参加者に変更はない。これが八世紀の外国使節の節会参加のあり方である。

しかし八世紀末から九世紀にかけて、この状況に変化が見られる。十六日節会の参加者は宝亀五年に五位以上に縮小し、さらに弘仁三年（八一二）に、「侍臣」（次侍従以上）となり、以降はそれが固定する（【表6　八世紀半ばから九世紀半ばにおける七日節会・十六日節会の会場と参加者】参照）。そしてこの間、使節参加時には以下のような対応がとられた。

G　御二大極殿一宴二群臣并渤海客一。奏レ楽、賜二蕃客以上蓁揩衣一。並列レ庭踏歌。

（『日本後紀』延暦十八年〔七九九〕正月十六日条〔表5―24〕）

H　御二豊楽殿一奏二踏歌一、宴二群臣及蕃客一。賜レ禄有レ差。

（『類聚国史』七二　弘仁十一年〔八二〇〕正月十六日条〔表5―28〕）

史料G当時、十六日節会の本来の参加者は五位以上、史料H時点での本来の参加者は次侍従以上であるはずだが、ともに「群臣」＝五位以上六位以下の官人が節会に参加している(93)。外国使節の参加がある場合、参加する官人の範囲を拡大して挙行している。同様の例が、弘仁六年・弘仁十三年の十六日節会でも見られ、次侍従以上から五位以上へと参加者が拡大している(94)。また『内裏式』にも、外国使節参加時には節会に参加する官人の範囲を拡大することが明記されている(95)。

I　早旦、天皇御二豊楽殿一賜二宴次侍従以上一。有二蕃客一者、非侍従及六位以下、皆召。

（『内裏式』十六日踏歌式）

このように、当初は固定されていた各節会に参加する官人の範囲は、延暦十八年（七九九）以降、使節の参加によって変更される。（Ⅰ）臨時の饗宴　においても八世紀に比べ参加者の範囲が拡大していたが、これと同様の現象が（Ⅱ）節会参加　でも確認できた。（Ⅰ）では、承和九年（八四二）から確認されたが、（Ⅱ）では延暦十八年（七九九）にすでにそれが現れている。弘仁二年（八一一）から十四年にかけては外国使節が正月に来朝したため、（Ⅰ）の事例が存在せず見えにくくなっているが、使節への饗宴全体で考えると、この現象自体は延暦十八

表6　八世紀半ばから九世紀半ばにおける七日節会・十六日節会の会場と参加者

年（西暦）	七日節会		十六日節会		出典
	会場	参加者	会場	参加者	
天平宝字 3（759）		停止。	**朝堂**	**五位以上及蕃客并主典以上**	
天平宝字 4（760）	**閤門**	**五位以上及蕃客**	**朝堂**	**文武百官主典以上＊蕃客（内射のみ）**	
天平宝字 5（761）					
天平宝字 6（762）					
天平宝字 7（763）	**閤門**	**五位以上及蕃客**	**朝堂**	**五位以上及蕃客文武百官主典以上**	
天平宝字 8（764）					
天平神護元（765）		五位以上			
天平神護 2（766）					
神護景雲元（767）					
神護景雲 2（768）	内裏	五位以上			
神護景雲 3（769）	法王宮	五位以上	東院／朝堂	侍臣／文武百官主典以上陸奥蝦夷	
宝亀元（770）	東院	次侍従以上			
宝亀 2（771）			朝堂	主典以上	
宝亀 3（772）					
宝亀 4（773）	重閣中院	五位以上			
宝亀 5（774）	臨軒	五位以上	楊梅宮／朝堂	五位以上／出羽蝦夷俘囚	
宝亀 6（775）		五位以上		五位以上	
宝亀 7（776）		五位以上			
宝亀 8（777）		叙位記事のみ。	前殿／朝堂	次侍従以上／其余	
宝亀 9（778）	内裏	侍従五位以上		五位以上	
宝亀 10（779）	**朝堂**	**五位以上及渤海使**	**朝堂**	**五位以上及渤海使**	
宝亀 11（780）	**朝堂**	**五品以上及唐新羅使**			
天応元（781）					
延暦元（782）					
延暦 2（783）			大極殿閤門	五位以上	

延暦 3（784）		五位以上	内裏／朝堂	五位以上／百官主典以上	
延暦 4（785）		五位以上			
延暦 5（786）		五位以上			
延暦 6（787）		叙位記事のみ。			
延暦 7（788）					
延暦 8（789）	南院	五位以上			
延暦 9（790）					
延暦 10（791）		五位以上			
延暦 11（792）	南院	五位以上			類 71
延暦 12（793）		五位以上		五位以上	類 71・72
延暦 13（794）				五位以上	類 72
延暦 14（795）		群臣		侍臣	類 71・72
延暦 15（796）		五位以上		五位以上	類 71・72
延暦 16（797）		五位以上		五位以上	
延暦 17（798）		五位以上		五位以上	類 71・72
延暦 18（799）	**大極殿**	**五位以上（*「命宴楽」と続く）・蕃客**	**大極殿**	**群臣并渤海客**	
延暦 19（800）					
延暦 20（801）				五位以上	類 72
延暦 21（802）		五位以上			類 71
延暦 22（803）		叙位記事のみ。		五位以上	紀・類 72
延暦 23（804）		五位以上		五位以上	
延暦 24（805）		五位以上		五位以上	
大同元（806）					
大同 2（807）					
大同 3（808）					
大同 4（809）		侍臣			
弘仁元（810）					
弘仁 2（811）		**五位以上并蕃客**			
弘仁 3（812）		五位以上		侍臣	
弘仁 4（813）	豊楽院	五位以上		侍従以上	
弘仁 5（814）		五位以上		侍臣	類 71・72

弘仁 6（815）		**五位以上并渤海使**	**豊楽院**	**五位以上及蕃客**	
弘仁 7（816）		群臣	豊楽院	次侍従以上	類 71・72
弘仁 8（817）		五位以上		次侍従以上	類 71・72
弘仁 9（818）		五位以上		侍臣	類 71・72
弘仁 10（819）	豊楽院	五位以上		侍臣	類 71・72
弘仁 11（820）	**豊楽院**	**五位以上及蕃客**	**豊楽院**	**群臣及蕃客**	**類** 71・72
弘仁 12（821）					
弘仁 13（822）	**豊楽院**	**群臣及蕃客**	**豊楽院**	**五位以上及蕃客**	**類** 71・72
弘仁 14（823）	豊楽院	群臣			類 71
天長元（824）		叙位記事のみ。			類 99
天長 2（825）		叙位記事のみ。		諒闇の為停止。	類 99・72
天長 3（826）	豊楽院				類 71
天長 4（827）			紫宸殿	皇太子以下侍従以上＊出御せず。	類 72
天長 5（828）	豊楽院				類 71
天長 6（829）		叙位記事のみ。			類 99
天長 7（830）		叙位記事のみ。	紫宸殿		類 99・72
天長 8（831）	豊楽院		紫宸殿		紀・類 72
天長 9（832）	豊楽院				紀
天長 10（833）	豊楽院				類 71
承和元（834）	豊楽院	群臣			
承和 2（835）	豊楽院	百官			
承和 3（836）	豊楽院	百官			
承和 4（837）	豊楽院	群臣	紫宸殿	侍従以上	
承和 5（838）	豊楽院	百官	紫宸殿	侍従以上	
承和 6（839）	紫宸殿	百官	紫宸殿	侍従以上	
承和 7（840）	紫宸殿		紫宸殿	侍従以上	
承和 8（841）					
承和 9（842）	豊楽院	群臣	紫宸殿	侍臣	
承和 10（843）					
承和 11（844）	紫宸殿	群臣	紫宸殿	侍従以上	

凡例：出典は特に注記しない場合、『続日本紀』『日本後紀』『続日本後紀』。出典欄の類は『類聚国史』・紀は『日本紀略』。網掛けは史料がないことを示す。太字は外国使節の参加があったことを示す。

年に始まるものと言える。

また同時に、ここから日本において外国使節が節会に参加することの特質も見える。八世紀には外国使節が参加しても節会の参加者は固定されていた。これは第一節で述べた『内裏儀式』では節会のなかで、使節の行う動作と官人の行う動作とが異なっていたことと対応している。「はじめに」で述べたように、遣唐使の帰朝報告を見る限り、唐では外国使節は元会などの宴会に官人とともに参加し、それとは別に皇帝から賓礼としての宴を賜わる。しかし日本ではそのような明確な使い分けを行わず、節会のなかで使節への叙位・賜物までも行う。つまり、天皇と官人の君臣関係を示す節会と、天皇と外国使節との外交関係を示す饗宴とが同会場で並列して存在していたと言える。そのなかで官人と使節の礼式が異なっているのも当然のことだろう。

（二）九世紀の変容

このような状態に変化が見えるのが延暦十八年（七九九）である。この年の朝賀では、使節の参加によって一時的に礼式が変更され、使節の礼式に官人が合わせる形がとられた。そしてこの六日後に行われた七日節会も、参加者の範囲を拡大して挙行された。このことは、今まで揺らぐことのなかった天皇と官人との関係を示すための儀礼であった朝賀・節会が、外国使節のための儀礼としての側面がより重要視されるようになったことを示している。

このような変化に大きく関わっているのは、使旨奏上・貢献物奉呈儀の意義の低下であろう。この儀式では、使節が奏上する使旨とそれに対する返詔とにより、二国間の関係が明瞭に表されていた(96)。しかし八世紀末に、この奏上・返詔が行われなくなったことにより、二国間の関係を表す場はなくなる。それに代わり、二国間の関係を示す場として、それ以外の儀式の場であった饗宴（節会）が重要になり、その場における外国使節の動作・礼式が重視される。これは天皇と外国使節との関係を拝礼も含めた礼式で表そうとするものであった。そこでは、官人と外国使節との礼式の相違が意識され、官人たちの礼式の変更が引き起こされた。それとともに、饗宴を荘厳に行うため、参加する官人の範囲を拡大して執り行う必要が生じた。

それに加え、この時期の節会自体の性格の変化も関係しているだろう。この時期は節会の再編期に当たり、節会が天皇を中心とする新たな官僚的秩序を示すものへと変化していくことが指摘されている(97)。この時期、それまで固定していた節会で示される秩序は流動的になり、使節の参加に対応できる状況にあった。

以上が使節の節会参加形態の変化の第一段階に当たる。次に変化が見られるのは弘仁九年（八一八）である。この年より、外国使節の行っていた礼式が官人の礼式として採用される。これは唐礼の導入であると同時に、別個のものとして併存していた官人の礼式と外国使節の礼式とを、外国使節の方に合わせる形で完全に一本化するものでもあった(98)。ここにおいて、官人と外国使節とは、ともに同じ秩序内に存在するようになり、節会は官人・外国使節がともに天皇との関係を確認する儀礼となった。『内裏式』には、外国使節の存在を前提とした儀礼整備が行われたことで、官人と外国使節とが統合された新しい秩序が示されている。これが第二段階の変化であるが、これは長くは続かない。

節会全体の変化の流れから言えば、宝亀年間から始まる再編は天皇と官人との関係をより限定した範囲で強化しようとするものであった。参加者の範囲は狭くなり、紫宸殿等の天皇の日常空間を会場とするようになる(99)。しかしこれらの方向性から一転して、弘仁十二年（八二一）撰進の『内裏式』では、正月節会の会場をすべて豊楽院とし、七日節会については参加者を拡大し、それまでの五位以上が参加する形から、六位以下も含める儀式としている。このような『内裏式』のあり方は、広範囲の官人を結集させるという節会の国家的饗宴としての性格がより強まったと評価されている(100)。しかし、この『内裏式』に見える拡大傾向は、外国使節の節会参加形態の変化を受けて生じたものと考えられる。節会に外交儀礼としての要素が流れ込んだ結果、通常の節会においても参加者を拡大し、会場を豊楽院にするという、使節の参加を念頭に置いた改変がなされたのである。『内裏式』に蕃客の参加を意識した規定が多いという指摘があるが[101]、これもこの時期の節会が、官人に対する儀礼であると同時に、外国使節への儀礼として意味を有していたことによるのだろう。弘仁十三年（八二二）を最後に、使節の正月節会への参加がなくなると、節会の持っていた外国使節のための儀礼という要素は不必要になり、節会は再び天皇と官人との関係のみを示す儀礼へと戻る。承和七年（八三九）以降、節会は主に紫宸殿を会場とするようになるが、これは宝亀年間から見えた節会縮小化の傾向が再び表面化したものと言えるだろう。

おわりに

以上、八・九世紀の外国使節の朝賀・節会参加の実態を検討した。本章で述べたことは以下の三点である。

①八世紀には、朝賀での拝礼方法は官人（四拝）と外国使節（再拝）とで異なっていた。この会場を同じくしながら異なる礼式が並行している状況は節会でも確認できる。これは、官人と天皇の関係を示して人格的秩序を確認する儀礼と、外国使節と天皇の関係を示すための外交儀礼とが並行して行われていることを示している。官人と使節とを同一の秩序に含む帝国的な様相は見えない。

②朝賀への外国使節の参加は、文武天皇二年（六九八）に始まる。しかし、この段階では使旨奏上・貢献物奉呈の場に天皇が現れたことは確認できない。使旨奏上・貢献物奉呈儀が天皇出御で実施されるのは、神亀三年（七二六）まで下ると考えられる。それ以前には外国使節は朝賀で天皇に拝礼を行い、使旨奏上・貢献物奉呈儀で官人に外交内容の伝達を行い、貢献物を献上していた。ここでは朝賀は外交儀礼の一部として機能していた。神亀三年に天皇出御での使旨奏上・貢献物奉呈儀が開始されるのは、新羅使が正月に来朝しなくなることに対応した措置と考えられるが、そこには平城宮の整備という会場の問題も大きく影響していると考えられる。

③延暦十八年（七九九）に、使節参加時の朝賀で、動作・礼式が臨時に一本化される。節会でも参加者の範囲

が通常より拡大される。朝賀・節会に外交儀礼としての要素が入りこみ、一時的に外国使節参加の影響を受けるようになる。さらに、弘仁九年（八一八）の新礼の導入により、使節の参加の有無にかかわらず、官人と外国使節の動作が一本化する。両者が同一の礼式に従う新しい秩序が作られ、朝賀・節会は、外国使節の参加を前提として再編され、官人を対象とした儀礼でありながら外交儀礼としても機能した。

これまで外交儀礼の画期としては、使旨奏上・貢献物奉呈儀の衰退の推測される宝亀年間や、迎接体制の整備の行われる承和年間が注目されてきた[102]。そのなかで見過ごされてきたが、弘仁九年（八一八）の新礼導入は、非常に重要な画期であったと言える。奈良時代を通して保たれていた外交儀礼の位置づけは大きく変わり、これまで明確に分けられていた官人と使節とを同一の秩序で遇する指向を持っていた。しかし、これは礼式を使節に合わせる形をとる。これは、中華思想とはまったく異なる方向性を示している。これをどう評価するかは難しい問題であるが、この段階においてすでに朝廷は国家間の上下関係を強調することに重要性を認めていなかったことが考えられる。

（1）鍋田一「古代の賓礼をめぐって」（『日本文化史論叢』柴田實先生古稀記念会、一九七六年）、同「六、七世紀の賓礼に関する覚書」（瀧川博士米寿記念会編『律令制の諸問題』汲古書院、一九八四年）、河内春人「新羅使迎接の歴史的展開」（『ヒストリア』一七〇、二〇〇〇年）、浜田久美子「『延喜式』にみえる外国使節迎接使」（同『日本古代の外交儀礼と渤海』同成社、二〇一一年、初出二〇〇〇年）、同「律令国家の賓礼受容」（同上、初出二〇〇三年）、森公章「古代難波における外交儀礼とその変遷」（同『古代日本の対外認識と通交』吉川弘文館、一九九八年、初出一九九五年）、同「賓礼の変遷からみた日渤関係をめぐる一考察」（同『遣唐使と古代日本の対外政策』吉川弘文館、二〇〇八年、初出二〇〇三年）等。

（2）森氏「賓礼の変遷からみた日渤関係をめぐる一考察」（前掲書）。

（3）石母田正「天皇と「諸蕃」――大宝令制定の意義に関連して――」（『石母田正著作集』四　古代国家論　岩波書店、一九八九年、初出一九六三年）、和田萃「タカミクラ――朝賀・即位式をめぐって――」（同『日本古代の儀礼と祭祀・信

仰』上　塙書房、一九九五年、初出一九八四年）、古瀬奈津子「平安時代の「儀式」と天皇」（同『日本古代王権と儀式』吉川弘文館、一九九八年、初出一九八六年）、藤森健太郎「日本古代元日朝賀儀礼の特質」（同『古代天皇の即位儀礼』吉川弘文館、二〇〇〇年、初出一九九一年）。

（4）石母田氏・和田氏・藤森氏前掲論文。

（5）古松崇志「契丹・宋間の国信使と儀礼」（『東洋史研究』七三―二、二〇一四年）。

（6）渡辺信一郎「元会儀礼の展開――第三期・隋唐期」（同『天空の玉座――中国古代帝国の朝政と儀礼――』柏書房、一九九六年）。

（7）田島公「日本の律令国家の「賓礼」――外交儀礼より見た天皇と太政官――」（『史林』六八―三、一九八五年）、同「外交と儀礼」（『日本の古代』七　まつりごとの展開　中央公論社、一九八六年）。

（8）大隅清陽「儀制令と律令国家――古代国家の支配秩序――」（同『律令官制と礼秩序の研究』吉川弘文館、二〇一一年、初出一九九二年）。

（9）外国使節の節会参加に触れた研究としては、田島氏註（6）両論文、浜田久美子「日本古代の外国使節への饗宴儀礼」（『国史学』二〇八、二〇一二年）、渡邊誠「日本律令国家の儀礼体系の成立と蕃国・夷狄」（『九州史学』一七四、二〇一六年）、篠崎敦史「日本古代の外交と公使宴会儀礼――『大唐開元礼』との比較を中心に――」（『札幌国際大学紀要』四八、二〇一七年）。

（10）浜田氏前掲論文。

（11）節会の天皇・官人の関係性を示す側面については、吉川真司「律令官人制の再編」（同『律令官僚制の研究』塙書房、一九九八年、初出一九八九年）、古市晃「奈良時代節日儀礼の特質」（『ヒストリア』一七七、二〇〇一年）。

（12）藤森氏註（3）論文。

（13）大隅氏註（8）論文。また四拝・拍手を行う意味については、本居宣長『古事記伝』四二（『本居宣長全集』一二　筑摩書房、一九七四年）二九九～三〇一頁、覧敏生「神・天皇への拍手儀礼」（『ヒストリア』一六八、二〇〇〇年）を参照。

（14）『日本紀略』弘仁九年（八一八）三月二十三日条。

（15）酒寄雅志「雅楽「新靺鞨」にみる古代日本と東北アジア」（同『渤海と古代の日本』校倉書房、二〇〇一年、初出一九九七年）。

（16）覧氏註（13）論文。

（17）所功氏は、『内裏儀式』の割注に「諸蕃入朝者、不㆓拍手㆒。群臣亦同之。」とあることから、これが延暦十八年の朝賀での措置を反映したもので、先行して存在していた儀式文本文への注記として後から加えられた可能性を指摘している（「「朝賀」儀式文の成立」〔同『平安朝儀式書成立史の研究』国書刊行会、一九八五年、初出一九八三年〕）。

（18）『内裏儀式』の成立は、弘仁九年（八一八）以前とされ（山根輝実「内裏儀式疑義弁」〔『増訂故実叢書』所収、一八五三年稿〕、大西孝子「『内裏式』の書誌的考察」〔『皇學館論叢』五―三、一九七二年〕）、さらにその成立の上限は延暦四年（七八五）とされている（所功「『内裏式』の成立」〔註〔17〕書、初出一九八四年〕）。また、西本昌弘「古礼からみた『内裏儀式』の成立」（同『日本古代儀礼成立史の研究』塙書房、一九九七年、初出一九八七年）は、これらの研究を踏まえて古礼・新礼の相違を明快に整理している。

（19）例えば朝賀次第文で言えば、『内裏式』では割注で「若有㆓蕃客㆒又近仗大将陣㆓龍尾道下㆒。」と、通常は大極殿前を守衛する近衛府が、外国使節参加時には、南下して龍尾道下に移動することが示されている。しかし『内裏儀式』では「蕃客朝者、兵衛分㆓陣龍尾道下㆒。」と、外国使節参加時に、龍尾道下を守るのは、兵衛府とされている。この『内裏儀式』の記載は大同二年（八〇七）の左右近衛府設置以前の状況が示されたものだろう。

（20）橋本義則「朝政・朝儀の展開」（同『平安宮成立史の研究』塙書房、一九九五年、初出一九八六年）。

（21）大西氏註（18）論文。なお藤森健太郎「元日朝賀儀礼の衰退と廃絶」（註〔3〕書）は、『内裏式』が唐礼を模した二段宣制を導入していることを指摘する。（e）皇太子、宣命を受ける・（j）宣命を受ける場面での拝礼はこの二段宣制に関わるもので、二段宣制導入前に成立した『内裏儀式』には見えない。

（22）大西氏註（18）論文。

（23）『続日本紀』文武天皇元年（六九七）閏十二月二十八日条、儀制令9元日条義解等に見えている。

（24）『続紀』神亀元年（七二四）正月二日条、神亀四年正月三日条、天平二年（七三〇）正月二日条、天平神護元年（七六五）正月朔条、宝亀二年（七七一）正月朔条等は特筆する出来事がなく、出御場所と「受朝（朝賀）」のみで記事が構成されている。

（25）他に「帝臨㆑軒。文武百官主典已上、依㆑儀陪㆑位。授㆓従三位文室真人浄三正三位㆒、（後略）」（『続紀』天平宝字五年〔七六一〕正月二日条）という用例が『続紀』には見える。

（26）「各」の古訓としては、一三世紀中期成立の『類聚名義抄』（増補本）に「オノ〳〵」「ヲノ〳〵」と見え、一三世紀以前成立の『字鏡集』（七巻本）にも「ヲノヲノ」と見える。

(27) 笹山晴生「続日本紀と古代の史書」(同『平安初期の王権と文化』吉川弘文館、二〇一六年、初出一九八九年)。『続紀』の天平宝字二年から宝亀八年(巻二一から巻三四)は、延暦十三年(七九四)八月に藤原継縄が進上した部分、宝亀九年から延暦十年(巻三五から巻四〇)は、延暦十三年以降十六年以前に進上された部分である。淳仁朝にまとめられた曹案三十巻を二十巻に圧縮してできた巻一から巻二〇とは成立過程が異なる。

(28) 酒寄雅志「渤海通事の研究」(註〔15〕書、初出一九八八年)、同氏註(15)論文、中野高行「慰労詔書に関する基礎的研究」(同『日本古代の外交制度史』岩田書院、二〇〇八年、初出一九七八年)。

(29) 『内裏儀式』は『増訂故実叢書』をもとに、京都大学附属図書館所蔵の久世本と国立公文書館所蔵の坊城本とで校訂を行い、一部を改めている。

(30) ただし謝座については、官人が再拝で、外国使節が再拝舞踏という相違がある。

(31) 酒寄氏註(15)論文。

(32) 儀式についての理解は、所功「『儀式』の成立」(註〔17〕書、初出一九七七年)を参照した。平野祭儀には食事に対して「諸司拍手三段」、酒に対して「拍手一段」と見える。

(33) なお、『内裏儀式』元旦受群臣朝賀式并会(元日節会)には、古い節会での食事の作法が断片的に残されている。そこでは、大臣—宮内輔—大膳職(膳部)というルートで「大食早速令ㇾ賜」と食事の準備が命じられている。『儀式』平野祭儀も同様に、弁—宮内輔—大膳職(膳部)で食事の準備が命じられ、準備が終わると拍手が行われており、両者は同様な礼式であったと考えられる。しかし『内裏式』元正受群臣朝賀式并会(元日節会)では同じ場面で、大臣の指示を受けることなく大膳職が準備をしており、古い作法が消滅していることが確認できる。

(34) 大隅氏註(8)論文。

(35) 田島氏註(7)両論文、廣瀬憲雄「古代倭国・日本の外交儀礼と服属思想」(同『東アジアの国際秩序と古代日本』吉川弘文館、二〇一一年、初出二〇〇七年)では「拝朝儀」とし、森氏註(1)両論文では「使旨奏上・貢献物奉呈儀」とする。なお本稿では史料上の「拝朝」の内容を検討するので、混乱を避けるため、森氏に従って「使旨奏上・貢献物奉呈儀」という名称を用いる。

(36) 田島氏註(7)両論文。

(37) 廣瀬氏註(35)論文。

(38) なおすでに石母田氏註(3)論文が取り上げるように、延喜玄蕃式94新羅客条には難波津の船上で外国使節を迎えるに際し、摂津国使が天皇のことを「日本尓明神登御宇天皇」とし、語順は違うものの字句は詔書条「明神御宇日本天皇」と一致する。会場にかかわらず使節に対して宣命を伝えるときは詔書条のような形にならざるをえないのではないか。

(39)『続紀』天平宝字二年(七五八)十二月二十四日条、同三年正月朔条・三日条。

(40)『続紀』天平四年(七三二)正月二十二日条、五月十一日条。

(41)例外は宝亀八年(七七七)四月二十二日条の1例(表3-16)。事前に朝賀に参加していないにも拘わらず、「拝朝」が見えない。

(42)『日本書紀』北野本一一巻　仁徳天皇十二年八月己酉条に「ミカトヲカミ」とある。

(43)使旨奏上・貢献物奉呈儀についての、出御の判断基準については以下の通り。「天皇臨軒」「拝朝」「天皇御＋［殿舎名］」の表記がある、或いは儀式内で奏上と返詔が行われていることが確認できる。個々の記事の判断については表1の「出御」欄を参照。

(44)田島氏「日本の律令国家の「賓礼」」(註〔7〕書)、同「大陸・半島との往来」(上原真人他編『列島の古代史』四　人と物の移動　岩波書店、二〇〇五年)、廣瀬氏註(35)論文。

(45)『続日本紀』の編纂過程については、坂本太郎「続日本紀」(『坂本太郎著作集』三　六国史　吉川弘文館、一九八九年、初出一九七〇年)、笹山氏註(24)論文を参照。

(46)重要な宴会であるが新嘗会と京外への行幸は除外して数えた。また、会場を記さない例外は、神亀四年(七二七)十一月十九日の某王誕生に伴う臨時の宴会のみ。

(47)鍋田氏「六・七世紀の賓礼に関する覚書」(註〔1〕書)、田島氏「外交と儀礼」(註〔7〕書)。

(48)瀧川政次郎「江都集礼と日本の儀式」(『典籍論集』岩井博士古稀記念事業会、一九六三年)をはじめとして、多くの研究があるが、近年のものとして、直前の遣隋使の見聞がもとになったとする廣瀬憲雄「倭国・日本の隋使・唐使に対する外交儀礼」(註〔35〕書、初出二〇〇五年)、南朝からの儀礼導入を想定する榎本淳一「比較儀礼論——推古朝の迎賓儀礼の再検討——」(荒野泰典等編『日本の対外関係』二　律令国家と東アジア　吉川弘文館、二〇一一年)等がある。

(49)廣瀬氏前掲論文。

(50)『日本書紀』舒明天皇十一年(六三九)十一月朔条、『日本書紀』皇極天皇元年(六四二)二月二十一日条など。なお、皇極天皇四年(六四五)の乙巳の変の「三韓進調」も、宮で使旨奏上・貢献物奉呈が行われたのではなく、外国使節から事前に受領していた上表文(或いは使旨の内容)を内裏正殿にいる天皇に大臣が奏上する儀式であり(直木孝次郎「大化改新私見」〔同『古代史の窓』学生社、一九八二年、初出一九七八年〕）、政務手続きの一環と考えられる。

(51) 金所毛は『続紀』文武天皇四年（七〇〇）十一月八日条・大宝元年（七〇一）正月朔・十四日条に、金福護は大宝三年正月九日条・同閏四月朔条・同五月二日条。

(52) 告喪使の専論としては中林隆之「古代君主制の特質と東アジア」（『歴史科学』二〇五、二〇一一年）がある。なお、神祇令11散斎条「凡散斎之内、…不レ得ニ弔喪・問病・食肉一」のような禁忌により、使節を儀式に参加させなかったことも想定される。しかし金所毛ら一行は朝賀には参加していること、宝亀七年（七七六）に渤海使史都蒙が王妃の喪を告げた際にも通常通り儀式を行い帰国させていることから、告喪使に何らかの禁忌があったことは考えにくい。

(53) 本稿に関わる東区・中央区の大極殿・朝堂院区画の発掘成果として、奈良文化財研究所『平城宮発掘調査報告XI』一九八二年、同『平城宮発掘調査報告XIV』一九九三年、同『平城宮発掘調査報告XVII』二〇一一年を参照した。

(54) 今泉隆雄「平城宮大極殿朝堂考」（同『古代宮都の研究』吉川弘文館、一九九三年、初出一九八〇年）、同「平城京大極殿朝堂再論」（同上、初出一九八九年）、橋本義則「平安宮草創期の豊楽院」（註〔20〕書、初出一九八四年）。

(55) 延喜左右衛式・延喜左右衛門式にもそれぞれ同様の規定が見えている。

(56) 虎尾俊哉『延喜式』吉川弘文館、一九六四年。

(57) 元慶八年八月五日太政官符（『類聚三代格』一八）。

(58) 職員令18玄蕃寮条にも、玄蕃頭の職掌に「蕃客辞見・讌饗・送迎」と見える。これは唐寺監職員令　鴻臚寺典客署の職掌「掌二王後、蕃客辞見・宴接送迎、及在国夷狄。」（『通典』二六　典客署）からとられたものである（古瀬奈津子「律令官制成立史についての一考察――日唐職員令における職掌字句の比較――」〔註（3）書、初出一九八二年〕・『唐令拾遺補』九一六頁）。

(59) 寺崎保広「平城宮大極殿の検討」（同『古代日本の都城と木簡』吉川弘文館、二〇〇六年、初出一九九三年）。

(60) 古記に見える「左大臣以上任授」は大臣任官儀を指すと思われるが、延喜左右近衛式には見えない。『内裏式』任官儀では朝堂ではなく内裏を会場としており、このような会場の変化の結果、小儀となったと理解しておきたい。奈良時代の大臣任官儀については、古瀬奈津子「儀式における唐礼の継受――奈良末~平安初期の変化を中心に――」（註〔3〕書、初出一九九二年）、鈴木琢郎「奈良時代の大臣任官と宣命」（同『日本古代の大臣制』塙書房、二〇一八年、初出二〇〇四年）。

(61) 宮衛令22元日条に対応する唐令は未詳であるが、唐職員令で「蕃客辞見・宴接」であったものがここでは「蕃客宴会・

辞見」と転倒している。この点なども、日本の外交儀礼の特色を示しているのかもしれない。

（62）古記の理解については、井上光貞「日本律令の成立とその注釈書」（同他校注『日本思想大系　律令』岩波書店、一九七六年）を参照した。

（63）今泉隆雄「平城宮大極殿朝堂再論」（註〔54〕書）。

（64）なお、通常の朝政に天皇の出御があったかどうかは論者により見解が異なるが、ここでは問題としない。

（65）志村佳名子「古代王宮の饗宴儀礼――共食儀礼の意義をめぐって――」（同『日本古代の王宮構造と政務・儀礼』塙書房、二〇一五年、初出二〇一〇年）は十二朝堂で宴会が行われた可能性を指摘している。重要な指摘であるが、儀式の分類としての有効性に変わりはないと考えるので、この名称をそのまま用いる。

（66）告朔については多くの研究があるが、告朔の儀式次第に関する研究としては武光誠「告朔について」（同『律令制成立過程の研究』雄山閣、一九九八年、初出一九七七年）、古瀬奈津子「宮の構造と政務運営法――内裏・朝堂院分離に関する一考察――」（註〔3〕書、初出一九八四年）、同「告朔についての一試論」（同上書、初出一九八〇年）、橋本氏註（20）論文。

（67）寺崎氏註（59）論文もこの点を指摘しているが、朝賀・即位儀とは扱いに違いが見られることを述べるにとどまる。

（68）『内裏儀式』元旦受群臣朝賀式では、中務省によって大極殿の南階から南に十四丈の地点に奏賀・奏瑞位が置かれるが、これは龍尾道以北に当たる。『内裏式』『儀式』も同様。

（69）今泉氏「平城宮大極殿朝堂再論」（註〔54〕書）。また氏は儀制令集解5文武官条に本条文の淵源に当たる「或云、朝参儀式、五位以上列㆓東西殿前㆒。弁官者列㆓弁官殿前㆒。六位以下列㆓式部・弁官殿後㆒也。在㆑釈。」という一文が見えることを指摘する。

（70）古瀬氏「告朔についての一試論」（註〔3〕書、初出一九八〇年）、今泉氏「平城宮大極殿朝堂再論」（註〔54〕書）。

（71）奈良時代の朝賀の列立法については、拙稿「節会における列立法」（本書第三部第一章、初出二〇一二年）を参照。

（72）岸俊男「朝堂の初歩的考察」（同『日本古代宮都の研究』岩波書店、一九八八年、初出一九七五年）。

（73）『平城宮発掘調査報告ⅩⅣ』一九九三年、寺崎保広「付一　平城宮大極殿」（註〔59〕書、初出一九八四年）。

（74）四朝堂の造営年代については、東辺を画して南流するSD３７１５により破壊されるSK５５３５から「霊亀元年九月」の紀年木簡が出ていること等から霊亀元年以降に造営が始まったとされる（『平城宮発掘調査報告ⅩⅦ』二〇一一年）。また、同報告書は『続紀』の「西朝」という記載を中央区朝堂院と見なし、養老元年（七一七）には成立していたとする。

（75）岩永省三「平城宮」（『古代都城の儀礼空間と構造』奈良文化財研究所埋蔵文化財センター、一九九六年）。

（76）今泉氏「平城宮大極殿朝堂再論」（註〔54〕書）。

（77）但しこのような都城の構造という視点から言えば、藤原宮はまさに使旨奏上・貢献物奉呈儀の開催に最適の空間といえる。

（78）『続紀』天平十四年二月三日・五日条、同十五年三月六日・四月二十五日条。

（79）鈴木靖民「日本律令制の成立・展開と対外関係」（同『日本古代対外関係史の研究』吉川弘文館、一九八五年、初出一九七四年）。

（80）元日朝賀に丁度間に合う十月から十一月に到着した新羅使は、和銅七年（七一四）十一月十一日来朝の金元静以降は、神護景雲三年（七六九）十一月十二日来朝の金初正（入京を許されず）、宝亀十年（七七九）十月九日来朝の金蘭蓀の二例のみ。また他に神亀元年（七二四）十一月には「万国所レ朝、非二是壮麗一、何以表レ徳」と述べて京内の住居を瓦葺・赤白にすることを命じている（『続紀』神亀元年十一月八日条）。一種の文飾であるが、使節の視線を意識していたことは読み取れる。

（81）このように見てみると、陸奥・出羽蝦夷・南島人らが貢物を行った霊亀元年（七一五）の元日朝賀は過渡的様相を示したものと考えられる（『続紀』霊亀元年正月朔条）。このときの朝賀は、日本が唐から継受しなかった、朝賀における貢献儀礼の唯一の例とされる（藤森氏註〔3〕論文）。朝賀の場を借りて天皇の前で貢献物奉呈を行おうとした、儀礼整備の試行錯誤の一環として位置づけられる。

（82）拙稿「日本古代における外国使節入京儀礼について」（本書第二部第五章、初出二〇一〇年）。

（83）田島氏「日本の律令国家の「賓礼」」（註〔7〕書）はこの背景として、天皇の持っていた外交権が太政官に移動することを想定するが、同「外交と儀礼」（註〔7〕書）では口頭外交から文書外交へという、外交制度整備を重視する見解に改める。石井正敏「古代東アジアの外交と文書――日本と新羅・渤海の例を中心に――」（同『日本渤海関係史の研究』吉川弘文館、二〇〇一年、初出一九九二年）は到着地で国書を開封し外交内容を事前に確認するようになったため、外交内容を伝達する儀式の重要性が相対的に低下したとし、外交制度の整備の中でこの現象を理解する。廣瀬氏註（35）論文は、国内における仕奉観念の変化が外交儀礼にも影響したとする。

（84）浜田氏註（9）論文でも、「主賓型」（本章での（Ⅰ））と「節会型」（本章での（Ⅱ））という分類を行い、使節への饗宴全体を分析している。氏は「主賓型」が七世紀の饗宴を継承したもの、「節会型」は八世紀に新たに行われたものと、両者の性格の相違を強調されるが、叙位・賜禄などの行われる内容に大きな相違はなく、従えない。

(85)　史料Aは正月十七日に行われていることから、十六日節会の一環として挙行された可能性も残るが、①使旨奏上・貢献物奉呈儀と同日に行われている、②通常の十六日節会の参加範囲は百官主典以上だが、このときは五位以上である点から使節への臨時の饗宴と考える。

(86)　『日本後紀』弘仁二年（八一一）正月二十日条。

(87)　『続日本後紀』承和九年四月五日条・四月九日条。

(88)　廣瀬氏註（35）論文。

(89)　弘仁式部式にも蕃使宴条はあるが、簡潔な条文で、参加者に関わる詳しい記載はない。参加者に関わる規定は貞観式段階で増補されたか。

(90)　吉川氏註（11）論文では、節会には、天皇と五位以上官人の人格的関係を結ぶ場としての機能があったとし、古市氏註（11）論文では、奈良時代の十六日節会は百官全体を対象としているが、支配――被支配の関係を確認する機能のあった事を指摘する。

(91)　古市氏註（11）論文。

(92)　『続紀』宝亀五年正月十六日条。なお十六日節会の参加者は宝亀五年・六年「五位已上」、宝亀八年「次侍従已上」と、宝亀五年以降しばらくは縮小しつつも一定しない。しかし、宝亀九年から「五位以上」となり、その後、弘仁年間には次侍従以上に固定したようである。

(93)　「群臣」の範囲は文脈により変わるが、史料Gについては、この前後の年の十六日節会の参加者は「五位以上」であり書き分けられている。史料Hについても同じく前後の年の参加者は「侍臣」「次侍従以上」としており、書き分けていることから、群臣＝五位以上六位以下と理解する。

(94)　『日本後紀』弘仁六年（八一五）正月十六日条、『類聚国史』七二　弘仁十三年（八二二）正月十六日条。

(95)　ただし『内裏儀式』七日宴会式は変更を直接に明記しないが、儀式次第の中に豊楽院の東西第二殿に六位以下の座を設けることが見える。

(96)　廣瀬氏註（35）論文。

(97)　古瀬奈津子「昇殿制の成立」（註〔3〕書、初出一九八七年）、同「格式・儀式書の編纂」（註〔3〕書、初出一九九四年）。大津透「節禄の成立」（同『古代の天皇制』岩波書店、一九九九年、初出一九八九年）。

(98) 西本氏註(18)論文。
(99) 古瀬氏「昇殿制の成立」(註〔3〕書、初出一九八七年)。
(100) 橋本氏註(54)論文、加藤友康「朝儀の構造とその特質――平安期を中心として――」(石上英一他編『講座前近代の天皇』五　世界史のなかの天皇　青木書店、一九九五年)。
(101) 西本昌弘「奈良時代の正月節会について」(註〔18〕書、初出一九九四年)。
(102) 外交儀礼の画期として、田島氏註(7)両論文は、拝朝儀(使旨奏上・貢献物奉呈儀)の衰退が見えるとする宝亀年間を、廣瀬氏註(35)論文は、『大唐開元礼』とは異なる独自の儀礼体系となるとする宝亀十年(七七九)を挙げる。浜田氏「『延喜式』にみえる外国使節迎接使」(註(1)書)は広く桓武期から変化が始まり、迎接体制の整えられる承和年間(八三四~八四八)にそれが表面化するとする。

付論　天武・持統紀外国使節記事の再検討――外交儀礼の視角から――

はじめに

天武・持統朝は日本の外交方式についての画期のひとつとされている。現在、外交儀礼の変遷は以下のごとく捉えられている。

推古天皇十六年（六〇八）の隋使裴世清の来朝に際して、小墾田宮で拝朝・饗宴といった一連の外交儀礼が行われる。これは中国的要素を取り入れ、当時としては画期的なものであった(1)。これ以前は、外交儀礼の場は難波であり、有力豪族が使節のもたらした物品の検領を行い、外交内容である使旨もまずは有力豪族に伝えられ、そこから天皇に奏上された(2)。田島公氏はこのような有力豪族が外交に関わる体制から、中国的な外交儀礼が導入されていく変化を、天皇に外交権が一元化していく過程として捉えた。特に天武朝から持統朝にかけて、外国使節を筑紫で対応して入京をさせない時期があることに着目し、この間に豪族層を外交事務から排除することで、文武朝に天皇の外交権が確立し、律令制的外交が成立するとした。田島氏の指摘するように、この間に外交方式が変わったことは確かであろう。この間の基本史料である『日本書紀』をさらに丹念に読み、天武・持統朝の外交上の革新性について改めて検討してみたい。

『日本書紀』は寺伝史料・朝廷の記録・氏の伝承・海外史料といった複数の原史料が用いられており、さらに漢籍・仏典による潤色が施されているとされる(3)。扱うことの難しい史料であることは言を俟たない。これまでもこのような『日本書紀』の問題点を踏まえ、特に対外関係史の分野では中国・朝鮮史料を参照した上で、当該期の歴史的事実が解明されてきた(4)。しかし、本稿ではそれとは異なる角度、『書紀』の用字法及び記載法の検討から外交記事そのものの特質の一端を明らかにし、その上で天武・持統紀の記事を改めて位置づけてみたい。

第一節　『日本書紀』での使節来朝を示す表現
——「朝貢」「進調」「貢献」の相違から——

（一）『日本書紀』の外交記事の型式分類

まず『日本書紀』（以下、『書紀』と略す。）全体の外交に関わる記載を検討する。『書紀』の巻一から巻四（神代・神武〜開化）を除いた巻五から巻三〇（崇神〜持統）を対象に外国使節の来朝を示す記載を抜きだしたのが【表1　『日本書紀』外国使節来朝記事】である。使節が来たことが史書に現れる場合、ある場所に到着したという報告があったと丁寧に記載される場合もあるし、単に朝貢したと簡潔に記載されることもある。この表は、それぞれの使節が最初に『書紀』に登場するときにどう書かれたのかという基準で作成した。来朝を示す語句としては、『書紀』全体を通じて「朝貢」「貢献」「進調」などが多く用いられている(5)。

このような通交を示す語句は日本の対外意識の一端を示すものとされてきた。特に「進調」に関しては新羅との関連が深いとされる。『書紀』神功皇后摂政前紀の三韓征伐にみえる「以二八十船之調一貢二于日本国一」は新羅と日本との通交の由来とされ、日本はこれに基づき新羅に調の献上を強要する(6)。これに関して、保科富士男氏が他国から日本に献上される贈進物の名称について国ごとに分析し、調が新羅に多く用いられることを指摘している。また、氏は『書紀』の日本と朝鮮諸国との関係を示す語を集め、特に新羅とは、まったく上下関係を示す用語によって表現されているとした(7)。『書紀』に見られる、「朝貢」「進調」「貢献」はいずれも日本を上位、他国を下位においた表記であり、『書紀』の正史としての性格上、各国が日本に対して服属していたごとく記述される

表1　『日本書紀』外国使節来朝記事

大分類	NO	年	月日	遣使の主体	来朝を示す用字法	分類	備考
Ⅰ類	1	崇神天皇65年	7月	任那	「遣…令朝貢」	A	
	2	垂仁天皇3年	3月	新羅(新羅王子)	「来帰」	C	王子来朝（天日槍伝承）
	3	神功皇后摂政5年	3月己酉	新羅	「遣…朝貢」	A	
	4	神功皇后摂政47年	4月	百済	「使…令朝貢」	A	新羅が百済の貢物を奪う
	5	神功皇后摂政47年	4月	新羅	「新羅国調使与…共詣」	E	新羅が百済の貢物を奪う
	6	神功皇后摂政50年	5月	百済	「至自…」	E	多沙城の割譲
	7	神功皇后摂政51年	3月	百済	「遣…朝貢」	A	
	8	神功皇后摂政52年	9月丙子	百済	「詣之」	E	七支刀の献上
	9	神功皇后摂政62年	―	加羅	「向大倭」	E	
	10	応神天皇8年	3月	百済	「来朝」	C	人質の献上
	11	応神天応14年	2月	百済	「貢…」	B	工女の献上
	12	応神天応15年	8月丁卯	百済	「遣…貢…」	A	
	13	応神天皇28年	9月	高麗	「遣使朝貢」	A^{-}	高麗の上表記事
	14	応神天皇31年	8月	新羅	「貢…」	B	猪名部の成立伝承
	15	応神天皇39年	2月	百済	「遣…以令仕」	A	百済王女の来朝
	16	仁徳天皇11年	是歳	新羅	「朝貢」	C	
	17	仁徳天皇12年	7月癸酉	高麗	「貢…」	B	鉄の盾・的の献上
	18	仁徳天皇17年	9月	新羅	「貢献」	C	
	19	仁徳天皇58年	10月	呉・高麗	「朝貢」	C	
	20	允恭天皇3年	8月	新羅	「至自…」	E	良医を求める
	21	允恭天皇42年	正月	新羅	「貢上…」	B	允恭天皇への弔使
	22	雄略天皇5年	4月	百済	「奉遣於朝」	―	武寧王の誕生
	23	雄略天皇6年	4月	呉	「遣使貢献」	A^{-}	
	24	雄略天皇14年	正月戊寅	呉	「泊住吉津」	D	
	25	雄略天皇23年	是歳	百済	「調賦」	―	献上物の存在を示すのみ
Ⅱ類	26	清寧天皇3年	9月	海表諸蕃	「遣使進調」	A^{-}	
	27	武烈天皇6年	10月	百済	「遣…進調」	A	
	28	武烈天皇7年	4月	百済	「遣…進調」	A	
	29	継体天皇6年	12月	百済	「遣使貢調」	A^{-}	任那割譲
	30	継体天皇7年	6月	百済	「遣…副…貢…」	A	任那割譲
	31	継体天皇7年	11月	伴跛	「遣…献珍宝」	A	己汶の地の割譲要求
	32	継体天皇10年	9月	百済	「遣…副…来」「別貢…」	A	己汶の地の謝礼
	33	継体天皇23年	4月7日	任那	「来朝」	C	任那王の来朝
	34	継体天皇24年	9月	任那	「奏云…」	―	毛野臣の悪行を告げる

35	安閑天皇元年	5月	百済	「遣…来貢常調」	A	
36	欽明天皇元年	8月	高麗・百済・新羅・任那	「遣使献」	A⁻	
37	欽明天皇2年	7月	百済	「遣…来奏」	A	任那復興
38	欽明天皇4年	9月	百済	「遣…来献…」	A	
39	欽明天皇5年	3月	百済	「遣…上表以聞」	A	任那復興
40	欽明天皇6年	5月	百済	「遣…上表」	A	
41	欽明天皇7年	6月12日	百済	「遣…献調」	A	
42	欽明天皇8年	4月	百済	「遣…乞救軍」	A	救軍を乞う・質を貢上
43	欽明天皇9年	4月3日	百済	「遣…奏」	A	救軍を取り下げる
44	欽明天皇11年	4月16日	百済	「遣…献…」	A	高麗の奴を献ず
45	欽明天皇13年	5月8日	百済・加羅・安羅	「遣…奏」	A	救軍を乞う
46	欽明天皇13年	10月	百済	「遣…献…」	A	仏教公伝
47	欽明天皇14年	正月12日	百済	「遣…乞軍兵」	A	救軍を乞う
48	欽明天皇14年	8月7日	百済	「遣…上表」	A	救軍を乞う
49	欽明天皇15年	正月9日	百済	「遣…於筑紫」	A	救軍を乞う
50	欽明天皇15年	2月	百済	「遣…乞救兵」	A	救軍を乞う・質を貢上
51	欽明天皇15年	12月	百済	「遣…上表」	A	救軍を乞う・百済の表
52	欽明天皇16年	2月	百済	「遣…奏」	A	王子来朝・救軍を乞う
53	欽明天皇21年	9月	新羅	「遣…貢調賦」	A	
54	欽明天皇22年	—	新羅	「遣…貢調賦」	A	
55	欽明天皇22年	是歳	新羅	「遣…献前調賦」	A	
56	欽明天皇23年	7月朔	新羅	「遣使献調賦」	A⁻	
57	欽明天皇23年	11月	新羅	「遣使献并貢調賦」	A⁻	
58	欽明天皇31年	4月2日	高麗	「到着岸」	—	越人江渟裙代の奏上
59	欽明天皇32年	8月朔	新羅	「遣弔使…奉哀於殯」	A	欽明天皇の弔使
60	敏達天皇2年	5月	高麗	「泊于越海之岸」	D	岸から帰国させる
61	敏達天皇3年	5月5日	高麗	「泊于越海之岸」	D	
62	敏達天皇3年	11月	新羅	「遣使進調」	A⁻	
63	敏達天皇4年	3月11日カ	百済	「遣使進調」	A⁻	
64	敏達天皇4年	6月	新羅	「遣使進調」	A⁻	
65	敏達天皇8年	10月	新羅	「遣…進調并送仏像」	A	仏像献上
66	敏達天皇9年	6月	新羅	「遣…進調」	A	放還
67	敏達天皇11年	10月	新羅	「遣…進調」	A	放還
68	崇峻天皇即位前紀	6月	百済	「調使来朝」	C	善信尼ら、留学を願う
69	崇峻天皇元年	是歳	百済	「遣…進調并献…」	A	使節とともに僧侶来朝

Ⅲ類	70	推古天皇5年	4月朔	百済	「遣…朝貢」	A	王子来朝
	71	推古天皇6年	8月朔	新羅	「貢…」	B	孔雀献上
	72	推古天皇7年	9月朔	百済	「貢…」	B	駱駝など献上
	73	推古天皇8年	是歳	新羅・任那	「遣使貢調」	A⁻	任那復興
	74	推古天皇13年	4月朔	高麗	「貢上」	B	仏像への黄金献上
	75	推古天皇16年	4月	隋	「従…至於筑紫」	D	隋使裴世清来朝
	76	推古天皇18年	3月	高麗	「貢上…」	B	高麗僧の貢上
	77	推古天皇18年	7月	新羅・任那	「到于筑紫」	D	
	78	推古天皇19年	8月	新羅・任那	「遣…共朝貢」	A	
	79	推古天皇23年	9月	百済	「従…来朝」	C	遣唐使に従って来朝
	80	推古天皇24年	7月	新羅	「遣…貢…」	A	仏像献上
	81	推古天皇26年	8月朔	高麗	「遣使貢方物」	A⁻	
	82	推古天皇29年	是歳	新羅	「遣…朝貢」	A	
	83	推古天皇31年	7月	新羅・任那	「遣…来朝」	A	
	84	推古天皇31年	是歳	新羅・任那	「貢両国調」	B	任那をめぐり新羅と争う
	85	推古天皇33年	正月7日	高麗	「貢…」	B	恵灌を僧正に任じる
	86	舒明天皇2年	3月朔	高麗・百済	「共朝貢」	C	
	87	舒明天皇3年	3月朔	百済	「入王子豊章為質」	—	王子入朝
	88	舒明天皇4年	8月	唐	「遣…送…」	A	
	89	舒明天皇7年	6月10日	百済	「遣…朝貢」	A	
	90	舒明天皇10年	是歳	百済・新羅・任那	「並朝貢」	C	
	91	舒明天皇12年	10月11日	百済・新羅	「朝貢之使共従来之」	D	留学生帰国に伴う来朝
Ⅳ類	92	皇極天皇元年	正月29日	百済	「奉遣弔使」	—	安曇氏の報告
	93	皇極天皇元年	3月6日	新羅	「遣賀騰極使与弔使」	—	
	94	皇極天皇元年	5月18日	百済	「進調」	C	貢物の献上
	95	皇極天皇2年	4月20日	百済	「共調使来」	D	王子来朝・大宰の報告
	96	皇極天皇2年	6月13日	高麗	「遣使来朝」	A⁻	大宰の報告
	97	大化元年	7月10日	高麗・百済・新羅	「遣使進調」	A⁻	
	98	大化3年	正月15日	高麗・新羅	「遣使貢献調賦」	A⁻	
	99	大化3年	是歳	新羅	「遣…送…来献…」	A	遣唐使とともに来朝
	100	大化4年	是歳	新羅	「遣使貢調」	A⁻	
	101	大化5年	是歳	新羅	「遣…為質」	A	質の貢上
	102	白雉元年	4月	新羅	「遣使貢調」	A⁻	
	103	白雉元年	4月	高麗・百済・新羅	「遣使貢献」	A⁻	102の分註
	104	白雉2年	6月	百済・新羅	「遣使貢調献物」	A⁻	

	105	白雉3年	4月	百済・新羅	「遣使貢調献物」	A⁻	
	106	白雉4年	6月	百済・新羅	「遣使貢調献物」	A⁻	
	107	白雉5年	是歳	高麗・百済・新羅	「遣使奉弔」	A⁻	弔使派遣
V類	108	斉明天皇元年	7月	百済	「調使」	—	饗宴記事
	109	斉明天皇元年	是歳	高麗・百済・新羅	「並遣使進調」	A⁻	
	110	斉明天皇2年	8月8日	高麗	「遣…進調」	A	
	111	斉明天皇2年	是歳	高麗・百済・新羅	「並遣使進調」	A⁻	
	112	斉明天皇6年	正月朔	高麗	「泊筑紫」	D	
	113	斉明天皇6年	9月5日	百済	「遣…来奏」	A	
	114	斉明天皇6年	10月	百済	「遣…来献…」	A	唐の捕虜を献上
	115	斉明天皇7年	4月	百済	「遣使上表」	A⁻	王子を求める
	116	斉明天皇7年	5月23日	耽羅	「遣…貢献」	A	王子来朝
	117	天智天皇元年	6月28日	百済	「遣…進調献物」	A	
	118	天智天皇2年	2月2日	百済	「遣…進調」	A	
	119	天智天皇2年	2月	百済	「上送…」	B	唐の捕虜を献上
	120	天智天皇3年	5月17日	唐	「遣…進表函与献物」	A	
	121	天智天皇4年	8月	耽羅	「遣使来朝」	A⁻	
	122	天智天皇4年	9月23日	唐	「遣…」	—	
	123	天智天皇4年	9月22日	唐	「進表函」	D	122の分註
	124	天智天皇5年	正月11日	高麗	「遣…進調」	A	
	125	天智天皇5年	正月11日	耽羅	「遣…貢献」	A	
	126	天智天皇5年	10月26日	高麗	「遣…進調」	A	
	127	天智天皇6年	7月11日	耽羅	「遣…貢献」	A	
	128	天智天皇6年	11月9日	唐	「遣…送…於筑紫都督府」	A	
	129	天智天皇7年	4月6日	百済	「遣…進調」	A	
	130	天智天皇7年	7月	高麗	「遣使進調」	A⁻	
	131	天智天皇7年	9月12日	新羅	「遣…進調」	A	
	132	天智天皇8年	3月11日	耽羅	「遣…貢献」	A	王子来朝
	133	天智天皇8年	9月11日	新羅	「遣…進調」	A	
	134	天智天皇8年	是歳	唐	「遣…」	—	
	135	天智天皇10年	正月9日	高麗	「遣…進調」	A	
	136	天智天皇10年	正月13日	唐	「遣…上表」	A	
	137	天智天皇10年	2月23日	百済	「遣…進調」	A	
	138	天智天皇10年	6月15日	百済	「遣…進調」	A	

	139	天智天皇10年	6月	新羅	「遣使進調」	A^{-}	
	140	天智天皇10年	10月7日	新羅	「遣…進調」	A	
	141	天智天皇10年	11月10日	唐	「従…来日」	E	大宰の報告
	142	天武天皇元年	3月21日	唐	「進表函与信物」	D	140と同使節
	143	天武天皇元年	5月28日	高麗	「遣…進調」	A	
	144	天武天皇2年	閏6月8日	耽羅	「遣…朝貢」	A	
	145	天武天皇2年	閏6月15日	新羅	「遣…賀騰極」「遣…弔」	A	
	146	天武天皇2年	8月20日	高麗	「遣…朝貢」	A	
	147	天武天皇4年	2月	新羅	「遣…進調」	A	
	148	天武天皇4年	3月	高麗	「遣…朝貢」	A	
	149	天武天皇4年	3月	新羅	「遣…進調」	A	
	150	天武天皇4年	8月朔	耽羅	「泊筑紫」	D	王子来朝
	151	天武天皇5年	11月3日	新羅	「遣…請政」「遣…進調」	A	
	152	天武天皇5年	11月23日	高麗	「遣…朝貢」	A	
	153	天武天皇6年	8月28日	耽羅	「遣…朝貢」	A	王子来朝
	154	天武天皇7年	是歳	新羅	「遣…貢上当年之調」	A	
	155	天武天皇8年	2月朔	高麗	「遣…朝貢」	A	
VI類	156	天武天皇8年	10月17日	新羅	「遣…朝貢」	A	
	157	天武天皇9年	5月13日	高麗	「遣…朝貢」	A	
	158	天武天皇9年	11月24日	新羅	「遣…進調」	A	
	159	天武天皇10年	10月20日	新羅	「遣…貢調」	A	
	160	天武天皇11年	6月1日	高麗	「遣…貢方物」	A	
	161	天武天皇12年	11月13日	新羅	「遣…進調」	A	
	162	天武天皇13年	12月6日	新羅	「遣…送…於筑紫」	A	唐の留学生を帰国させる
	163	天武天皇14年	11月27日	新羅	「遣…請政」「進調」	A	
	164	持統天皇元年	9月23日	新羅	「遣…奏請国政且献調賦」	A	
	165	持統天皇2年	8月25日	耽羅	「遣…来献方物」	A	
	166	持統天皇3年	4月20日	新羅	「遣…奉弔」	A	弔使来朝
	167	持統天皇4年	9月23日	新羅	「従…還」	E	
	168	持統天皇6年	11月8日	新羅	「遣…進調」	A	
	169	持統天皇7年	2月3日	新羅	「遣…来赴王喪」	A	新羅王の喪を告げる
	170	持統天皇9年	3月2日	新羅	「遣…奏請国政且進調献物」	A	

【凡例】『日本書紀』にみえる外国使節の来朝記事を集成した。分類記号の「—」は本論で示したA~Eの基準に当てはまらず、分類不能であることを示す。

のは当然のことではある。次の段階として『書紀』の編纂過程を踏まえた、巻次ごとの検討が必要なのではないだろうか。

『書紀』全体を通じて来朝を示す記事は遍在しており、多様な形をとっているが、ある程度分類することが可能である。すでに鈴木靖民氏が『書紀』の朝貢記事の基本的な記載形式に言及している(8)。一定の軸で比較・分析をするために、鈴木氏の指摘を踏まえ、まずは以下のような基準で記事の型式を分類したい。

・**A型【国名＋「遣」＋使人名＋「進調」「朝貢」「上表」等の目的を示す語句】**

百済遣二中部奈率掠葉礼等一献レ調。（欽明天皇七年六月十二日条）

『書紀』を通してこのA型が最も多い。外国使節の来朝を示すときの基本の形と言える。使節の人物名が明記されており、ある程度詳しい記録をもとに記事にされたと思しい。なお天武・持統紀の記事は、ほぼすべてがこのA型の形をとっている。

・**A′型【国名＋「遣」＋使＋「進調」「朝貢」「上表」等の目的を示す語句】**

高麗・百済・新羅・任那並遣レ使献、並修二貢職一。（欽明天皇元年八月条）

A型の使人名の部分が「使」のみになっている。固有名詞が無く、造作の可能性も高い。

・**B型【国名＋「貢」或いは「貢上」等＋物品或いは人】**

百済王貢二縫衣工女一。（応神天皇十四年二月条）

使節の来朝そのものを示す記事ではないが、通交の結果、物品や工人などの貢上があったことを示す。全部で一〇例で数は多くない。応神～雄略紀・推古紀に偏って見える。

・**C型【国名或いは人名＋「朝貢」「進調」等】**

百済・新羅・任那並朝貢。（舒明天皇十年是歳条）

国名または人名と「朝貢」だけの簡潔な記事。伝承的な記事の一部となっているものが多い。固有名詞がほとんどなく、′A型と同様、造作することは容易であろう。

・**D型**　具体的な到着時の様子を記録するもの。

新羅使人沙喙部奈末竹世士与二任那使人喙部大舎首智買一到二于筑紫一。（推古天皇十八年七月条）

なんらかの詳細な記録に基づくものか。おそらく日記的な外交儀礼の記録を原史料としたと思われる。「呉使」や隋使・唐使などの特別な使節に用いられることが多い。

・**E型**「至自国名」など。

医至レ自二新羅一。（允恭天皇三年八月条）

「朝貢」や「進調」などの言葉を用いず、「至」「詣」等の語句で来たということを示す。允恭紀以降はあまり見られない。B型と同じく伝承の一部となっていることが多い。

このようにA～Eの型式に分類することができた。ただここで挙げたA～E型には当てはまらず、分類することができなかった記事も一〇例あった。各型の性格も考えなくてはならないが、次にここに含まれる「進調」「朝貢」といった来朝を示す語句の分析に移る。

（二）外交記事の形式分類による巻次の分類

A型・′A型・C型は定型化が進んでおり、来朝を示す語句が明確に表れているので、これらを分析対象として用いる。またこれらの記事は偏りなく各巻に存在しており格好の素材となる。どの箇所でどの語句が用いられているかを確認すると、以下のような巻次のまとまりごとの相違を指摘することができる。

Ⅰ類　『書紀』巻五から一四（崇神～雄略紀）

任那・百済・新羅・高麗・呉（宋カ）の使節が見られるが、これらほぼすべてを「朝貢」と表記する。ただし例外として、雄略天皇六年四月条の呉使（宋使カ）は「呉国遣レ使貢献」、また仁徳天皇十七年九月条の新羅使は

「貢献」とする。[9] これらの巻では、来朝を示す語句として「進調」は用いない。ただ「調」という語句を全く用いないわけではなく、神功皇后摂政前紀の三韓征伐のなかで「男女之調」や「調使」という語句が出てくる。しかしこれは物品や使人を示す語句の一部として用いられ、外国使節の来朝そのものは「朝貢」と表記される。

Ⅱ類　『書紀』巻一五から二一（清寧～崇峻紀）

「朝貢」及び「貢献」という語句を用いない。それに代わり、巻一五・一六（清寧～武烈紀）・巻二〇・二一（敏達～崇峻紀）では「進調」を用い、巻一七から一九（継体～欽明紀）では、「献調」「貢調」を用いる。ともに「調」を含んでおり、まとめてⅡ類とした。またこれらの巻では、

百済遣㆓奈率阿乇得文・許勢奈率奇麻・物部奈率奇非等㆒上表曰……（欽明天皇五年三月条）

百済王子余昌遣㆓王子恵㆒（中略）奏曰……（欽明天皇十六年二月条）

のようにA型をとりつつ、より具体的な伝達の内容を含むものも多い。これは半島情勢が険しくなり、それに関わる具体的な史料が多く残されていたためであろう。また、欽明天皇二十一年から二十三年には「貢調賦」「遣調賦」という独特な語句が見られる。[10] この間の記事は、任那をめぐる新羅との争い前後の一連のものであり、[11] 表記が揃えられたものだろう。

Ⅲ類　『書紀』巻二二・二三（推古・舒明紀）

Ⅰ類と同様に「朝貢」が多用される。「進調」はほとんど見えない。また記事の型式についてもⅠ類と同様にB型が一定数見られる。Ⅰ類との親和性が高い。

Ⅳ類　『書紀』巻二四・二五（皇極・孝徳紀）

これらの巻ではⅡ類と同様に「朝貢」が見えず、「進調」「貢調」「来朝」など様々な表記法が見られる。なかでも「貢調」をはじめとする「調」を含む語句を用いることが多い。事例が少ないため判断が難しいが、特に国による用字の使い分けは見出せない。また白雉二年（六五一）から四年には

百済・新羅遣レ使貢レ調献レ物。（白雉四年六月条）

のように、「A型の形をとりつつ、恒例の調（「貢レ調」）と天皇などの個人に宛てた別献物（「献レ物」）とを書き分けたものが見られる。(12)簡潔な記事ではあるが、実態を反映して書かれていることがわかる。

Ｖ類　『書紀』巻二六・二七（斉明・天智紀）

「進調」「貢献」が併用される。「朝貢」が見えない点はⅡ・Ⅳ類に近い。ここでは明確に国ごとの使い分けが確認できる。「進調」は高麗・百済・新羅に用いられ、(13)「貢献」は耽羅に対して使用される。(14)耽羅は済州島のことで、斉明天皇七年（六六一）五月に初めて日本に遣使した。(15)このＶ類では、基本的に「進調」を用い、新たに通交を開始した耽羅に対してのみ「貢献」を使用する。

Ⅵ類　『書紀』巻二八から三〇（天武・持統紀）

「進調」「貢調」「朝貢」が併用され、その使い分けが見られる。その方法はＶ類の斉明・天智紀とは異なっている。この時期には日本に遣使するのは、新羅・耽羅・高句麗のみになる。新羅の支配下に入って以降も抵抗を続けていた百済遺民の遣使も天智天皇十年（六七一）を最後に途絶えた。(16)六六八年に滅亡した高句麗も、遺民が復興を目指して活動し、日本に遣使を行うが、天武天皇十一年（六八二）を最後に途絶する。それまで遣使していた国々が滅んでいくなかで、「進調」「貢調」は新羅に対してのみ用いられ、高句麗・耽羅には「朝貢」「献方物」などの語句が用いられる。耽羅以外を一律に「進調」としていたＶ類とは異なり、新羅にのみ「進調」を用いる。

以上のように、外国使節来朝記事における用字法に基づくと『書紀』は六つに区切ることができる。さらにこの分類をまとめると、大きく三つに分けられる。「朝貢」で統一しているⅠ・Ⅲ類（崇神～雄略紀／推古・舒明紀）、「進調」等の「調」を含める用字法で統一しているⅡ・Ⅳ類（清寧～崇峻紀／皇極・孝徳紀）、用字を一律に統一せず、国によって使い分けを行うＶ・Ⅵ類（斉明紀以降）である。この結果は、斉明紀以降を除くと、『書紀』の音韻による区分論で提示されているα群（雄略～崇峻紀・皇極～天智紀）／β群（神代～安康紀・推古～舒明紀・天武～

持統紀）の区分と近しいものとなった。[17] ただし雄略紀の分類は異なる。しかし本稿の目的は区分論を確認する点にあるのではない。ここから言えることは次の二点である。

①Ⅰ類からⅣ類に当たる巻五から巻二三（崇神～舒明紀）において、「朝貢」「貢献」と「進調」とに大きな意味の違いはない。外国使節来朝について記事を立てる場合に、一律の表記に揃えたものに過ぎないだろう。中国からの使節に一定の配慮はしているものの、国による使い分けはない。またこれらの語句が、使節の自称や貢献物の名称等の具体的なものを反映したとも考え難い。「朝貢」と「進調」の違いは各巻の編集方針によるものに過ぎない。ただそこに原史料の形態がいくらかの影響を与えていることは考慮する必要があるだろう。

②Ⅴ類に当たる巻二六・二七（斉明・天智紀）、Ⅵ類に当たる巻二八から三〇（天武・持統紀）は、国により来朝を示す語句を使い分ける。特にⅥ類では新羅のみに「進調」を用い、それ以外の国には「朝貢」を用いる。Ⅰからⅳ類では混用されることのない「朝貢」と「進調」とが共に用いられる。Ⅵ類の天武・持統紀に限って、他の巻とは大きく異なる用字法をとるに到った具体的なプロセスを想定することは難しいが、原史料である朝廷の記録の表記を強く反映した結果と考えておきたい。

これらの語句は、日本を上位に置いているという点で大きな違いはない。ただ対新羅外交においては八世紀以降も「調」の貢納が重視されるが、Ⅵ類の記載はまさにこれに合致しており、新羅―調の結びつきを強調するものになっている。これはそれまで朝鮮半島諸国が行っていた調の貢納という形式を新羅一国に継承させて負わせようとする、この時期特有の状況が影響しているのかもしれない。

第二節　饗宴の役割

次に具体的な天武・持統紀の外交儀礼に関わる記事を検討する。先行研究では外交儀礼のなかでも貢献物の献上・使旨の伝達を行う儀式――後の「拝朝儀」――の変遷が重視されてきた。しかし、外国使節が来朝した際には、貢献物の献上・使旨の伝達だけではなく、使節をもてなすための饗宴が開催される。この時期の使節への饗宴については、服属儀礼的な要素の有無や「饗」「宴」の用字の使い分けが論じられ[18]、また饗宴にはコミュニケーション・親睦の場という性格があるという民俗学的な理解も重視されている[19]。しかし七世紀以降の外交儀礼の変遷を考えた場合に、使節への饗宴は、「ねぎらい」「もてなし」以上の重要な意味を持っていたように思われる。本章では特に天武・持統朝を中心にその前後も含めた時期の使節への饗宴を『書紀』の記載に即して考えていきたい。

（一）七世紀における宮での外国使節への饗宴

（1）推古朝以降の外交儀礼における饗宴

推古天皇十六年（六〇八）、隋使裴世清の来朝に際し、小墾田宮で使旨奏上・貢献物奉呈・饗宴が行われた。それまでの難波等の客館に群臣を派遣して使旨と貢献物を受け取り、朝廷に報告させるという古い方式ではなく、新しい外交方式がとられた。翌年には、新羅使・任那使に対して同じく小墾田宮で使旨奏上・饗宴が行われた。ただ、このときの新羅使・任那使は貢献物の検領を難波で行ったと指摘されている[20]。これ以降も新しい大王宮での儀礼は完全には定着せず、貢献物の奉呈・使旨の伝達は難波で群臣たちが行う方式が依然として続けられる。しかし饗宴については宮で行われる方式が継承される。

A　饗㆓高麗・百済客於朝㆒。（舒明天皇二年〔六三〇〕八月八日条）

B　……時高麗・百済・新羅、並遣㆑使進㆑調。為張㆓紺幕於此宮地㆒而饗焉。（斉明天皇二年〔六五六〕是歳条）

Bでは建設中の岡本宮の宮地にわざわざ紺幕を張って饗宴を行ったことが見える。この段階で使節への饗宴は宮で行うべきという意識が強くあったことが窺える。なお、外国使節への宮での饗宴の実例を示すAのような記事は、『書紀』では皇極天皇元年（六四二）を最後に一切見られなくなる。[21] Bは是歳条であり、飛鳥岡本宮・両槻宮・吉野宮等のこの年の建設事業をまとめて述べたなかの一部であり、具体的に日付にかけられた記事ではない。しかしここから、『書紀』に記事として見えなくても、宮の饗宴は行われていた可能性があることがわかる。また、使節への饗宴を宮で行うことが定着していたことが窺える。

この段階では、使節が入京しても、宮で行われる儀式は饗宴のみであった。天皇の出御はないものの、最も壮麗な儀式として行われただろう。大化三年（六四七）に冠位十三階制を定めた際にも、「此冠者、大会・饗客・四月七月齋時所レ着焉。」とあり、「饗客」つまり外国使節への饗宴は、群臣たちが冠を着用すべき重要な場面とされている。このように推古朝以降には饗宴が宮を会場として行われる唯一の外国使節への儀礼であった。

（2）天武・持統紀にみえる宮での饗宴

次に天武・持統朝の状況を見ていこう。宮での饗宴に限らず、難波や筑紫でも使節への饗宴は行われている。【表2『日本書紀』に見える外国使節への饗宴関係記事（斉明〜持統紀）】を見ると、特に天武・持統紀に饗宴に関わる記事が多く残されていることがわかる。天武・持統紀の編纂時には、外国使節への饗宴について記録した原史料が残っていたと考えられ、またその記事を採録する方針にあったと考えられる。ただ、難波や筑紫を会場とした饗宴の記事は豊富に残っているのにもかかわらず、宮を会場とする饗宴の記事が天武・持統紀には一例もない。例として、天武天皇四年（六七五）二月に来朝した新羅使を取り上げる。

C　二月　新羅遣二王子忠元・大監級飡金比蘇・大監奈末金天沖・第監大麻朴武摩・第監大舎金洛水等一進レ調。其送使奈末金風那・奈末金孝福送二王子忠元於筑紫一。

D　三月十四日　饗二金風那等於筑紫一。即自二筑紫一帰之。

E　四月　是月。新羅王子忠元到二難波一。

F　八月二十五日　忠元礼畢以帰之。自二難波一発レ船。

表2　『日本書紀』に見える外国使節への饗宴関係記事（斉明～持統紀）　国名欄の百は百済、高は高句麗、新は新羅、耽は耽羅を示す。

年	来朝の月・日	国名	使者名	記事の月・日	上記の使節に対応する宴会・賜禄についての記事
斉明天皇元（六五五）	―	百		七・十一	「於難波朝…并設百済調使一百五十人。」
斉明天皇元（六五五）	是歳	高百新		―	
斉明天皇二（六五六）	八・八	高	達沙	―	
斉明天皇二（六五六）	是歳	高百新		是歳	「…為張紺幕於此宮地而饗焉。」
斉明天皇六（六六〇）	正・朔	高	乙相賀取文	五・八	「高麗使人乙相賀取文等到難波館。」
斉明天皇六（六六〇）	九・五	百	達率〈闕名〉	―	
斉明天皇六（六六〇）	十月	百	佐平貴智	―	
斉明天皇七（六六一）	四月	百		―	
斉明天皇七（六六一）	五・二十三	耽	王子阿波伎	―	
天智天皇元（六六二）	六・二十八	百	達率万智	―	
天智天皇二（六六三）	二・二	百	達率金受	―	
天智天皇二（六六三）	二月	百		―	
天智天皇三（六六四）	五・十七	唐	朝参大夫郭務悰	十・朔 十・四	「中臣内臣遣沙門智祥賜物於郭務悰。」 「饗賜郭務悰等。」
天智天皇四（六六五）	八月	耽		―	
天智天皇四（六六五）	九・二十三	唐	朝参大夫沂州司馬 上柱国劉徳高	十一・十三 十二・十四	「饗賜劉徳高等。」 「賜物於劉徳高等。」
天智天皇五（六六六）	正・十一	高	前部能婁	―	
天智天皇五（六六六）	正・十一	耽	王子姑如	―	
天智天皇五（六六六）	十・二十六	高	臣乙進相奄鄒	―	

天智天皇六（六六七）	七・十一	耽	佐平椽磨	閏十一・十一	「以錦十四匹…賜椽磨等。」
天智天皇六（六六七）	十一・九	唐	熊津都督府熊山県令上柱国司馬法聡	—	
天智天皇七（六六八）	四・六	百	末都師父	—	
天智天皇七（六六八）	七月	高		—	
天智天皇七（六六八）	九・十二	新	沙喙級湌金東厳	九・二十六	「中臣内臣使沙門法弁・秦筆、賜新羅上臣大角干庾信船一隻、付東厳。」
				十一・二十九	「使布勢臣耳麻呂賜新羅王輸御調船一隻、付東厳等。」
				十一・朔	「賜新羅王…付金東厳等。賜東厳等物各有差。」
天智天皇八（六六九）	三・十一	耽	王子久麻伎	三・十八	「賜耽羅王五穀種。」
天智天皇八（六六九）	九・十一	新	沙湌督儒	—	
天智天皇十（六七一）	正・九	高	上部大相可婁	—	
天智天皇十（六七一）	正・十三	唐	李守真	—	
天智天皇十（六七一）	二・二十三	百	台久用善	—	
天智天皇十（六七一）	六・十五	百	羿真子	—	
天智天皇十（六七一）	六月	新		—	
天智天皇十（六七一）	十・七	新	沙湌金万物	十一・二十九	「賜新羅王絹五十匹・絁五十匹・綿一千斤・韋一百枚。」
天智天皇十（六七一）	十一・十	唐	郭務悰	翌五・十二	「以甲冑弓矢賜郭務悰等。」
天武天皇元（六七二）	五・二十八	高	前部富加抃	—	
天武天皇元（六七二）	—	新	金押実	十一・二十四	「饗新羅客金押実等於筑紫。即日賜禄各有差。」
				十二・十五	「船一隻賜新羅客。」
天武天皇二（六七三）	閏六・八	耽	王子久麻芸	八・二十五	「…肇賜爵位。」

天武天皇二（六七三）	閏六・十五	新	韓阿飡金承元	閏六・二十四 八・二十五 九・二十八 十一・二十一	「饗貴干宝等於筑紫。賜禄各有差。」 「喚賀騰極使金承元等中客以上廿七人於京。」 「饗金承元等於難波。」 「高麗邯子・新羅薩儒等於筑紫大郡。賜禄各有差。」
天武天皇二（六七三）	八・二十	高	上部位頭大兄邯子	十一・二十一	「高麗邯子・新羅薩儒等於筑紫大郡。賜禄各有差。」
天武天皇四（六七五）	二月	新	王子忠元	三・十四 四月	「饗金風那等於筑紫。」 「新羅王子忠元到難波。」
天武天皇四（六七五）	三月	高	大兄富干 級飡朴勤修	八・二十八	「新羅・高麗二国調使饗於筑紫。賜禄有差。」
天武天皇四（六七五）	八・朔	耽	王子久麻伎	九・二十七 翌二・二十四	「耽羅王姑如到難波。」 「耽羅客賜船一艘。」
天武天皇五（六七六）	十一・三	新	沙飡金清平	翌三・十九 四・十四	「召新羅使人清平及以下客十三人於京。」 「送使珍那等饗於筑紫。」
天武天皇五（六七六）	十一・二十三	高	後部主簿阿于	―	
天武天皇六（六七七）	八・二十八	耽	王子都羅	翌正・二十二	「耽羅人向京。」
天武天皇七（六七八）	是歳	新	奈末加良井山	翌正・五	「新羅送使加良井山・金紅世等向京。」
天武天皇八（六七九）	二・朔	高	上部大相桓父	―	
天武天皇八（六七九）	十・十七	新	阿飡金項那	翌四・二十五	「饗新羅使人項那等於筑紫。賜禄各有差。」
天武天皇九（六八〇）	五・十三	高	南部大使卯問	翌四・十七	「饗高麗客卯問等於筑紫。賜禄有差。」
天武天皇九（六八〇）	十一・二十四	新	沙飡金若弼	翌六・五	「饗新羅客若弼於筑紫。賜禄各有差。」
天武天皇十（六八一）	十・二十	新	沙喙一吉飡金忠平	十二・十 翌正・十一	「小錦下河辺臣子首遣筑紫、饗新羅客忠平。」 「饗金忠平於筑紫。」
天武天皇十一（六八二）	六・朔	高	下部助有卦婁毛切	八・三	「饗高麗客於筑紫。」

天武天皇十二(六八三)	十一・十三	新	沙飡金主山	二・二十四	「饗金主山於筑紫。」
天武天皇十三(六八四)	十二・六	新	大奈末金物儒	翌三・十四	「饗金物儒於筑紫。」
天武天皇十四(六八五)	十一・二十七	新	波珍飡金智祥	翌正月 五・二十九	「為饗新羅金智祥、遣浄広肆川内王…等于筑紫。」 「饗金智祥等於筑紫。賜禄各有差。」
持統天皇元（六八七）	九・二十三	新	王子金霜林	十二・十 翌二・十	「以直広参路真人迹見為饗新羅勅使。」 「饗霜林等於筑紫館。賜物各有差。」
持統天皇二（六八八）	八・二十五	耽	佐平加羅	九・二十三	「饗耽羅佐平加羅等於筑紫館。賜物各有差。」
持統天皇三（六八九）	四・二十	新	級飡金道那	五・二十二 六・二十四	「命土師宿禰根麻呂詔新羅弔使級飡金道那等曰…。」 「於筑紫小郡設新羅弔使金道那等。賜物各有差。」
持統天皇四（六九〇）	九・二十三	新	大奈末金高訓	十・十五 十一・七	「遣使者詔筑紫大宰河内王等曰饗新羅送使。」 「賞賜送使金高訓等各有差。」
持統天皇六（六九二）	十一・八	新	級飡朴憶徳	十一・十一	「饗禄新羅朴憶徳於難波館。」
持統天皇七（六九三）	二・三	新	沙飡金江南	三・十六	「…又賜新羅王賻物。」
持統天皇七（六九三）	—	耽	王子	十一・七	「賜耽羅王子佐平等各有差。」
持統天皇九（六九五）	三・二	新	王子金良琳	—	

新羅王子忠元は四月に難波に到着し、八月に帰国するのだが、そのEとFの間の五ヶ月間の彼に関わる記事が『書紀』に見えない。先に帰国した送使については筑紫で饗したことが見えるが、王子には饗宴の記事がない。何らかの饗宴は行われただろうが、記事として立てられていない。天武天皇四年八月朔に来朝した耽羅使も同様に難波まで来ているが、その後の記事を欠いている。また他に「向レ京」等の入京が指示されている記事が見えるのにもかかわらず、その後の記事が見えないものとして、天武天皇五年（六七六）十一月三日に到着した新羅使金清平、同六年八月二十八日に来朝した耽羅王子都羅、同七年に筑紫に遣唐使を送り届けた新羅送使加良井山

の三例が挙げられる。そしてこれ以外の使節についても、この間、難波や難波館で饗宴の記事は見えている。[22]様々な状況が考えられるが、不自然なほどに宮での外交儀礼に関する記事が見当たらない。

斉明紀にもこれと同様の記事の偏りが見える。斉明紀の具体的な外国使節の饗宴に関わる記事は、斉明天皇元年（六五五）に百済調使に「難波朝」で饗宴を行った記事、斉明天皇六年に高句麗使が難波館に到着した記事の二例のみである。ここでも難波の記事はあるが、宮を会場とした記事はない。しかし先に挙げたように、斉明天皇二年是歳条には、建設中の岡本宮に紺幕を張って饗宴を行ったことが見え、『書紀』に記事として立っていなくても、実際には宮で饗宴を行っていたことがわかる。宮での饗宴は天武・持統紀も同様なのではないだろうか。理由は不明であるが、天武・持統紀は宮での饗宴を記事として立てない方針があったのではないだろうか。

この想定が許されるのであれば、天武・持統朝前後の外交儀礼は次のように考えられる。天武天皇八年（六七九）から持統天皇四年（六九〇）までは、筑紫から外国使節を帰国させ、入京させない方針がとられ、ここで宮での饗宴は途絶える。その後、持統天皇六年には難波館で使節への饗宴が行われ、再び外交の場が畿内へと戻る。このときには難波での饗宴だけではなく、宮での饗宴も再び復活するのではないのだろうか。この準備期間を経ることで、文武天皇二年（六九八）正月朔の新羅使の朝賀参加という、使節に対する中国的な要素を有する新しい儀礼が可能になるのではないだろうか。

（二）七世紀における饗宴の役割

（1）天武・持統朝の筑紫での饗宴

先に見たように天武・持統朝には外国使節を入京させず、筑紫で対応する時期がある。この点を見ていきたい。筑紫に外国使節をとどめて対応すること自体はすでに天智朝に見える。[23]白村江敗戦の戦後処理に関わって唐使が来た際には彼らを筑紫にとどめて対応する。また天智朝には新羅使・百済使などにも筑紫で対応している。

使二布勢臣耳麻呂一賜下新羅王輸二御調一船一隻上付二東厳等一。

（天智天皇七年〔六六八〕九月二十九日条）

ここで新羅使に対して、布勢臣耳麻呂を派遣して対応している。場所は明記していないが、おそらく筑紫に派遣されたのだろう。その後、使節の入京が再び確認できるのは天武天皇二年（六七三）である[24]。白村江敗戦後からこの時までは、外国使節を入京させず筑紫で対応するという方針が一貫してとられていたと考えられる。天武天皇二年以降は、筑紫で饗応して帰らせる場合と入京させる場合とに対応が分かれている。そして天武天皇七年（六七八）の新羅使の入京を最後に、すべての使節に筑紫で対応するようになる。これは持統天皇四年（六九〇）まで続く。この間に筑紫で主に対応にあたったのは、中央から派遣された使人であった。天武天皇十年（六八一）には河辺臣小首を、天武天皇十四年には川内王・大伴宿禰安麻呂等を、持統天皇元年には路真人迹見を、持統天皇三年には土師宿禰根麻呂を派遣して対応したことが見える。このような中央から派遣する使者が確認できるのは、新羅王の喪を告げる、あるいは「請政」のための使節などの単なる貢献物献上以外の特別な場合に限られる。彼ら中央から派遣された使人は、使節から外交内容の伝達を受け、貢献物を受領するとともに、朝廷からの伝達事項を伝える重要な役割を果たしていたと考えられる。なお天武天皇十四年に使人として派遣された川内王等五人については、その中の四人が、翌年の天武天皇の殯宮で官司を代表して誄を行っていることが確認できる[25]。誄を行うのは各官司の次官クラスとされる[26]が、使人の地位の高さが窺える。

令制大宰府の前身である筑紫大宰もこれら外国使節への対応には関わっていただろうが、主導権は中央から派遣された使人がにぎっていたのだろう[27]。天武天皇十四年来朝の新羅使金智祥のケースを確認する。

A 天武天皇十四年（六七四）十一月二十七日

新羅遣二波珍飡金智祥・大阿飡金健勲一請政。仍進レ調。

B 翌年正月

為レ饗二新羅金智祥一、遣二浄広肆川内王・直広参大伴宿禰安麻呂・直大肆藤原朝臣大嶋・直広肆境部宿禰鯯魚・直広肆穂積朝臣虫麻呂等于筑紫一。

C　四月十三日

為レ饗二新羅客等一、運二川原寺伎楽於筑紫一。仍以二皇后宮之私稲五千束一納二于川原寺一。

D　四月十九日

新羅進調従二筑紫一貢上。細馬一匹・騾一頭・犬二狗・鏤金器及金銀・霞錦・綾羅・虎豹皮、及薬物之類并百餘種。亦智祥・健勳等別献物、金銀・霞錦・綾羅・金器・屏風・鞍皮・絹布・薬物之類、各六十餘種。別献二皇后・皇太子、及諸親王等一之物。各有レ数。

E　五月二十九日

饗二金智祥等於筑紫一。賜レ禄各有レ差。即従二筑紫一退之。

このときは筑紫において新羅使から貢献物が献上され、朝廷へ送られている（史料D）。これは使人の任命の四ヶ月後に当たり、使人の到着を待って貢献物の検領が行われたと考えられる。貢献物の検領を行う際に、中央からの使人が新羅使からの使旨の伝達も受けたと考えられる。ここで注目したいのは彼らが「為レ饗」の派遣とされている点である。令制下では使旨奏上・貢献物と使節への饗宴とは完全に別の日に行われ、別個の行事とされるが、この段階では「饗」を担当する者は、外国使節への対応のほぼすべてを扱ったのではないだろうか。これは雄略紀の根使主が饗宴を担当する「共食者」に任じられ、呉使への饗宴を取り仕切った記事とも対応する。またこれに関わる史料が延喜玄蕃式94新羅客条である。

凡新羅客入朝者、給二神酒一。其醸酒料稲、大和国賀茂、（中略）若従二筑紫一還者、応下給二酒肴一、便付中使人上。其肴惣隠岐鰒六斤・螺六斤・腊四斤六両・海藻六斤・海松六斤・海菜六斤。盞卅八口・匏十柄・案六脚。被レ責還者不レ給。（後略）

この前半には難波・敏売崎での給酒（中略部分に当たる。）、後半には難波での外国使節への迎船儀礼（後略部分に当たる。）が規定されている。この箇所については八世紀以前に遡る古い規定であることが指摘されている。[28] ここで引用した部分は新羅使を筑紫より帰国させた場合の待遇を定めたものであるが、これも天智朝以降に見られる筑紫での饗宴に対応して成立した比較的古い規定と考えられる。この条文の「使人」は「饗使」に当たる。職員令では大宰府にも「讌饗」の職掌があり、主厨などの饗宴の準備に関わる官司も設置されている。しかしこの条文では中央から派遣される使人が「酒肴」となる食材をもたらして、使節への饗宴に当たっている。大宰府の讌饗の機能が整備される以前のありかたを示しているのだろう。[29]

（2）饗宴の内容について

天武・持統朝には、外国使節に対応するための使人は「為レ饗」として派遣され、饗宴を行うとともに使節への対応全般を行っていたと考えられる。外国使節への饗宴は重要な意味を持っていたと考えられるが、しかし実態として、どのように行われていたのだろうか。推古朝に開始される宮での饗宴もどのような形であったのか、具体的に知ることは難しい。

ひとつ手がかりになると考えられるのが、『内裏式』に見える外国使節に対する宴会の儀式次第である。『内裏式』は弘仁十二年（八二一）に撰進された官撰儀式書であるが、豊楽院を会場とする七日節会（白馬節会）の部分には、外国使節が参加した場合の儀式次第が載せられている。[30]『内裏式』は唐風文化の導入が目指された時期の儀式次第をとどめたものとされ、立礼や再拝など唐の礼式を反映させた内容になっている。[31] しかし外国使節に関する部分には、一部、古態も残っている。例えば外国使節は、宴会の場で位階を授けられるが、同時に衣服と冠を与えられ、その場でそれに着替える。これは衣服と位階が分かちがたく結びついていた古い時代のありかたが残ったものであろう。[32] このような古い要素のひとつとして「供食勅使」を取り上げたい。

この「供食勅使」は、延喜太政官式51蕃客条に見える「供食使」のこととされる。[33] 外国使節の迎接使のひとつであり、豊楽院・朝集堂での饗宴のなかで、使節の傍で食事の供給を行う役割を担うものであったとされる。これについては浜田久美子氏が詳細に論じているが、氏も指摘するように、『内裏式』が規範としたであろう唐の儀礼を載せる『大唐開元礼』には、このような外国使節の傍で差配を行う官人は見えない。また「供食」と音通する「共食」者が雄略紀・推古紀に外国使節の饗宴を差配する者として見えることから、日本独特の古い淵源を持つ役割であることを指摘し、『内裏式』の七日会式（白馬節会）に見える供食勅使についても分析をしている。[34]ここでは浜田氏の指摘に導かれつつ再度検討していきたい。まずは『内裏式』の該当箇所を確認する。

F　其日未二御坐一前、膳部・酒部等列二立酒罇下一。……其勅使・蕃客座熊羆皮上施二床子及食床一。氈上施二酒器一事具二所司式一。

G　供食勅使就レ位与二出儀一同。承勅者喚二通事一二度。通事称唯。就二承宣位一。勅使宣「客人倍安良可爾座爾侍止宣」。通事称唯。就二承伝位一勅使宣《ママ》如レ常。客徒拝舞。

H　勅使西進当二承歓堂第二階一北折進、当二第一階一北面立。通事引二客徒一西進当二第四階一北折進、当二第二階一立。

I　勅使登就レ座。次首領升レ堂着座。

J　供食勅使下レ自二第一階一少東進、東面立。次通事引二録事以上一下レ自二第二階一東面立。首領下レ自二第三階一東面立。群臣及勅使・客徒倶一時拝舞。通事不レ預。他皆效レ此。

K　勅使・通事引二客徒一列二庭中位一如二初儀一。

L　勅使南折進、東折度二殿庭一自二顕陽堂第四階一就二群臣座一。

供食勅使は外国使節の着座する殿舎である承歓堂（豊楽院西第一堂）に座を設けられ（F）、通事とともに外国使節を率いて（H）、着座する（I）。さらに舞妓による舞が終わり、饗宴の全参加者が殿前で拝礼を行い（J）、饗宴の最後に禄を賜わるために殿を降りる（K）。ここで供食勅使は使節を率いる役割を果たしている。そして使節が退場する（L）。

このＧの前に外国使節は位階を授けられるが、そこは式部省の官人と治部省・玄蕃寮の官人とによって差配される。供食勅使の主な管轄はやはり食事や賜物といった饗宴の部分にあると言えるだろう。また『内裏式』をベースにして増補を加えた『儀式』正月七日儀の次第文では、Ｆの設営の箇所をさらに詳しく述べている。

勅使対二大使一。客徒東面北上。其勅使・大使者、熊羆皮上施二床子并台盤一。毯上施二酒器一。

外国使節の大使の正面に、供食勅使の座が設けられ、両者が対面する形がとられている。(35) 食事を供える役割よりもむしろ、食事に相伴する意味合いの方が強い。酒や食事の供給は、他の官人同様に造酒司の酒部や大膳職の膳部が行っている。

其日未二御坐一前、膳部・酒部等列二立酒罇下一。臨時簡二大学生及内豎等容貌端者一令レ着二当色一。
（『内裏式』七日会式）

通常の節会では酒部は内豎が宛てられるが、(36) 外国使節が参加する場合は大学生・内豎の容貌の優れた者を選抜して宛てている。食事の準備・供給は彼ら酒部・膳部が行い、供食勅使は使節の正面で共に食事を取る。供食の「供」はどちらかと言えば「ソナフ」ではなく、「ノゾム」の意ではないだろうか。(37)

また注目したいのはＧの供食勅使から伝えられる宣の内容である。「座に侍れ」と使節に伝えよと述べるが、節会の内弁大臣も参加者である官人たちに同様の言葉を発する。

立定。大臣宣「侍レ座」。共称唯・謝座訖。
（『内裏式』七日会式）

官人たちが殿庭に参入し終わった段階で、「侍レ座」と指示を出し、官人たちは称唯・謝座を行って着座する。この内弁大臣は節会の指揮を行う者で、原則として太政官首班に当たる者が務める。(38) 供食勅使が外国使節に対して、内弁大臣が官人に対して行うのと同様に振る舞うことは、彼が外国使節への饗宴を統轄する存在であったことを強く示唆する。『内裏式』にみえる供食勅使は、使節と同じ殿舎で、その正面で酒食をとるとともに、饗宴全体の統括者としての役割を果たす。これは、平安時代初期に新たに与えられた役割というよりも、古くからの外国使節への饗宴のあり方が遺制として残ったものなのではないだろうか。同一会場でありながら、節会の内弁とは別に使節への饗宴を統轄する役割が存在することは、天皇と官人の人格的関係を示すために行われる節会と、それとは無関係に行われていた外国使節の饗宴とを、両者の確立以降に一本化させた結果と考えられる。ここで取り上げたのは、平安時代初期に使節が節会に参加した場合の儀式次第である。しかし、通常の外国使節への饗宴もこれに近いかたちで行われていたであろう。また、この供食勅使に当たる天皇の命を受けた官人が饗宴を統轄し、同一殿舎で食事をとる形式は、さらに遡るのではないだろうか。

おわりに

本論は主に『書紀』を検討することで、天武・持統朝の外交についての具体的様相の一端を明らかにすることを目指した。ここで指摘したことを再度まとめる。

①『書紀』外国使節来朝記事の用字法を分類すると、「朝貢」と「進調」の巻次による使い分けが明確に見られる。崇神紀から雄略紀・推古・舒明紀は「朝貢」を用い、清寧紀から崇峻紀・皇極・孝徳紀は「調」を含んだ「進調」「貢調」等の語句を一律に用いる。天智紀と天武・持統紀はこれらの巻と用字法が大きく異なり、国ごとの使い分けが見られる。天武・持統紀は、新羅だけに「進調」を用いるが、これはこの時期に、新羅一国を外交対象国として確立させたことを意味するのではないか。

②また天武・持統紀の外交記事は、難波や筑紫での儀礼は記事として立てながら、宮での饗宴記事が一切無い。この間の『書紀』には、宮での饗宴について記事を建てないという編纂方針があったことが推測される。この推測が許されるのなら、持統天皇六年〔六九二〕以降には宮での饗宴が行われていた可能性が生じる。それが文武朝以降にも継承されていくのではないだろうか。

③七世紀後半の使節への饗宴は、以降よりも外交儀礼に占める重要性が大きかった。筑紫から使節を帰国さ

せる場合も、「為レ饗」として官人が派遣されており、この官人が貢献物の検領をはじめとする使節への対応すべてを扱ったと考えられる。このような姿は平安時代の『内裏式』の儀式次第からも窺うことができる。

最後になったが天武・持統朝について述べておきたい。この時期には新羅一国を調を貢上する国として位置づけ直したことが確認できる。しかし、外交方式については、使節を筑紫に留める方式などは天智朝のありかたを踏襲しているとも受け取れる。また饗宴のありかたも、古い形式が継承され続けている面が多く指摘できる。文武朝以降へ継承される面と断絶される面とをさらに深く考える必要があるが、それらはすべて今後の課題としたい。

(1) 瀧川政次郎「江都集礼と日本の儀式」(岩井博士古稀記念会編『典籍論集』一九六三年)をはじめとして、この小墾田宮での外交儀礼をめぐる研究は膨大であるが、近年の成果として、礼書の導入ではなく、直前の遣隋使の見聞がもとになったとする廣瀬憲雄「倭国・日本の隋使・唐使に対する外交儀礼」(同『東アジアの国際秩序と古代日本』吉川弘文館、二〇一一年、初出二〇〇五年)、南朝からの儀礼導入を想定する榎本淳一「比較儀礼論」(荒野泰典等編『日本の対外関係』二　律令国家と東アジア　吉川弘文館、二〇一一年)などがある。

(2) 田島公「外交と儀礼」(『日本の古代』七　まつりごとの展開　中央公論社、一九八六年)。

(3) 『日本書紀』の史料的性格についての研究史は容易に整理できないが、遠藤慶太「『日本書紀』研究の課題」(同『日本書紀の形成と諸資料』塙書房、二〇一五年)を参照した。

(4) 池内宏『日本上代史の一研究――日鮮の交渉と日本書紀――』中央公論美術出版、一九七〇年、初版一九四七年、森公章『「白村江」以後――国家危機と東アジア――』講談社、一九九八年。

(5) なお、方法は異なるが、「朝貢」「貢上」「貢職」などの語句については、鴻巣隼雄「日本書紀の編纂に就いて――特に使用語句を通じて見たる――」(『日本諸学研究』三、一九三九年)が検討している。他の語句とともにどこの巻で用いられているかを検討し、そこから、神代~安康紀/雄略紀~崇峻紀/推古紀~天武紀/持統紀と書紀を区分する。

(6) 鈴木靖民「奈良時代における対外意識――『続日本紀』朝鮮関係記事の検討――」(同『古代対外関係史の研究』吉川弘文館、一九八五年、初出一九六九年)、渡邊誠「日本古代の朝鮮観と三韓征伐伝説――朝貢・敵国・盟約――」(『文化

交流史比較プロジェクト研究センター報告書』六、二〇〇九年）。
（7）保科富士男「古代日本の対外関係における贈進物の名称――古代日本の対外意識に関連して――」（『白山史学』二五、一九八九年）、同「古代日本の対外意識――相互関係をしめす用語から――」（田中健夫編『前近代の日本と東アジア』吉川弘文館、一九九五年）。
（8）鈴木靖民「百済救援の役後の百済使・高句麗使」（同『古代日本の東アジア交流史』勉誠出版、二〇一六年、初出一九六八年）。
（9）この仁徳紀の記事は、的臣の祖砥田宿禰が任那で活躍したという氏族伝承の一部であり、これと関係するのかもしれない。
（10）『書紀』欽明天皇二十一年九月条・同二十二年条・同二十二年是歳条・同二十三年七月条・同年十一月条。
（11）池内宏「安羅におけるわが官家の没落」（註〔4〕書）では欽明紀の一連の造作記事と判断している。
（12）石上英一「古代における日本の税制と新羅の税制」（朝鮮史研究会編『古代朝鮮と日本』龍渓書舎、一九七四年）。
（13）天智天皇七年四月六日条など。
（14）天智天皇六年七月十一日条、天智天皇八年三月十一日条など。
（15）森公章「古代の耽羅の歴史と日本――七世紀後半を中心として――」（同『古代日本の対外認識と通交』吉川弘文館、一九九八年、初出一九八六年）。
（16）鈴木氏註（8）論文。
（17）森博達『日本書紀の謎を解く――述作者は誰か――』中央公論新社、一九九九年。
（18）中山薫「『日本書紀』にみえる饗について」（『日本宗教社会史論叢』国書刊行会、一九八二年）、同「『日本書紀』にみえる宴と『続日本紀』にみえる饗について」（瀧川政次郎先生米寿記念論文集刊行会編『神道史論叢』一九八四年）。
（19）浜田久美子「日本古代の外国使節への饗宴儀礼」（『国史学』二〇八、二〇一二年）。饗宴の民俗学的理解については、倉林正次『祭りの構造――饗宴と神事――』日本放送出版協会、一九七五年。
（20）廣瀬氏註（1）論文。
（21）なお、西本昌弘「豊璋と翹岐――大化改新前夜の倭国と百済――」（『ヒストリア』一〇七、一九八五年）が、この部分には錯簡があり、皇極紀の百済関係記事は一年繰り下げるべきことを指摘している。その後、広瀬憲雄「『日本書紀』皇極紀百済関係記事の再検討」（同『古代日本と東部ユーラシアの国際関係』勉誠出版、二〇一八年、初出二〇一三年）では、その必要が無いことが論じられている。本稿ではひとまず『書紀』の紀年に従う。
(22)『書紀』天武天皇二年九月二十八日条、持統天皇六年十一月十一日条。
(23)『書紀』天智天皇三年（六六四）五月十七日条、天智天皇四年九月二十三日条、天智天皇六年十一月九日条、天智天皇十年正月十三日条、同年十一月十日条。
(24)『書紀』天武天皇二年閏六月十五日条。天武の即位を祝す賀騰極使に限って入京させるという方針が示され、新羅使金承元らが京に向かっている。
(25)『書紀』朱鳥元年九月二十七日・二十八日条。川内王は左右大舎人事を、大伴宿禰安麻呂は大蔵事を、藤原朝臣大嶋は兵政官事を、穂積朝臣虫麻呂は諸国司事を誄している。
(26) 倉本一宏「天武天皇殯宮に誄した官人」（同『日本古代国家成立期の政権構造』吉川弘文館、一九九六年、初出一九八四年）。
(27) 森公章「大宰府および到着地の外交機能」（註〔15〕書）、吉岡直人「大宰府外交機能論――大宰府西海道管内支配との関係からの考察――」（『立命館史学』三一、二〇一〇年）。
(28) 中野高行「延喜玄蕃寮式に見える新羅使への給酒規定」（同『日本古代の外交制度史』岩田書院、二〇〇八年、初出一九八九年）、同「難波館における給酒八社」（同上書、初出一九九二年）、森公章「古代難波における外交儀礼とその変遷」（註〔15〕書、初出一九九五年）。
(29) また割注に「被ㇾ責還者不ㇾ給。」とあるが、天智朝から持統朝にかけては、責められて筑紫から帰国するケースでも使節への饗は行われており、この時期にできた規定とは考えにくい。天平十五年（七四三）には、新羅使金序貞を、貢献物が旧例と異なるとして、大宰府から帰国させている。このような無礼を責めて帰らせる時期の状況を反映させ、新たに付加された部分と考えられる。
(30) 酒寄雅志「雅楽「新靺鞨」にみる古代日本と東北アジア」（同『渤海と古代の日本』校倉書房、二〇〇一年、初出一九九七年）、同「渤海通事の研究」（同上書、初出一九八八年）、中野高行「慰労詔書に関する基礎的研究」（註〔28〕書、初出一九七八年）等の研究では、『内裏式』を用いて外交制度を明らかにしている。
(31) 所功「『内裏式』の成立」（同『平安朝儀式書成立史の研究』国書刊行会、一九八五年、初出一九八四年）。西本昌弘「古礼からみた『内裏儀式』の成立」（同『日本古代儀礼成立史の研究』塙書房、一九九七年、初出一九八七年）。
(32) 石母田正「古代官僚制」（『石母田正著作集』三　日本の古代国家　岩波書店、一九八九年、初出一九七三年）。

(33) 田島公「日本の律令国家の「賓礼」――外交儀礼より見た天皇と太政官――」(『史林』六八―三、一九八五年)、浜田久美子「『延喜式』にみえる外国使節迎接使」(同『日本古代の外交儀礼と渤海』同成社、二〇一一年、初出二〇〇二年)。

(34) 浜田氏註(19)論文。

(35) 『儀式』元日豊楽院儀では、顕陽堂などの官人の着座する殿舎での座を「東西面北上」とする。節会における官人の座も、勅使・大使と同じく対座であった。

(36) 『内裏式』会は元日節会の儀式次第を載せるが、その酒部の割注に「此皆選㆓内竪㆒着㆓当色㆒者而充㆑之。」とある。

(37) 天理図書館善本叢書『類聚名義抄　観智院本』八木書店、一九七六年。

(38) 土田直鎮「上卿について」(同『奈良平安時代史研究』吉川弘文館、一九九二年、初出一九六二年)、末松剛「『内裏式』にみえる上卿代役規定について」(『福岡大学人文論叢』三五―一、二〇〇三年)など。

第二部　外交に関わる儀礼の展開

第四章　遣唐使の出発・帰国時の儀式——拝朝・節刀・餞の検討——

はじめに

遣唐使については、その政治的・文化的な役割の大きさから、その政治的目的や彼らの持ち帰った文物、現地での行動の具体的様相の検討が行われ、多くの事実が明らかにされてきた。(1)また近年では遣唐使が唐で受けた儀礼が、日本の儀礼に反映されたことが、古瀬奈津子氏、森公章氏、廣瀬憲雄氏らによって明らかにされた。(2)

しかし遣唐使が出発・帰国に際して、国内で行った儀式については、その変遷や意義が明らかにされているとは言い難い。早くに瀧川政次郎氏が、遣唐使の賜わる「節刀」の分析から、使節が天皇大権のうちの刑罰権を委任されていたことを指摘している。(3)しかし、賜節刀以外にも遣唐使は出発前・帰国後に「拝朝」等の様々な儀式に参加しており、その変遷もある程度確認できる。このような遣唐使の国内における扱い方の変化には、当時の朝廷の外交への認識の一端が表れているだろう。

「節刀」以外の儀式や他の遣外使節の事例も含め、まずは時期ごとの遣唐使が受けた手続き・儀式について、基礎的事実を明らかにした上で、その意義や他の儀式へ与えた影響について若干の考察を行いたい。

第一節　八世紀の節刀と拝朝

まず、出発時・帰国時の儀式の流れを確認するため、霊亀二年（七一六）八月任命の遣唐使（養老度）に関わる

『続日本紀』（以下『続紀』と略す。）の記事を、【表1　養老度遣唐使の任命から帰国までの行動】に整理した。

出発時には、任命→拝朝→賜節刀が行われ、帰国時にはその逆の順番に、帰国→返節刀→拝朝（ここでは「拝見」）が行われる。なお、遣新羅使・遣渤海使には節刀が与えられず、「拝朝」「拝辞」「辞見」等と呼ばれる儀式のみが行われる。節刀については『儀式』（貞観儀式）に儀式次第文が残っているが、「拝朝」の儀式次第文はなく、その具体的内容は不明である。「拝朝」は古訓では「ミカドヲガミ」と読まれることから、天皇出御の上で遣使に関わる儀式が行われたことが想定されるが、まずは実例を示す記事そのものから、可能な限り拝朝の内容を確認したい。

表1　養老度遣唐使の出発から帰国までの行動

＊出典を明記しないものはすべて『続日本紀』。

年	月日	内容
霊亀二年（七一六）	八月二十日	多治比県守を遣唐押使、阿倍安麻呂を大使、藤原馬養を副使に任命。（但し大使は翌月、大伴山守に交代。）
養老元年（七一七）	二月朔	神祇を蓋山の南に祀る。
	二月二十三日	拝朝。
	三月九日	節刀を県守に賜る。
	十月	長安に到る。（『冊府元亀』九七一・九七四）
養老二年（七一八）	十月二十日	大宰府が帰国を報じる。
	十二月十三日	入京。
	十二月十五日	節刀を返進。
養老三年（七一九）	正月十日	拝見。

（一）拝朝の検討

（1）拝朝の内容

遣唐使の出発・帰国記事を一覧にしたものが【表2　遣唐使の出発前・帰国後の記事】である。儀式を行っていたことはわかるが、「遣唐使等拝朝。」（『続紀』養老元年〔七一七〕二月二十三日条）や「遣唐使朝拝。」（『続日本後紀』承和四年〔八三七〕三月十三日条）のような簡潔な記事が多く、ここからは具体的な状況がわからない。そのため、遣新羅使等の他の遣外使節の記事から考える必要がある。推古天皇五年（五九七）以降の遣外使節の出発前・帰国後の記事を一覧にしたものが【表3　推古天皇五年以降の遣外使節の出発前・帰国後の記事】である。出発時と帰国時とに分けて記事を確認していく。

A　天皇御二大安殿一。詔賜二遣新羅使波多朝臣広足・額田人足各衾一領・衣一襲一。又賜二新羅王錦二匹・絁卌匹一。

（『続紀』大宝三年〔七〇三〕十月二十五日条）

B　遣新羅使等辞見。

（『続紀』和銅五年〔七一二〕十月二十八日条）

C　遣渤海国使内蔵宿禰賀茂等辞見。因賜二其王璽書一曰（後略）。

（『類聚国史』一九三　延暦十七年〔七九八〕五月十九日条）

遣新羅使・遣渤海使の出発記事も、史料Bのような簡潔なものが多いが、具体的な様子が史料A・Cから窺える。なお、史料Bに「辞見」とあるが、出発前の遣新羅使に対して行われており、内容としては「拝朝」と同様のものと考えられる。この辞見については第二節で詳述する。史料Aでは、天皇出御の上、使人への賜物・新羅王への賜物が、史料Cでは渤海王への国書が渡されている。遣唐使の拝朝においても同様に天皇出御の上で、外交文書や他国への賜物が、使人に渡されただろう。これらはいずれも八世紀の事例であるが、それ以前の例を見ておきたい。

D　遣二小山下道守臣麻呂・吉士小鮪於新羅一。

（『日本書紀』天智天皇七年〔六六八〕十一月五日条）

E　使下直広肆田中朝臣法麻呂与二追大弐守君苅田等一使二於新羅一、赴中天皇喪上。

（『日本書紀』持統天皇元年〔六八七〕正月十九日条）

表2　遣唐使の出発前・帰国後の記事

No	任命の年月	祭祀	拝朝	宴会	授節刀	帰国の年月	帰国	返節刀	拝朝	備考
1	舒明天皇二年（六三〇）八月	—	—	—	—	舒明天皇四年八月	「共泊于対馬」	—	—	
2	白雉四年（六五四）五月	—	—	—	—	白雉五年七月	「泊于筑紫」	—		
3	白雉五年（六五五）二月	—	—	—	—	帰国不明	—	—	—	
4	斉明天皇五年（六五九）七月	—	—	—	—	斉明天皇七年五月	＊耽羅王子と帰国	—	—	百済平定のため、帰国が遅れる。
5	天智天皇四年（六六五）	—	—	—	—	天智天皇六年十一月	＊劉仁願と帰国	—	—	唐使劉徳高の送使か。
＊	天智天皇六年（六六七）十一月	—	—	—	—	天智天皇七年正月	「服命」	—	—	司馬法聡の送使。百済までで唐に到らず。
6	天智天皇八年（六六九）	—	—	—	—	帰国不明	—	—	—	
7	大宝元年（七〇一）正月	—	「拝朝」	—	「授節刀」	慶雲元年（七〇四）七月	「自唐国至」＋帰朝報告	—	「拝朝」	
8	霊亀二年（七一六）八月	「祠神祇」	「拝朝」	—	「賜節刀」	養老二年（七一八）十月	「来帰」／「自唐国至」	「進節刀」	「拝見」	
9	天平四年（七三二）八月	—	「拝朝」	—	「辞見」＋「授節刀」	天平六年十一月（大使多治比広成）	「来着多褹嶋」	「自唐国至進節刀」	「拝朝」	
						天平八年八月（副使中臣名代）	—	—	「拝朝」	副使中臣名代が唐人・波斯人を率いて拝朝。
						天平十一年七月（判官平群広成）	＊渤海使と帰国	—	「拝朝」＋帰朝報告	判官平群広成が渤海使と共に帰国。
10	天平十八年（七四六）									任命のみ。＊1
11	天平勝宝二年（七五〇）九月	伊勢・諸社奉幣	「拝朝」	—	「詔給節刀」＋叙位	天平勝宝六年正月	「来帰」	—	「自唐国至」＋帰朝報告	
12	天平宝字三年（七五九）正月	—	—	—	—	天平宝字三年十月（判官内蔵全成）	「自渤海廻却」	—	—	入唐大使藤原河清を迎える使。
						天平宝字五年八月（高元度）	「至自唐国」＋帰朝報告	—	—	
13	天平宝字五年（七六一）十月	—	—	—	「賜節刀」＊2	出発せず				沈惟岳の送使。※渡海せず。

14	宝亀六年（七七五）六月	祭祀有り	—	—	「賜遣唐使節刀」＋詔＋「賜御服」	宝亀七年十一月		「進節刀」		※渡海せず。
						宝亀九年十月（第3船）	「到泊」＋帰朝報告	—	—	唐使とともに帰国。
		「拝天神地祇」	—	—	「辞見」	宝亀九年十一月（第4船）	「来泊」「来帰」	—	—	
						宝亀九年十一月（第2船）	「到泊」＋帰朝報告	—	—	
15	宝亀九年（七七八）十二月	—	—	—	—	天応元年（七八一）六月	—	「進使節刀」	—	唐使の送使。
16	延暦二十年（八〇一）八月	—	「拝朝」	「賜物」 「賜遣唐使彩帛」 「賜餞」	「辞見即授節刀」＋詔	延暦二十二年三月		「奉還節刀」		※渡海せず。
						延暦二十四年六月（第1船）	「到泊」＋帰朝報告	「上節刀」	「上唐国答信物」	
		—	「拝朝」	「賜餞殿上」	「授大使葛野麻呂節刀」	延暦二十四年六月（第2船）	「来到」＋帰朝報告	—	—	
						延暦二十四年七月（第3船）	＊大宰府からの言上	—	—	
17	承和元年（八三四）正月	「祠天神地祇」／諸社奉幣	「朝拝」＊天皇不御	「引見」＋詔＋賜物 「賜餞」	「賜入唐使節刀」＋宣＋賜物	承和三年九月		「奉還節刀」		※渡海せず。
		「祠天神地祇」／伊勢奉幣	「朝拝」	「賜餞」＊3	「賜入唐使節刀」＋宣	承和六年八月	「帰着」＋帰朝報告	「進節刀」	「奏大唐勅書」＋「置酒」＋賜物 「朝拝」＊天皇不御	信物等は大宰府から別に送る。

〔凡例〕　第一次遣唐使から第十七次遣唐使までの出発時・帰国時の記事を分類して並べた。

「—」は該当記事がないことを、網掛けは渡海しなかった、中止になったなど、そもそも手続きが存在するはずがない項目であることを示す。

同じ項目のなかで、「＋」で示したものは、同日に行われた内容であることを示す。同じ項目内で「＋」で接続せず、改行するものは別の日に行われたことを示す。

「　」内は史料上の表記を示している。

出典は特にことわらない限り、1～6が『日本書紀』、7～15が『続日本紀』、16延暦二十年～二十二年（一度目の出発）は『日本紀略』、それ以外は『日本後紀』、17が『続日本後紀』。

＊1は『大日本古文書』編年八、580頁所収　正倉院文書「経師等調度充帳」による。　＊2は船の沈没により急遽判官に賜ったもの。　＊3は『日本紀略』による。

帰国の年月日	帰国に関わる記事
同６年４月	「難波吉士磐金至自新羅而献鵲二隻。」
同10年６月３日	―
同年11月	「磐金・倉下等至自新羅。時大臣問其状。対日、…。」
同年５月16日（百済）	「吉士服命。」
天武天皇８年（679）９月16日	「遣新羅使人等返之拝朝。」
天武天皇８年（679）９月23日	「遣高麗使人…等返之共拝朝庭。」
同年９月３日	「遣高麗新羅使人等共至之拝朝。」
天武天皇11年（682）５月16日	「遣高麗…等奏使旨於御所。」
同14年９月20日	「遣高麗国使人等還之。」
同３年正月８日	―
帰国不明	―
帰国不明	―
慶雲元年（704）８月３日	―
同４年５月28日	―
同６年８月10日	―
同３年２月10日	―
帰国不明	―
同年12月23日	―
天平２年（730）８月29日	「天皇御中宮、虫麻呂等献渤海郡王信物。」
同年８月11日	―
同９年正月26日	「遣新羅使奏、新羅国失常礼不受使旨。」「新羅使副使…等卌人拝朝。」
同年10月５日	―
同年10月15日	―
同年10月２日	「帰自渤海国。其王啓日…。」
同年12月27日カ	―
同年９月20日	「到自渤海国。国王啓日…。」
帰国不明	―
同２年10月２日	「至自渤海。奏日…。」
同年12月３日	「復命。…。」

国名欄の略号は、新は新羅、高は高句麗、百は百済、耽は耽羅、任は任那、渤は渤海を示す。

表3　推古天皇5年（597）以降の遣外使節の出発前・帰国後の記事

No	任命の年月日	国名	出発に関わる記事
1	推古天皇5年（597）11月22日	新	―
2	推古天皇9年（601）3月5日	高百	「遣大伴連嚙于高麗、遣坂本臣糠手于百済、以詔之曰、急救任那。」
3	推古天皇31年（623）	新任	「爰遣吉士磐金於新羅、遣吉士倉下於任那、令問任那之事。」
4	皇極天皇元年（642）2月22日	高百新任	―
5	出発時不明	新	―
6	出発時不明	高耽	―
7	天武天皇10年（681）7月4日	新高	―
8	出発時不明	高	―
9	天武天皇13年（684）5月28日	高	―
10	持統天皇元年（687）正月19日	新	「使直広肆田中朝臣法麻呂与追大弐守君苅田等、使於新羅、赴天皇喪。」
11	持統天皇6年（692）11月8日	新	「賜擬遣新羅使…等禄。」「賜…禄及学問僧…等絁綿布各有差。又賜新羅王賻物。」
12	持統天皇9年（695）7月26日	新	「賜擬遣新羅使…等物各有差。」
13	大宝3年（703）9月22日	新	「天皇御大安殿、詔賜遣新羅使…各衾一領、衣一襲。又賜新羅王…。」
14	慶雲3年（706）8月21日	新	「賜新羅国王勅書曰…。」
15	和銅5年（712）9月19日	新	「辞見。」
16	養老2年（718）3月20日	新	「辞見。」
17	養老3年閏7月11日	新	「拝辞。」
18	養老6年（722）5月10日	新	「拝朝。」
19	神亀5年（728）2月16日	渤	「拝辞。」「水手已上総六十二人賜位有差。」
20	天平4年（732）正月20日	新	「拝朝。」
21	天平8年（736）2月28日	新	「拝朝。」
22	天平12年（740）正月13日	渤	「辞見。」
23	天平12年（740）3月15日	新	「拝辞。」
24	延暦15年（796）5月17日	渤	「仍賜其王璽書曰…。」
25	延暦17年（798）4月24日	渤	「辞見。因賜其王璽書曰…。」
26	延暦18年（799）4月15日	渤	「賜其王璽書曰…。」
27	延暦23年（804）9月18日	新	「太政官牒曰…。」
28	弘仁元年（810）12月4日	渤	「辞見。賜衣被。」
29	承和3年（836）閏5月13日	新	「齎牒発遣、賜…御被。」

〔凡例〕推古天皇五年以降の遣唐使以外の遣外使節の帰国前・後の記事を表にした。ただし、任命記事・帰国記事のみで手続きの内容が窺えないものは除外した。出典は1～12『日本書紀』、13～23『続日本紀』、24出発・25『類聚国史』一九三、24帰国・26・27は『日本後紀』、28『類聚国史』一九四・『日本後紀』、29『続日本後紀』。

このように『日本書紀』（以下『書紀』と略す。）の遣外使節の出発に関わる記事は、派遣の事実やその目的を記載するのみで、そこから具体的な様子はわからない。しかし、記事としては表れないが、使節を派遣する以上、使人たちに派遣の目的を伝え、他国への賜物を渡したはずである。

F　天皇以三新羅寇二於任那一、詔二大伴金村大連一、遣三其子磐与二狭手彦一以助二任那一。
（『書紀』宣化天皇二年十月朔条）

ここでは、天皇から大連大伴金村への命（「詔」）により、その任命・派遣の目的等が伝達されている。天皇からの命を受け、使人として他国に赴くという点においては、これが拝朝の原型と言えるだろう。

次に帰国時の拝朝を検討する。八世紀の遣新羅使・遣渤海使に関しては、例えば「遣渤海郡使外従五位下大伴宿禰犬養等来帰。」（『続紀』天平十二年〔七四〇〕十月五日条）のように、その帰国の事実のみを記載する場合がほとんどであるが、次のような記事が残っている。

G　天皇御二中宮一。虫麻呂等献二渤海郡王信物一。
（『続紀』天平二年〔七三〇〕九月二日条）

これは、第一次遣渤海使引田虫麻呂が帰国したときの記事である。神亀四年（七二七）九月に初めて渤海使が来朝し、その帰国とともに派遣された初めての遣渤海使ということで、特に記録されたものであろう。ここでは天皇出御の上、渤海王からの信物が献上されている。延暦度の遣唐使でも、

H　葛野麻呂等上二唐国答信物一。
（『日本後紀』延暦二十四年〔八〇五〕七月十四日条）

と唐からの信物が天皇に献上されている。さらに遡って七世紀の記事を見てみよう。

I　（吉士）磐金・倉下等、至レ自二新羅一。時大臣問二其状一。対日（後略）
（『書紀』推古天皇三十一年〔六二三〕十一月条）

J　吉士服命。

K　遣高麗大使佐伯連広足・小使小墾田臣麻呂等奏二使旨於御所一。
（『書紀』皇極天皇元年〔六四二〕五月十六日条）

（『書紀』天武天皇十一年〔六八二〕五月十六日条）

史料Ⅰでは大臣蘇我馬子に対し、史料Ｋでは天武天皇に対して、使節がその帰国に際し、任務の報告・外交内容の伝達を行っている。これは八世紀の帰国時の拝朝に当たる。ここから、八世紀にも拝朝では信物の献上とともに、帰朝報告が行われていたと考えられる。

八世紀の遣外使節の拝朝とは、天皇出御を伴い、出発時には、他国王への賜物や伝達内容等を使節に授け、帰国時には信物の献上・報告を使節が行う、遣使を行う上で最も基本的な手続きであった。また七世紀にも同様の手続きがあったが、それは「拝朝」とは呼ばれていない。また「拝朝」は遣外使節の出発・帰国のみに限定されるものではなく、元日朝賀を示す語句としても用いられる。次にこの「拝朝」という語句が、遣使に関わって使用されるに至った経緯を考えたい。

（2）「拝朝」の使用

『書紀』のなかで遣外使節の出発・帰国に関わって「拝朝」が見えるのは天武紀からである。それ以前の部分では、遣外使節の帰国に関わって、「復命」「服命」という語句が用いられている[4]。

Ｌ　送使博徳等服命。

（『書紀』天智天皇七年〔六六八〕正月二十三日条）

「服命」または「復命」は、遣外使節に限定されず、広く天皇の命により与えられた任務の結果を報告することを意味する。「服命」「復命」の古訓が、ともに「カヘリコトマウス」であることからも、この点は了解される。白猪屯倉に派遣されていた蘇我馬子が戻った際にも「還二于京師一、復二命屯倉之事一。」（『書紀』敏達天皇四年〔五七五〕二月朔条）とあり、「復命」が見える。このような、任務遂行の状況を朝廷に報告することを指す一般的な語が、遣外使節にも用いられていた。しかし天武天皇八年（六七九）以降は「復命」に代わり「拝朝」「拝朝庭」が使用される。

Ｍ　遣新羅使人等返之拝朝。

（『書紀』天武天皇八年〔六七九〕九月十六日条）

N　遣高麗使人・遣耽羅使人等返之共拝二朝庭一。（同九月二十三日条）

このような「拝朝」の用法は『書紀』では天武紀にしか見られない。編纂時の潤色や統一のための語句の改変があったことは想定し難く(5)、当時の表記の一端を伝えるものと考えられる。この用語の変化について考えるために、『書紀』『続紀』での「拝朝」「拝朝庭」の用例を確認する。その使用される場面は、次の四つに分けられる。

（a）遣外使節の帰国・出発　　先に見た史料M・Nに当たる。他に天武天皇十年（六八一）九月三日条など。『続紀』にも多くみられる。

（b）正月の天皇に対する年頭礼及び元日朝賀　　『書紀』天武天皇四年（六七五）正月二日条を初例として天武紀・持統紀を中心にみられる。『続紀』では霊亀元年（七一五）正月朔・十日条にみえる。

（c）外国使節に関わる儀礼　　『書紀』仁徳天皇十二年八月己酉条・推古天皇十八年（六一〇）十月九日条・皇極天皇元年（六四二）四月八日条など。『続紀』では天平四年（七三二）以降に見られる。

（d）その他　　『書紀』天武天皇十一年（六八二）五月二十七日条では倭漢直等が連姓を賜わったことへの感謝を示す場面で用いられている。

倉林正次氏は、「拝朝」とは本来（d）の「悉参赴之、悦二賜姓一而拝朝」や、（c）の「共起以拝朝」（『書紀』仁徳天皇十二年八月己酉条）のような具体的な拝礼の動作を示すものであったが、その動作が（a）（b）（c）の場面で頻繁に用いられた結果、その儀式自体を示す語句になったと指摘する(6)。これを踏まえた上で（b）の年頭礼に注目したい。これは、後に国家の大儀である元日朝賀となる儀式であり、その淵源は推古朝に求められる(7)。これを「拝朝」と表記するのは『書紀』のなかでは天武紀・持統紀のみであり(8)、それまでは、「賀正」或いは「賀正礼」「元日礼」と表記されている(9)。そして天武天皇八年（六七九）には、年頭の拝礼に関する次のような法令が出されている。

○　詔曰、凡当二正月之節一、諸王諸臣及百寮者、除二兄姉以上親及己氏長一以外、莫レ拝焉。其諸王者、雖レ母

非二王姓一者莫レ拝。凡諸臣亦莫レ拝二卑母一。雖レ非二正月節一、復准レ此。若有レ犯者、随レ事罪レ之。

（『書紀』天武天皇八年正月七日条）

これは、年頭の拝礼を親族と氏長とに制限することで、天皇への拝礼の価値を高め、その意味を確立しようとしたものとされる[10]。年頭礼を「拝朝」と称するのは、このような天武朝の政策を反映したものと推測される。そして、まさにこの時期、遣外使節の帰国にも「拝朝」が用いられている。これは、遣外使節に対しても、天皇がより直接的に関わることを示しているのではないだろうか。

また、この時期には「拝朝」の使用は帰国時に限られ、出発時の「拝朝」が見えない。これは遣外使節に関わる手続きにおいて、一律に天皇の関与を強めたのではないことを示している。天皇が遣外使節からの帰朝報告を受け、直接その状況を把握しようとした、現実の対外関係への対応の中で出てきた措置であったことが推測される[11]。この時期は、新羅が朝鮮半島を統一したものの、高句麗遺民が活動を続け、彼らが日本にも遣使をしている。このような急を告げる朝鮮半島情勢に対応した措置であったことも考えられる。また、推古天皇三十一年（六二三）には大臣の蘇我馬子が帰朝報告を受けていることを考えると（史料Ⅰ）、天武朝に大臣を介する形式を改め、天皇が使人から直接に報告を聞くこととした可能性もあるだろう[12]。

以上、遣外使節の拝朝を検討した。古くから行われていた手続きであるが、これを「拝朝」とするのは、天武天皇八年（六七九）からであり、ここから天皇に対面することを強調した表記が採用された。この使節派遣に必要不可欠な手続きに加え、大宝元年（七〇一）からは遣唐使に対して節刀の賜与が行われる。

（二）賜節刀の検討

節刀は、中国で将軍や使臣に与えられた旌節をモデルにしたもので[13]、日本では遣唐使と将軍にのみ与えられる。

八世紀初頭、遣唐使派遣に際して節刀が特に重要視されていたことは、河内春人氏がその使節構成から明快に論じている[14]。また、そこには大宝律令の成立によって確立した天皇大権を可視化する意義があったことを指摘する[15]。節刀の沿革やその機能についても、すでに北啓太氏が将軍の権能を考察する中で詳しく論じているが[16]、ここでは特に遣唐使の行う一連の手続きのなかで節刀の賜与がどのような役割を果たしているのかについて、賜節刀以外の他の儀式との関係も含め、改めて考えてみたい。

（1）律の検討

『儀式』には、節刀に関する次第文として、「賜遣唐使節刀儀」「遣唐使進節刀儀」「賜将軍節刀儀」「将軍進節刀儀」の四項目が見え、遣唐使と将軍に対する儀式が並置されている。しかし、令文としては軍防令18節刀条に「凡大将出征、皆授二節刀一。辞訖。不レ得三反宿二於家一。（後略）」と将軍への賜与が規定されるのみで、遣唐使への賜与は見えない。しかし養老賊盗律の律疏が遣外使節に触れている[17]。

A　謂。皇華出レ使、黜二陟幽明一。将軍奉レ詔、宣二威殊俗一。皆執二節刀一、取二信天下一。

（養老賊盗律　盗節刀条疏文）

これは、律本文「凡盗二節刀一者徒三年。」の疏に当たる。日本律は永徽律を注釈した「永徽律疏」を下敷きにして編纂され、本文・本注・子注（疏文）がいずれも律文として扱われた[18]。これを本条の元となった唐律と比べてみよう。

B　節者。皇華出レ使、黜二陟幽明一、輶軒奉レ制、宣二威殊俗一。皆執二旌節一、取二信天下一。

（『唐律疏議』賊盗律　盗宮殿門符条　疏議）

これは本文「諸盗二……使節及皇城及京城門符一徒三年。」の「使節」を説明した部分である。ここに、皇帝の勅使が使臣として遣わされ（「皇華、使に出づ」）、官吏の昇進・降格を行う（「幽明を黜陟す」）場合、使者が皇帝の命を伝えて（「輶軒、制を奉ず」）、殊俗に威光を示す（「殊俗に宣威す」）場合は、旌節を執り、確かにその任務についている人物であることを示すとある[19]。ここで唐律の疏文は、様々な使者に与えられる節の説明をしている。日本律はこの箇所を「節刀」の説明に読み替え、唐律の「輶軒奉㆑制」を「将軍奉㆑詔」、「旌節」を「節刀」に改め、その結果、「皇華、使に出でて、幽明を黜陟す。将軍、詔を奉り、殊俗に宣威す。」という、遣外使節と将軍との両者を節刀の賜与対象とする文章にしている。養老律は、ほぼ大宝律を継承していることから[20]、この内容は八世紀初頭に遡るものと考えて差し支えないだろう。それぞれ外交と軍事に関わる遣唐使と将軍のみに節刀を賜与することは、唐律を強引に読み替えた日本律の中で明確に表されている。

（2）賜節刀・進節刀の儀式次第の検討

先に述べたように、貞観十四年（八七二）～十九年頃の成立とされる『儀式』には[21]、遣唐使と将軍の節刀の授与と返進の儀式次第文が残されている。特に将軍については、『儀式』以降の『新儀式』『西宮記』『北山抄』にも次第文が残され、瀧川政次郎氏・北啓太氏・西本昌弘氏・鈴木拓也氏が詳細に論じている[22]。鈴木氏によると、天慶三年（九四〇）に将門の乱鎮圧のため、征東大将軍に任命された藤原忠文に節刀が賜与されたのを最後に、将軍への節刀の賜与はなくなるという。一方、遣唐使は承和度を最後に途絶するので、承和三年（八三六）四月に遣唐大使藤原常嗣に賜与され、帰国後の同年九月に返進されたのが最後の事例となる[23]。遣唐使は将軍に比べて早くに儀式が断絶する。それもあって、遣唐使の賜節刀・返節刀は将軍儀とは異なり、『儀式』以降の儀式書に次第文が残っていない。このような史料の残り方の問題もあって、これまで将軍の節刀の次第が詳細に論じられてきたのに比して、遣唐使の節刀儀は、瀧川氏以降ほとんど考察の対象とされてこなかった。瀧川氏は、将軍の次第に宣命や禄物の記載があるのに対して、遣唐使の次第にそれらがないことを文の略と捉え、将軍の次第と遣唐使の次第をほぼ同一のものと見なして論じる。しかし『儀式』は、遣唐使の次第→将軍の次第という順で次第文を載せているので、前に記載されている次第文を省略し、後の文を参照させることになるが、それは考え難い。また、次第文で省略を行う場合には、「同㆓上条㆒」（『儀式』遣唐使進節刀儀）や「如㆓前儀㆒」（『儀式』十七日観射儀）という表記を付して、参照すべきことが明示される。これらのことを勘案すると遣唐使の次第文は瀧川氏の言うような省略されたものとしてではなく、将軍の次第とは異なるものとして、その相違点に着目して捉えるべきではないだろうか。このような視角から改めて『儀式』を検討する。

賜遣唐使節刀儀

当日早旦、中務省予置二版二枚一。東大使版。西副使版。去五許尺。近衛開二閤門一。訖中務輔一人参入、置二少納言版一。大臣侍二殿上一、喚二舎人一。舎人称唯。少納言代参入就レ版。大臣宣、「召二遣唐大使・副使姓名等一」。少納言称唯、退出喚レ之。使・副使共称唯、参入就レ版。大臣宣「令三侍従一人持二節刀一」。授二大使一。受而拝舞退出。

遣唐使進節刀儀

当日早旦、中務省置二版二枚一。東西同上条。近衛開二閤門一。訖中務輔一人入、置二少納言版一。大臣侍二殿上一、召二舎人一。舎人称唯。少納言代参入就レ版。大臣宣、「喚二遣唐大使・副使姓名一」。少納言称唯、退出、率レ使参入。大使擎二節刀一就レ版。少納言退出。大使申云、「大唐国爾遣志使姓名等奏久賜志節刀進留止奏」。勅二大臣一云、「令レ進」。大臣称唯。「宣久進礼」。大使称唯升置二殿上席上一。掃部預設レ席。退出。少納言賜二節刀一令レ納二所司一。

まず指摘できるのが、将軍儀に比べて、遣唐使儀には語句の使用法に古い要素が残っている点である。賜節刀・進節刀ともにその会場は紫宸殿であるが、将軍の次第文がその南門を「承明門」とするのに対し、遣唐使の次第文はこれを「閤門」と表記する（傍線部ａ）。また、将軍の次第文では「掃部寮」とする部分を、遣唐使の次第文では「掃部」とする（傍線部ｂ）。この「閤門」「掃部」といった表記は弘仁初年にまとめられた『内裏儀式』に見えるもので、弘仁九年（八一八）の唐風門号への改称、弘仁十一年（八二〇）の掃部寮の成立を受けて『内裏式』では改められた箇所に当たる[24]。遣唐使の次第文は『儀式』に収載されながらも、弘仁初年成立の『内裏儀式』段階に遡る要素が強く残っている[25]。

儀式書の編纂過程は現在、以下のように考えられている。弘仁初年にそれまでの諸司の記文等を集成した『内裏儀式』がまとめられ[26]、弘仁十一年に拝舞や再拝などの唐礼導入後の改定された次第を反映させた『内裏式』が編纂された。しかし『内裏式』は、『内裏儀式』にあったすべての編目を網羅しておらず[27]、貞観十四年（八七二）～十九年頃、『内裏式』よりも豊富な編目を持ち、当時の儀式を反映した大部な儀式次第文を有する『儀式』が作られる[28]。現存の『内裏儀式』『内裏式』には節刀に関わる儀式はないものの、『新儀式』『北山抄』に『内裏儀式』賜将軍節刀儀の逸文が見えていることから[29]、賜遣唐使節刀儀等についても『内裏儀式』に存在したと考えられる。儀式書の編纂過程を踏まえると、『儀式』賜遣唐使節刀儀・進遣唐使節刀儀に古い用語が残っているのは、『内裏儀式』次第文にあまり手を加えることなく、『儀式』に収載されたためと考えられる。一方、『儀式』将軍進節刀儀は、『内裏儀式』にはなかった「祓禊」の内容が加えられていることが指摘されており[30]、改訂・増補があったことが確認できる。

『儀式』において賜将軍節刀儀・将軍進節刀儀よりも、賜遣唐使節刀儀・遣唐使進節刀儀が簡略な記載となっているのは、「文の略」ではなく、改訂・増補された『儀式』段階の次第文（将軍儀）と古い『内裏儀式』段階の次第文（遣唐使儀）とを並べているためである。『内裏儀式』は弘仁初年にまとめられるが、それ以前の次第文が集成されたものであって、その元となる次第文の成立自体はさらに遡る。ここに八世紀以前の遣唐使に対する儀式を知る手がかりが残されている。これらを踏まえ、遣唐使の儀式と将軍の儀式とを比較しつつ、さらにその内容を検討する。

『儀式』賜遣唐使節刀儀・遣唐使進節刀儀は、出発時には、大使・副使が大臣に呼ばれて天皇の前に進み出て、侍従から節刀を受け取り、帰国時には、同じく大臣に呼ばれ、大使・副使が参入し、天皇に奏上を行った上で、殿上に節刀を返却する、というごくシンプルなものである[31]。このなかでまず注目したいのは、将軍が天皇の詔によって節刀と共に勅書を受け取るのに対し、遣唐使は節刀のみを受け取る点である（波線部ａ）。これは時期差としてではなく、将軍と遣唐使の出発時の手続きの相違として理解できる。将軍の賜わる勅書は軍事行動に関わる重要なもので、賜節刀の場で渡される[32]。しかし、第一節で見たように、遣唐使への勅書や使旨等の任務遂行上の重要な伝達事項は拝朝の場で行われる。将軍派遣に際して行われる儀式は基本的に賜節刀儀のみで、その場で天皇からの命令を受け、禄を賜わり、すぐに出発しなくてはならない。しかし遣唐使には拝朝があり、賜節刀にすべてを集約する必要はなかったと考えられる。将軍と遣唐使の賜節刀の次第文の相違には拝朝の有無が大きく関係しているのではないだろうか。

また、遣唐使の場合、御衣の賜与が次第文に見えないことも注目される。実例では、宝亀八年（七七七）の遣唐使への賜節刀の際に、大使・副使が「御服」を賜わっているが、そのことが次第文には反映されていない。一方、将軍儀では、『西宮記』所引『内裏儀式』に「侍従一人持二御被一、内蔵寮持二御衣及綵帛一出給之。」とあるように、早くから御衣の賜与が儀式文のなかに含まれていた[33]。おそらく遣唐使については、本来的には賜節刀の場では御衣等の賜与は行われていなかったのであろうが、その後、御衣の賜与が行われるようになっても、遣唐使儀の次第文にはその変更が反映されなかったと考えられる。賜遣唐使節刀儀・遣唐使進節刀儀は『内裏儀式』から『儀式』の間に改訂が加えられなかっただけではなく、すでに『内裏儀式』に収載される以前の段階の改訂も行われていない可能性がある。将軍儀が、延暦年間を中心とする度重なる征夷に伴って、その次第文を増補・改訂していったのに比べて、遣唐使儀は古態を残し続ける。もちろん遣唐使派遣の頻度自体が少ないこともあるだろうが、延暦度・承和度の遣唐使の実施例を踏まえた新たな改訂・増補も見られない。これには、いくつかの可能性が考えられるが、そのひとつとして「賜節刀儀」が早くに形式的なものとなり、その形骸化が進んでいたことが推測される。

ここまで遣唐使の行う「賜節刀・進節刀」について検討した。大宝元年（七〇一）以降は、拝朝に加えて、将軍と遣唐使のみに限って行われる節刀の授受が開始される。次第文を見ると遣唐使儀は、将軍儀に比べてシンプルなものとなっているが、これは単なる省略ではなく、すでに拝朝が整備され、節刀儀のみに派遣に関わる手続きを集約する必要がなかったためと考えられる。また、宝亀六年（七七五）には賜禄（御服）が賜節刀儀のなかで行われているが、次第文にはそれが反映されていないことから、八世紀末には儀式の形骸化が進行していたことが考えられる。

事実、延暦度の遣唐使からは、その出発時に拝朝・賜節刀に加え、新たに「賜餞」が行われる。次節でこの九世紀に新たに見られる儀式を検討する。

第二節　賜餞の開始

（一）賜餞の開催

賜餞に関する史料はそれほど多くないため、まずはそれを列挙する。

A　遣唐大使葛野麿・副使石川道益賜レ餞。宴設之事一依二漢法一。酒酣、上喚二葛野麿於御床下一賜レ酒。天皇歌云、「許能佐気波、於保邇波安良須、多比良可爾、何倍理伎末勢止、伊婆比多流佐気」。葛野麿涕涙如レ雨。侍レ宴群臣無レ不二流涕一。賜二葛野麿御被三領・御衣一襲・金二百両、道益御衣一襲・金一百五十両一。

（『日本紀略』延暦二十二年〔八〇三〕三月二十九日条）

B　是日、召二遣唐大使従四位上藤原朝臣葛野麻呂・副使従五位上石川朝臣道益等両人一、賜二餞殿上一。近召二御床下一。綸旨慇懃。特賜二恩酒一杯・宝琴一面一。酣暢奏レ楽。賜レ物有レ差。

（『日本後紀』延暦二十三年三月二十五日条）

C　天皇御二紫宸殿一。賜二餞入唐大使藤原朝臣常嗣・副使小野朝臣篁等一。命二五位已上一賦下賜二餞入唐使一之題上。于レ時大使常嗣朝臣欲レ上レ寿。先候二進止一、勅許訖。常嗣朝臣避レ座而進。喚二采女一二声。采女擎二御盃一来、授二陪膳采女一。常嗣朝臣跪唱レ平。天皇為レ之挙訖。行酒人進賜二常嗣朝臣酒一。即跪受飲竟。降レ自二南階一、拝舞還レ座。既而群臣献レ詩。別有二御製一。大使賜而入レ懐、退而拝舞。賜二大使御衣一襲・白絹御被二条・砂金二百両、副使御衣一襲・赤絹被二条・砂金百両。各淵酔而罷。

（『続日本後紀』承和三年〔八三六〕四月二十四日条）

D　賜㆓餞入唐大使参議常嗣・副使篁㆒。命㆓五位以上㆒賦㆘春晩陪㆑餞㆓入唐使㆒之題㆖。日暮群臣献㆑詩。副使同亦献㆑之。但大使酔而退出。

（『日本紀略』承和四年三月十一日条）

紫宸殿において、大使・副使とともに五位以上が呼ばれ、天皇の御前で宴会が行われている。漢詩や和歌が作られ、大使・副使は御衣・砂金を賜わる。遣唐使出発前に宴会が行われること自体は、八世紀にも見られるが、天皇の面前において内裏で行われたものは確認できない。例えば、天平勝宝四年（七五二）には、船出のため難波に滞在していた遣唐大使藤原清河に対して、孝謙天皇は勅使を派遣して酒肴を送っている[34]。これに対し、延暦度・承和度の使節に対して行われた宴会は「餞」とされ、天皇出御の上、宮中で行われている。この「餞」は遠方に行く者に対する別れの挨拶を示す。『万葉集』にも、官人同士の個人的な別れの宴で詠まれた餞の歌が残され[35]、このような宴会が広く行われていたことが知られる。しかし天皇自らが臣下のために内裏で「餞」を行う事例は八世紀には見えない[36]。

また、九世紀に入り、遣唐使に対する賜餞が行われるが、それに加えて、地方官が任地に赴くに際して、天皇に謁見して賜餞を行うことが見られる。これが『西宮記』等の平安時代中期以降の儀式書に立項される「帥大弐罷申」「受領罷申」である。遣唐使と地方官は任地に赴く前に天皇に別れを告げるという点で共通している。九世紀に新たに見える地方官への賜餞も含めて検討した上で、遣唐使への賜餞と地方官のそれとの関係を考えたい。

（二）辞見の展開

この遣唐使への賜餞及び地方官の「罷申」の淵源と考えられるのが、儀制令6文武官三位条に見える「辞見」である。『令集解』儀制令所引古記が「退時対面、謂㆓之辞㆒也。還参時対面謂㆓之見㆒也。」と述べるように、使者や地方官が出発（「辞」）・帰還（「見」）に際して、天皇に対面することを指す。意味から言えば、先に見た「拝朝」や「賜節刀」「進節刀」も「辞見」に含まれる。しかし、法制上の「辞見」と実例とは一致していない。まずは、視点を広げて遣外使節・将軍・地方官・使人の出発・帰還時の天皇への謁見の実例を広く確認し、その特徴をつかみたい。

（1）七・八世紀の実例

令制以前の使者と天皇との対面については、詳しい史料は残らないものの、詔を受けて任に赴いたことが『書紀』には見えており、任命と詔を受けることとがほぼ一体化していたと考えられる。例えば大化の東国国司は、「拝二東国等国司一。仍詔二国司等一曰、（後略）」（『書紀』大化元年〔六四五〕八月五日条）と、任命と同時に東国国司詔が出されている。したがって、改めて官人の方から天皇に別辞を述べに行くことはなかったものと推測される。

八世紀以降については、『続紀』等に「辞見」の例が見えている。【表4　辞見・罷申一覧】は、「辞見」「賜餞」「罷申」の見える事例を一覧にしたものである。八世紀には、遣外使節の出発時の儀式を「辞見」と表現しているが、その内実は派遣に必要な外交内容の伝達や賜物の授与を行っていたと考えられ（表4―1・2・4・5・11）、拝朝とその内容は同様のものであったと思われる。[33] また、賜節刀も「辞見」と表している（表4―3・6・8）。将軍の派遣にも「辞見」が用いられており（表4―8）、使命を受けて出立する際の儀式を広く指していたことがわかる。このように八世紀には「辞見」は遣外使節・将軍に関わって表れ、地方官に関わる「辞見」は確認できない。またもう一点指摘できるのが、全ての時期を通じて、「辞見」は、古記の言うところの出発に際して謁見する「辞」のみであり、戻ってきて対面する「見」は見えないことである。八世紀には「辞見」という語句は、遣外使節・将軍や征夷に関わる使の出発の儀式を示すものとして使用される。次にこの「辞見」に関する令規定について確認する。

表4　辞見・罷申一覧

番号	年	西暦	月	日	役職	位階	姓名	史料の表記	出典	備考
1	和銅五	七一二	十	二十八	遣新羅使	従五位下	道首名	「辞見」	続日本紀	
2	養老二	七一八	五	二十三	遣新羅使	正五位下	小野馬養	「辞見」	続日本紀	
3	天平五	七三三	閏三	二十六	遣唐大使	従四位上	多治比広成	「辞見」(賜節刀)	続日本紀	
4	天平十二	七四〇	四	二	遣新羅使	外従五位下	紀必登	「拝辞」	続日本紀	
5	天平十二	七四〇	四	二十	遣渤海使	外従五位下	大伴犬養	「辞見」	続日本紀	
6	宝亀八	七七七	四	十七	遣唐大使	正四位下	佐伯今毛人	「辞見」(賜節刀)	続日本紀	
7	宝亀十	七七九	五	二十五	唐使	―	孫興進	「辞見」	続日本紀	
8	延暦七	七八八	十二	七	征東大将軍	正四位下	紀古佐美	「辞見」(賜節刀)	続日本紀	
9	延暦十一	七九二	閏十一	二十八	征東大使	従四位下	大伴乙麻呂	「辞見」	日本紀略	
10	延暦十二	七九三	二	二十一	征夷副使	従五位上	坂上田村麻呂	「辞見」	日本紀略	
11	延暦十七	七九八	五	十九	遣渤海使	外従五位下	内蔵賀茂	「辞見」	類聚国史193	
12	延暦二十二	八〇三	三	六	造志波城使	従三位	坂上田村麻呂	「辞見」	日本紀略	
13	延暦二十二	八〇三	三	二十九	遣唐大使・副使	従四位上・従五位上	藤原葛野麻呂・石川道益	「餞」	日本紀略	
14	延暦二十二	八〇三	四	二	遣唐大使・副使	従四位上・従五位上	藤原葛野麻呂・石川道益	「辞見」(賜節刀)	日本紀略	
15	延暦二十三	八〇四	三	二十五	遣唐大使・副使	従四位上・従五位上	藤原葛野麻呂・石川道益	「餞」	日本後紀	
16	大同四	八〇九	三	二十三	陸奥出羽按察使	正四位下	藤原緒嗣	「辞見」	日本後紀	
17	弘仁五頃	八一四	―	―	右近衛少将	従五位下	朝野鹿取＊「朝嘉通」	「餞」	凌雲集22	関東を慰撫する使として派遣。
18	天長二	八二五	十二	十九	諸道巡察使	従五位上など	藤原吉野など	「辞見」	日本紀略	
19	天長四	八二七	四	十	大宰大弐	従四位上	朝野鹿取	「餞」	日本紀略	
20	天長五	八二八	二	二十七	鎮東按察使	従四位上	伴国道	「餞」	日本紀略	
21	承和元	八三四	二	十九	伊勢守	従五位上	丹墀清貞	「喚於殿上」	続後紀	

22	承和三	八三六	四	二十四	入唐大使・副使	正四位下・正五位上	藤原常嗣・小野篁	「餞」	続後紀	
23	承和四	八三七	三	十一	入唐大使・副使	正四位下・正五位下	藤原常嗣・小野篁	「餞」	日本紀略	
24	承和十三	八四六	｜	｜	陸奥出羽按察使	従四位下	藤原富士麻呂	「引於清涼殿」	続後紀嘉祥3／2／16	
25	斉衡二	八五五	五	六	大宰大弐	正四位下	正躬王	「拝辞」「餞」	文実	
26	貞観十四	八七二	七	十三	陸奥守	正五位下ヵ	安倍貞行	「拝辞」	三実	
27	貞観十六	八七四	二	十八	大宰権帥	従三位	在原行平	「拝辞」	日本紀略	
28	元慶四	八八〇	六	七	大宰大弐	従四位上	安倍貞行	「辞見」「聊命別酌」	三実	
29	元慶七	八八三	三	八	存問兼領渤海客使	正六位上	大蔵善行・高階茂範	「辞見」	三実	
30	仁和二	八八六	九	四	陸奥守	従四位下	安倍清行	「賜告身」	三実	
31	仁和二	八八六	九	四	肥後守	正五位下	藤原是行	「賜告身」	三実	
32	延喜二	九〇二	十	八	大宰大弐	従四位下	藤原興範	「申罷由」	西宮記	
33	延喜五	九〇五	三	二十七	備中介	未詳	藤原公利	「召階下」	西宮記	
34	延喜六	九〇六	九	二十	播磨介	正五位下	橘澄清	「召階下」	西宮記	
35	延喜七	九〇七	八	一	大宰帥	正四位下	在原友于	「召殿上」	西宮記	西宮記は延喜五年。『公卿補任』により改める。
36	延喜九	九〇九	｜	｜	対馬守	未詳	多治有根	「階下」	西宮記	
37	延喜十	九一〇	五	二十一	鎮守府将軍	未詳	藤原茂永	「階下」	西宮記	
38	延喜十一	九一一	九	二十四	大宰大弐	正四位下	藤原興範	「召殿上給餞」	貞信公記・公卿補任	
39	延喜十四	九一四	｜	｜	鎮守府将軍	未詳	藤原利仁	「奏罷府之由」	侍中群要	
40	延喜十七	九一七	三	二十	河内守	従四位上	源清平	「申罷」	西宮記	
41	延喜十九	九一九	九	二十	陸奥守	未詳	藤原真興	「殿上」	西宮記	
42	延喜二十	九二〇	二	五	越中守	未詳	橘惟親	「申罷由」	西宮記	

43	延喜二十	九二〇	二	五	越後守	未詳	藤原忠紀	「召御前」	西宮記	
44	延長四	九二六	七	十二	筑後守	未詳	藤原行並	「申罷由」	西宮記	
45	承平元	九三一	二	七	大宰大弐	従四位下	源等	「奏赴任」	貞信公記	
46	承平元	九三一	三	二十九	尾張守	未詳	橘秘樹	「申赴任之由」	貞信公記	忠平の私的な餞ともとれる。
47	承平元	九三一	四	二十三	丹後守・三河守	未詳	未詳	「申赴任之由」	貞信公記	忠平の私的な餞ともとれる。
48	承平六	九三六	十一	七	権帥	従三位	橘公頼	「給餞」	公卿補任	
49	天慶二	九三九	四	二十六	出羽介	未詳	保利（姓未詳）	「可罷向」	貞信公記	忠平の私的な餞ともとれる。
50	天慶五	九四二	閏三	十九	若狭守	従五位下	源信明	「申罷由」	西宮記	
51	天慶五	九四二	閏三	十九	大宰大弐	正四位下	源清平	「奏赴任之由」／「召殿上」	西宮記・本朝世紀	
52	天暦元	九四七	正	九	大宰大弐	従四位下	小野好古	「餞」	日本紀略・公卿補任	
53	天暦元	九四七	八	二	豊前守	未詳	橘仲遠	「奏赴任之由」	日本紀略	
54	天暦八	九五四	九	九	大宰大弐	従四位上	藤原元名	「申赴任之由」	西宮記	
55	天徳三	九五九	九	十六	陸奥守	未詳	藤原国紀	「罷申事」	九暦	
56	天徳四	九六〇	九	二十八	大宰大弐	正四位下	小野好古	「申赴任之由」	西宮記	
57	天徳四	九六〇	十二	三	出羽守	未詳	在滋（姓未詳）	「申罷由」	西宮記	
58	応和元	九六一	―	―	上総介	未詳	藤原国幹	「申赴任之由」	侍中群要	
59	応和元	九六一	―	―	阿波守	未詳	源嘉生	「申赴任之由」	侍中群要	
60	応和元	九六一	―	―	丹波守	従五位上	藤原為輔	「召御前」	禁秘抄	
61	応和四	九六四	―	―	伊予守	従四位上	藤原守義	「不召御前」	禁秘抄	
62	康保三	九六六	十	二十	大宰大弐	未詳	藤原佐忠	「申赴任之由」	西宮記	

【凡例】遣外使節・将軍の辞見を含め、「辞見」という表記を持つ事例及び罷申を示す事例を一覧にした。

当時の位階については、当該史料に表記がない場合、『公卿補任』等を参照した。

出典欄について『続日本後紀』は「続後紀」、『日本文徳天皇実録』は「文実」、『日本三代実録』は「三実」と略した。西宮記は臨時　大宰師大弐赴任時・受領赴任時を指す。

（2）儀制令文武官三位条について

E　凡文武官三位以上假使者、去皆奉辞、還皆奉見。其五位以上奉レ勅差レ使者、辞見亦如レ之。即外官三位以上、以レ理去レ任、至レ京者亦奉見。

（儀制令6文武官三位条）

ここでは前半で文武官三位以上が休暇をとるとき、使人として派遣されるとき、また五位以上が勅によって使人として派遣される場合には辞見を行うことが定められている。先に見た遣外使節や将軍の派遣はこの「出使」に該当する。後半では、地方官の三位以上について、任期が終わり、京に戻れば、奉見を行うことが規定されている。令ではこのように規定しているが、八世紀に確認できるのは遣外使節や将軍などの場合のみである[38]。地方官の辞見は、九世紀に入ると見られるが、いずれも任終の「奉見」ではなく、任地に赴く際の「奉辞」であり、この規定とは合致しない。本条は空文に近い規定であり、「辞見」は令文を離れてかなり偏った形で用いられたと言えるだろう。ただ、本条集解所引令釈は「之レ任時、亦奉見。」と述べ、義解も「謂。其赴レ職之時、亦奉辞須レ知也。」としており、注釈書は、任地に赴く際の辞見に言及する。天長四年（八二七）には大宰大弐朝野鹿取が赴任前に紫宸殿で餞を賜った実例が見えるが[39]（表4－19）、天長十年（八三三）成立の義解はこのような例を踏まえているのだろう。さらに、同様の解釈を令釈もとっていることから、実例として史料上には見えていないが延暦十年（七九一）頃には[40]、地方官の辞見が行われ始めていたようである。

（3）九世紀の実例

次に九世紀初頭の辞見の実例を確認する。それまでほぼ遣外使節・将軍・征夷に関わる使に限られていた辞見の対象が広がり始める。

F　是日、東山道観察使正四位下兼行右衛士督陸奥出羽按察使藤原朝臣緒嗣、為レ入二辺任一、辞二見内裏一。召昇二殿上一。令三典侍従五位上永原朝臣子伊太比賜二衣一襲・被等一。

（『後紀』大同四年〔八〇九〕三月二十三日条・表4－16）

緒嗣はこの後、陸奥出羽按察使として現地に赴任する。[41] このとき正四位下であり、令文の「其五位以上奉レ勅差レ使」に合致する。しかしこれ以前に一般の使人に対する辞見が史料上見えないことを考えると、今回の辞見は、大規模軍事行動については区切りが付けられたものの、まだ安定しているとは言い難い東北に派遣されるということで、[42]征夷に関わる使という認識が働き、将軍に近しい待遇がなされた結果かもしれない。この後、さらに辞見を行う範囲は拡大する。

G　諸道巡察使辞二見紫宸殿一。訖即於二東階下一各賜レ禄。

（『日本紀略』天長二年〔八二五〕十二月十九日条・表4−18）

H　御二紫宸殿一賜二鎮西大弐朝野宿禰鹿取餞一。特召二五位已上文人一令レ賦二雑詩一。有二御製一。酒酣、雅楽寮奏二音声一。賜二鹿取御被一。

（『日本紀略』天長四年四月十日条・表4−19）

I　賜二鎮東按察使伴朝臣国道餞一。有二御製一。賜二衣被及雑珍玩物一。

（『日本紀略』天長五年二月二十七日条・表4−20）

史料Hは大宰府に赴任する官人に対して天皇が謁見をした初見史料であり、また地方官に対し、別れの宴会である「餞」が行われた初見史料でもある。九世紀に入ると、大宰帥・大弐や陸奥守などの、遠方に赴任する官人の辞見・餞が見え始める。また、遠方ではない国司が赴任時に天皇に対面することも見え始める（史料4−21）。これは後に「受領罷申」と呼ばれるが、この原型は天長元年（八二四）に成立するという。天長元年八月二十日太政官符（『類聚三代格』七）の「一、択二良吏一事」に、「其新除守介、則特賜二引見一、勧二喩治方一、因加二賞物一。既而政績有レ着、加二増寵爵一、公卿有闕、随即擢用。」とあるが、これは地方支配への良吏の登用を進める政策の一環として、新任の国司の守・介を天皇が引見し、賜物を行うとともに、その場で成果があった場合の昇進を約束することが提案されたものである。ここで定められた天皇の引見が、受領罷申の淵源である。[43] 受領は罷申の場で、部内粛正・貢調や造営を怠らなければ昇進させる、という勅語を受け、帰任後は申文を提出し勧賞を受ける。受領罷申は受領功過の前提となるものである。[44]この天長元年に始まる、赴任前の受領の辞見は地方政治の刷新を意図したものであり、八世紀の遣外使節・将軍等に行われていたものとは、その意図は異なると言える。

ここまでの辞見に関する検討をまとめておく。儀制令6文武官人条は辞見（奉辞・奉見）について規定するが、実態はそれとは異なっており、遣外使節・将軍に対する出発前の儀礼を辞見と呼び、奉辞のみが行われた。九世紀に入ると、それが大宰大弐や陸奥守などの遠方に赴任する地方官を対象とするようになり、さらに天長元年には、後の「受領罷申」の淵源となる、昇進に密接に関わる、守・介の引見が始まる。このような辞見の場において、場合によっては特に「賜餞」が行われる。これは遣唐使の場合と同様である。遣唐使への「餞」の性格を考えるために、次に詳しい儀式次第の残る地方官の辞見、「受領罷申」「大宰帥大弐罷申」を検討する。

（三）大宰帥大弐罷申の性質と賜餞

平安時代中期以降の『新儀式』『西宮記』『北山抄』『江家次第』『侍中群要』等の儀式書には「受領罷申」「大宰帥大弐罷申」という二つの「罷申」が立項されている。「受領罷申」は、一〇世紀以降の地方支配に関わるものとして、寺内浩氏・有富純也氏が検討しているが、[45]「大宰帥大弐罷申」はこれまでほとんど触れられてきていない。八世紀以降の辞見の変化を見るために、大宰帥大弐罷申の性格を明らかにする必要がある。まず、比較的古い『新儀式』（応和三年〔九六三〕以降成立）を取り上げ、[46]次第文から大宰帥大弐罷申と受領罷申の相違を明らかにする。

A　太宰帥并大弐奏㆓赴任由㆒事。

(a)太宰帥并大弐赴任、参入令㆑奏㆓事由㆒。蔵人以奏聞。(b)奉㆑仰召㆓殿上㆒賜㆓酒肴㆒。或不㆑召、只賜㆑禄。或雖㆑召、賜㆓仰并禄㆒、不㆑賜㆓酒肴㆒。

(c)数巡之後、召㆓御前㆒。自㆓右青瑣門㆒参上。候㆓孫廂南第一間㆒北面。即賜㆓仰及禄㆒。御衣一襲。或加㆓賜白褂一領㆒。若於㆓御前㆒賜㆓酒肴㆒。殿上王卿依㆑召参上、勧盃。其儀、御座如㆑常。諸卿座又如㆑常。帥若大弐座、諸卿座西方北面設㆑之。鋪㆓菅円座㆒。賜㆓酒肴㆒。(d)即於㆓南廊壁下㆒拝舞。自㆓仙華門㆒退出。

（『新儀式』巻五　臨時上）

帥・大弐は、（a）蔵人を介して天皇に奏上を行い、（b）天皇の仰せにより、殿上の間に召され、酒肴を賜わる。（c）しばらくして、右青瑣門より清涼殿の孫庇に召され、御前で勅語と禄（御衣）を賜わる。御前で宴会が行われることもあった。（d）帥・大弐は拝舞して退出する。これが儀式の流れであるが、（b）の割注の傍線部にあるように、酒肴を賜わり、勅語と禄を賜わる以外に、①参入することなく禄だけを賜わる、②殿上に召され勅語と禄を賜わるが酒肴はない場合もあり、併せて三つのパターンがあった。次に受領について確認する。

B　諸国受領官奏二赴任由一事。付鎮守府将軍・出羽城介。

（a）諸国受領赴任由、付二蔵人一奏二聞之一。（b）随レ仰垂二御簾一、蔵人叙位年、任二件官一者不二亦垂一レ之。召二御前一。（c）自二仙華門一参入。候二南廊壁下一。伝二宣仰旨一兼賜レ禄。或不レ召二御前一。於二右近腋陣頭一賜レ禄。但陸奥守加二給御衣一。或召二殿上一。自二右青瑣門一参上。其座同二大弐座一。奉レ仰賜レ禄。於二南廊壁下一拝舞。自二仙華門一退出。又鎮守府将軍・出羽介等、雖レ非二受領官一、召二御前一矣。

（『新儀式』巻五　臨時上）

受領は、（a）蔵人を介して天皇に奏上を行い、（b）天皇の仰せにより、御前に召される。（c）仙華門より参入し、勅語と禄を賜わる。受領にも南廊の壁下で勅語と禄を賜わる以外に、参入せず右近腋陣で禄を賜わるパターンもあった。この帥・大弐と受領との相違点のひとつは、その位置である。帥・大弐は清涼殿の孫廂南第一間まで進むが、受領官は仙華門から入って南廊壁下におり、清涼殿の殿舎には上がれない。但し、史料B傍線部では帥大弐と同様に清涼殿まで進んでいるが、これは割注であり殿上受領などの特殊例と考えられる[47]。

もうひとつ重要な相違が宴会の有無である。大宰帥・大弐は殿上の間で酒肴を賜わるとともに、清涼殿で宴会が催される場合が記載されている。しかし、受領にはそのような記載はなく、宴会の開催は基本的になかったようだ。この宴会が「餞」であろう（表4‐25など）。これは遣唐使に対して行われた「餞」と内容・名称ともに一致する。延暦二十二年（八〇三）を初見とする遣唐使に対する餞は、承和四年（八三七）を最後として遣唐使派遣がなくなるため見えなくなるが、大宰帥大弐罷申のなかに継承されているのではないだろうか。

ここで指摘した、太宰帥大弐罷申と受領罷申との相違は、地方官の罷申のうちの、より丁寧なものは大宰帥・大弐に、簡略なものは受領に、という地位の高下に起因するものではなく、質的な相違が存在する。先に述べたように受領罷申は、天長元年に地方行政刷新策のひとつとして開始されたもので、その功過と結びついている。そこで重要なのは、天皇との間に交わされる、昇進を約束する勅語である（Bでは「伝二宣仰旨一」）。帥・大弐も勅語を賜わるが、その勅語の内容は不明である。『権記』『親信卿記』等の比較的詳しく当日の様子を書きとめている古記録でも、「被レ仰下雑事并賜二加階一之由上」程度にしか、勅語が示されていない[48]。また、比較的詳しい儀式文を記す『江家次第』帥若大弐赴任事ですら「随時不レ同、多是可レ慎二不虞一、興二復管内一、随レ勤可レ賞由歟。」とするのみで、受領に比べると明確ではない[49]。帥・大弐は、受領罷申成立以前から行われていた、遠方に赴任する地方官の「辞見」を継承したものであり、儀式の重点は天皇と対面すること、そして餞に於いて酒肴を賜わる点にあったと言える。

では、なぜ帥・大弐に、このような要素が出て来るのだろうか。儀制令6文武官三位以上条の「外官三位以上」の規定を官位相当に当てはめると、大宰帥が該当するので、この規定に淵源を求めることも不可能ではない。ただ、九世紀からの実例を見ると辞見の際に「餞」を賜わっているのは、大宰大弐が最も多く、他に陸奥出羽按察使・陸奥守などがみられる。いずれも都から遠く離れた辺境地帯である。これは、天皇の命を奉じ、任務のため遠地に赴く官人に、禄に加えて宴会という形で恩寵を示したものといえる。延暦度の遣唐使から新たに見られる遣唐使への餞もこれと同様の意味を持つものであろう。拝朝・賜節刀に加えて九世紀に入り新たに遣唐使の手続きのひとつに加えられる「賜餞」は、大宰府や鎮守府などの遠方に赴任する官人への手続きへと継承され、それがさらに大宰帥大弐罷申として定着する。

おわりに

拝朝・賜節刀・賜餞といった遣外使節が出発・帰国に際して行う手続きについて広く検討した。論点が多岐にわたったこともあり、論じ残したことも多いが、さしあたり、ここで得られた結論をまとめると以下の通りである。

①遣外使節の拝朝では、出発時には使旨・賜物を授けられ、帰国時に帰朝報告が行われる。このような手続きは普遍的に見られるが、天皇に直接対面するという側面を強調して「拝朝」という表記を宛てることは、天武天皇八年（六七九）に始まる。これはこの時期に、遣外使節に関わる手続きが特に天皇への報告を重視する形で整備されたことを示す。

②大宝元年（七〇一）以降、遣唐使の派遣に際して節刀の賜与が行われる。拝朝を前提とした儀式であり、同じく節刀を賜わる将軍のそれと比べると非常に簡略である。それに加え、『内裏儀式』の段階で、すでに実例を反映させた改訂が行われていない可能性が高い。儀式の重点は延暦度の遣唐使以降、新たに行われる餞に移っていた可能性が考えられる。

③平安時代中期以降に見られる地方官の「罷申」は、儀制令6文官三位以上条に見られる辞見を前提としており、実例としては大同四年（八〇九）から見える。しかし令の注釈書の記載から、延暦頃から行われていた可能性がある。辞見は八世紀には遣外使節・将軍の拝朝・賜節刀と同義で用いられているが、これが大宰大弐や陸奥守などの遠方へ赴任する地方官に対して行われるようになる。これは天長元年から開始される受領の辞見とは異なり、「餞」を伴い、延暦度の遣唐使から始まる使節への賜餞を継承するものである。

遣唐使の出発・帰国の手続きは、基本となる「拝朝」と並んで、「節刀」「餞」と、新しい要素が付加され、重層化していく。特に平安時代に入ってから現れる「餞」は、官人間で行われていた個人的な別れの宴会を、外交という特殊な場において天皇の儀礼として取り込むことで、より親密な君臣関係を表そうとしたものと評価できる。遣外使節派遣において、「拝朝」や「賜節刀」といった、遣使そのものに関わる儀礼とともに、天皇と使人との君臣関係が強調されている。延暦度以降、遣唐使の重要性が低下することが指摘されているが[50]、彼らに対する儀礼からも、そのことが窺える。また、遣唐使に始まった餞は、形を変えて、遠方に赴任する地方官に継承される。厳密には大宰府・鎮守府に赴任する官人の性格やその会場の比定も含めて検討する必要があるが、これは外交という特殊な場で生じたものが、他にも影響を与えた事例と位置づけられるだろう。

（1）　枚挙に遑がないが、特に政治的役割を論じたものとして、山尾幸久「遣唐使」（『東アジア世界における日本古代史講座』六　日本律令国家と東アジア　学生社、一九八二年）、包括的にその意義を論じた研究として、森克己『遣唐使』増補版（至文堂、一九六六年）、東野治之『遣唐使』（岩波書店、二〇〇七年）、森公章『遣唐使と古代日本の対外政策』（吉川弘文館、二〇〇八年）、榎本淳一「遣唐使の役割と変質」（『岩波講座日本歴史』三　古代三、岩波書店、二〇一四年）などがある。また本章で用いる遣唐使の呼び方は森公章氏の整理にしたがっている。

（2）　古瀬奈津子『遣唐使の見た中国』吉川弘文館、二〇〇三年、森公章「遣唐使が見た唐の賓礼」（同氏前掲書、初出二〇〇三年）、廣瀬憲雄「倭国・日本の隋使・唐使に対する外交儀礼」（同『東アジアの国際秩序と古代日本』吉川弘文館、二〇一一年、初出二〇〇五年）。

（3）　瀧川政次郎「節刀考」（『政経論叢』五―一、一九五六年）。また青木和夫『奈良の都』日本の歴史三（中央公論社、一九六五年）四〇〇～四二三頁・四三七～四三九頁では、宝亀度の遣唐使の出発・帰国を含めた行動を詳しく時系列で追っており参照した。

（4）　諸橋轍次『大漢和辞典』によると、「復命」は使命を受けてした事の結果を報告すること、「服命」は天子から賜った位とその位の者の着る服であり、異なる意味となる。『漢語大詞典』も同様に「復命」を「完成使命后回報状況。」、「服命」を「章服与命数。指天子所賜之爵禄服飾。」とする。しかし、『日本書紀』兼右本・図書寮本では「服命」に「カヘリコトマウス」と訓をふっている点、当該条は兼右本傍書では「復命」としている点から、『書紀』では「服命」も「復命」と同じ意味で用いられていると考える。

(5) なお、『日本書紀』の音韻論では天武紀（二八・二九巻）はβ郡とされる（森博達『日本書紀の謎を解く――述作者は誰か――』中央公論新社、一九九九年）。

(6) 倉林正次「正月儀礼の成立」（『饗宴の研究――儀礼篇――』桜楓社、一九六五年）。

(7) 倉林氏前掲論文、黒須利夫「大儀の系譜――律令国家の威儀をめぐる一考察――」（『歴史人類』二四、一九九六年）。

(8) 倉林氏註（6）論文、西本昌弘「元日朝賀の成立と孝徳朝難波宮」（同『日本古代の王宮と儀礼』塙書房、二〇〇八年、初出一九九八年）。

(9) 『書紀』大化二年（六四六）・同四年・同五年・白雉元年（六五〇）・白雉三年の正月朔条。

(10) 喜田新六「王朝の儀式の源流とその意義」（同『令制下における君臣上下の秩序について』皇學館大学出版部、一九七二年、初出一九五五年）、大隅清陽「儀制令と律令国家――古代国家の支配秩序――」（同『律令官制と礼秩序の研究』吉川弘文館、二〇一一年、初出一九九二年）。

(11) 鈴木靖民「百済救援の役後の百済使・高句麗使」（同『古代日本の東アジア交流史』勉誠出版、二〇一六年、初出一九六八年）。

(12) ただ、倉本一宏「律令制成立期の「皇親政治」」（同『日本古代国家成立期の政権構造』吉川弘文館、一九九七年、初出一九九三年）によると、この時期は天武天皇と親王を中心とした政治体制がとられており、大臣のような存在はいなかったという。

(13) 瀧川氏註（3）論文。

(14) 河内春人「律令制下における遣唐使の組織構成」（同『東アジア交流史のなかの遣唐使』汲古書院、二〇一三年）。

(15) 河内春人「大宝律令の成立と遣唐使派遣」（同『日本古代君主号の研究――倭国王・天子・天皇』八木書店、二〇一五年、初出一九九六年）。

(16) 北啓太「律令国家における将軍について」（笹山晴生先生還暦記念会編『日本律令制論集』上　吉川弘文館、一九九三年）。

(17) 瀧川氏註（3）論文。

(18) 高塩博「律」（皆川完一・山本信吉編『国史大系書目解題』下　吉川弘文館、二〇〇一年）。

(19) 律令研究会編『訳註日本律令』七（東京堂出版、一九八七年）一六九頁では「節ナル者ハ、皇華使ヲ出ダザバ、幽明ニ黜陟シ、輶軒制ヲ奉ジ、威ヲ殊俗ニ宣スルハ、皆旌節ヲ執リ、信ヲ天下ニ取ル。」と四言×三句の対句として訳しているが、意味をとり難い。

(20) 高塩氏註（18）論文。

(21) 所功「『儀式』の成立」（同『平安朝儀式書成立史の研究』国書刊行会、一九八五年、初出一九七七年）。

(22) 瀧川氏註（3）論文、北氏註（16）論文、西本昌弘「『内裏式』逸文の批判的検討」（同『日本古代儀礼成立史の研究』塙書房、一九九七年、初出一九九三年）、鈴木拓也「古代における将軍の展開と変質――天慶の征東大将軍藤原忠文をめぐって――」（『ヒストリア』二一八、二〇〇九年）。

(23) 『続日本後紀』承和三年四月二十九日条・同九月十五日条。

(24) 大西孝子「『内裏式』の書誌的考察」（『皇學館論叢』五―三、一九七二年）。

(25) 他に版位の設置方法にも古い要素が見える。

(a)当日早旦、中務省予置㆓版二枚㆒。東大使版。西副使版。去五許尺。近衛開㆓閤門㆒。訖(b)中務輔一人参入、置㆓少納言版㆒。（賜遣唐使節刀儀）

版位の設置が（a）の開門前と（b）の開門後の二回に分かれている。『北山抄』譲位事で藤原公任が「然而制㆓内裏式㆒之後、預前置㆑之」と述べているように、開門前に版位を置くのは『内裏式』以降の作法であり、開門後に版位を設置するのが『内裏儀式』に見られる古い形態である（西本氏註（22）論文）。おそらく（a）の事前に版位を置く部分は後から増補されたものであり、（b）に本来の次第文が残されているのだろう。

(26) 所功「『内裏式』の成立」（註〔21〕書、初出一九八四年）、西本昌弘「儀式記文と外記日記」（註〔22〕書、初出一九八七年）。

(27) 西本昌弘「古礼からみた『内裏儀式』の成立」（註〔22〕書、初出一九八七年）、同氏註（22）論文。

(28) 所氏註（21）論文。

(29) 西本氏註（22）論文。

(30) 鈴木氏註（22）論文。

(31) ただ大臣が関与する点については、磐下徹「郡司読奏考――郡司と天皇制――」（同『日本古代の郡司と天皇』吉川弘文館、二〇一六年、初出二〇〇七年）が、郡司読奏・御体御卜・進節刀奏のみが諸司奏の形をとりながらも太政官が関与していることを指摘し、天皇大権や国家的政務に影響を及ぼす内容を扱う奏上であるとしている。

(32) 北氏註（16）論文。

(33) なお、将軍が賜節刀に際して御衣を賜わることは、『続紀』延暦七年（七八八）十二月七日条に「因賜二御衣一領、采帛卅疋・綿三百屯一」と見えるのが史料上に表れた初例である。また『儀式』では該当箇処について「侍従一人持二御衾一、内蔵寮持二御衣及采帛并綿等一相続賜之」とする。『西宮記』所引『内裏儀式』の後ろ三字「出給之」は「并綿等」の誤字の可能性がある。

(34) 『万葉集』四二六四「勅従四位上高麗朝臣福信遣二於難波一、賜二酒肴入唐使藤原朝臣清河等一御歌一首并短歌」。

(35) 『万葉集』四二六二「閏三月、於二衛門督大伴古慈悲宿禰家一、餞二之入唐副使同胡麻呂宿禰等一歌二首」など。

(36) 有富純也「摂関期の地方支配理念と天皇――祥瑞・勧農・受領罷申――」（同『日本古代国家と支配理念』東京大学出版会、二〇〇九年、初出二〇〇七年）は、『万葉集』九七三「天皇賜二酒節度使卿等一御歌一首并短歌」の存在から、天平四年（七三二）に、使に対する宴会があったことを指摘するが、註（34）に挙げた孝謙天皇の事例のような、勅使派遣の際に詠まれた歌の可能性もある。

(37) 他に征東使に対する辞見が表4-9・10・12に見える。

(38) これに対応する唐儀制令（唐開元七年令）が『大唐六典』九　中書省　通事舎人から復元されている（『唐令拾遺補』六五五頁）。傍点は日本令と相違する字句を示す。

諸京官文武職事五品已上假使、去皆奉辞、来皆奉見。其六品已下奉レ勅差レ使亦如レ之。外官五品已上假使、至レ京及経レ京過、若新授及駕行在三百里内過、並聴二辞見一。

前半は日本令とほぼ合致するが、その対象範囲が異なっている。後半は地方官が任期中の假使により京に来た場合の辞見について定める。日本令ではこの部分で、地方官の任終の奉見について規定しており大きく異なっている。これが、日本令での改変か、大宝令の藍本である永徽令と開元七年令との相違によるものかは筆者には判断し難い。

(39) 『日本紀略』天長四年（八二七）四月十日条。

(40) 井上光貞「日本律令の成立とその注釈書」（同他校注『日本思想大系　律令』岩波書店、一九七六年）。

(41) 鷺森浩幸「藤原緒嗣の辞職上表」（同『天皇と貴族の古代政治史』塙書房、二〇一八年、初出二〇一一年）。

(42) 鈴木拓也『蝦夷と東北戦争』戦争の日本史三　吉川弘文館、二〇〇八年。

(43) 佐藤泰弘「受領の成立」（吉川真司編『平安京』日本の時代史五　吉川弘文館、二〇〇二年）。

(44) 寺内浩「受領考課制度の成立」（同『受領制の研究』塙書房、二〇〇四年、初出一九九二年）。

(45) 寺内氏前掲論文、有富氏註(36)論文。

(46) 有富氏註(36)論文が、『侍中群要』当該部分は、「天暦蔵人式」の逸文を含み、同時期にできた『新儀式』とほぼ同文を持つことを指摘している。

(47) 加藤友康「摂関時代の地方政治——受領たちのネットワークを媒介として考える——」(『中央史学』三一、二〇〇八年)。

(48) 『西宮記』八所引『権記』長徳二年(九九六)八月二日条。

(49) 天皇から受領に対する勅語は、『北山抄』吏途指南　罷申事に「令レ仰二随レ勤可レ賞之由一、或被レ仰下任国案内、并可レ令二興復一之状上。或人云、其仰詞云、増之爵給牟……」とある。

(50) 森公章「遣唐使と唐文化の移入」(註〔1〕書、初出二〇〇八年)。

第五章　日本古代における外国使節入京儀礼――「郊労儀」の再検討――

はじめに

日本古代の外交儀礼は、唐の「賓礼」との関係が田島公氏によって指摘されて以降[1]、研究が大きく進展した。田島氏は、来朝した外国使節に対して行われる、外交意志の伝達・宴会などの儀礼が唐の「賓礼」に基づくものであると指摘し、主に平安時代の事例から外交儀礼全体の構造を明らかにされた。本章では外国使節に対する一連の外交儀礼の一要素である、日本に来朝した外国使節を入京前に出迎える儀礼――先行研究では「郊労儀」とされる――を取り上げる。

この儀礼については、早くに瀧川政次郎氏が都城制との関わりから言及されている[2]。この成果を私見によって整理すると、（A）推古朝に行われた海石榴市での騎馬での出迎え　（B）飛鳥・奈良時代に見られる大規模な騎馬での出迎え　（C）平安時代以降に行われる山科・山崎での郊労、という三つの段階に分けられる。これらを瀧川氏は入京時の儀礼という視点から一連のものとして論じ、また（C）については唐礼を受容したものと指摘した。田島公氏・浜田久美子氏も日本の「賓礼」について述べるなかで、この儀礼に触れ、主に（C）の段階に言及し、これを唐の「賓礼」を導入したものと位置づけ、結果として瀧川氏の見解を継承する[3]。さらに、浜田氏は『大唐開元礼』（以下、『開元礼』と略す）「蕃主来朝遣使迎労」の儀や遣唐使の帰朝報告に見られるような唐の郊労儀礼を受容した結果、（C）が成立したと指摘されている。しかし、これらの議論では奈良時代に行われた実例の一部が見過ごされている。また、平安時代の実例が、唐礼を直接に受容したかどうかも再考の余地がある。

本章では、先行研究が明らかにした外交儀礼の構造を踏まえた上で、飛鳥から平安時代におけるこの儀礼の変化を追いかけ、外交儀礼の受容がどのように進行したのかを検討する。外交儀礼全体の変化も重要であるが、入京時の儀礼のみを詳細に見ることで、古代日本の儀礼受容が様々な制約を受けていた、その具体相を明らかにする。

また「郊労」という儀礼の名称が使用されるのは平安時代以降であり、この名称が固定したことにも意義を認めるので、本稿では外国使節の入京に際し、出迎えを行う儀礼を「入京儀礼」と呼んで検討する。

第一節　唐における入京儀礼

最初に日本の儀礼受容のもととなった、唐での入京儀礼について見ておこう。先行研究において入京儀礼の儀式文とされている[4]、『開元礼』七九「蕃主来朝遣使迎労」で儀式次第を確認する。

この儀礼の場は、儀式文では京内の客館を想定しているが、京外の駅館で行われている実例がいくつかある。これについては石見清裕氏の、儀式文は京内の客館としているが、割注に「労二於遠郊一、其礼同。」とあり、遠郊＝駅館での場合にも応用されるという見解に従う[5]。また、この儀礼の主な目的は、皇帝からの制を伝え、幣を蕃主に渡すことにある。儀式文で言えば、

使者先升立二於西階上一。執二束帛一者、従升立二於使者之北一倶東面。蕃主升立二於東階上一西面。使者執レ幣称レ有レ制。蕃主将二下拝一。使者曰、「有二後制一無二下拝一」。蕃主旋北面、再拝稽首。使者先宣制。訖蕃主進受レ幣。

の部分に当たる。儀式文全体は他国の王（蕃主）に対するものとして記述されているが、使節（蕃使）の場合、幣はなく、皇帝からの制の伝達のみが行われることが、「労二蕃使一、即無二束帛一。」と注記されている[6]。『開元礼』

では①会場は京内の客館、あるいは駅館で行うことも想定し、②使節に対しては、皇帝の制を伝え、来朝をねぎらうことを主要な目的とした儀礼であったことがわかる。

次に実例を見る。『旧唐書』『新唐書』『冊府元亀』から唐で行われた入京儀礼に関わる記事を取り上げ、それに、『続日本紀』『日本後紀』などの日本の史料に残る、日本の遣唐使が受けた入京儀礼に関わる記事を加えて作成したのが、【表1　唐における入京儀礼の実例】である。このうち1は都護府へ中央からの使者が派遣された事例、2は東北部の柳城（現在の遼寧省朝陽市か）(7)に、尚書兵部の職方郎中が派遣された事例であり、また9は節度使が皇帝の使者を迎えている事例である。「迎労」「郊労」という語句が用いられているが、これらは使節のための入京儀礼ではない。しかし、いずれも外交に関わる事例であるので、参考のために掲げている。日本の遣唐使が受けた入京儀礼記事（⑥・⑧・⑩・⑪）からは、中国史料よりも具体的に儀礼の様子を知ることができる。日本の遣唐使に対して、皇帝の使が長楽駅まで来て、勅を宣し、良馬を与えている。また、7の事例は廻紇に対し、百官が長楽駅で迎えている。これは通常よりも丁寧な礼がとられたイレギュラーな事例と考えられるが、長楽駅が儀礼の場であったことがわかる。

特に中国史料では、通常と異なる事例が記録され残されているため、入京儀礼の一般的な姿を抽出することは難しい。日本の遣唐使の事例も含めた上で、実例をみると、『開元礼』にはない要素として、馬の賜与、酒脯を伴う宴会が見える。しかし皇帝の勅（制）が存在すること、⑥以降は長楽駅を使用していることから、八世紀には『開元礼』儀式文に沿った形で入京儀礼が行われていると言える。また、⑩・⑪などの事例を見る限り、八世紀以降も、唐においてこの儀礼に大きな変化はなかったようである。(8)

表1　唐における入京儀礼の実例

no	年	本文	出典
1	不明＊聖暦頃か（六九八～九）	及三黙啜将レ至二単于都護府一、乃令三帰道摂二司賓卿一迎労之。	『旧唐書』一八五上　田帰道
2	貞観十四年（六四〇）	十二月乙卯、高麗長子桓権来朝。遣二職方郎中陳大徳一迎二労於柳城一。	『冊府元亀』九七四外臣部褒異
3	貞観二十二年（六四八）	十二月、新羅国其相伊賛於金春秋及其子文王一来朝。帝遣二光禄卿柳亨一持節郊労之。既至以二春秋一為二特進一、文王為二左武衛将軍一。春秋仍請下改二其章服一、以従中中華製上。於是内出二珍服一、賜二春秋等一、令三府給二其将従一。	『冊府元亀』九七四外臣部褒異
4	聖暦二年（六九九） ※5と同事例	発レ使召二欽陵・賛婆等一。欽陵挙レ兵、不レ受レ召。賛婆自帥レ衆討之。欽陵未レ戦而潰、遂自殺。其親信左右同日自殺者、百余人。賛婆率二所部千余人及其兄子莽布支等一来降。則天遣二羽林飛騎一、郊外迎之。授二賛婆輔国大将軍行右衛大將軍一、封二帰徳郡王一。優賜甚厚。	『旧唐書』一九六上　吐蕃
5	聖暦二年（六九九） ※4と同事例。	則天聖暦二年十月、吐蕃首領賛婆至、遣二羽林飛騎一郊外迎之。庚戌、宴二賛婆於武威殿一、極歓而罷。	『冊府元亀』九七四外臣部褒異
⑥	大足元年（七〇一）	往時、遣唐使粟田朝臣真人等、発レ従二楚州一到二長楽駅一、五品舎人宣レ勅労問。此時未レ見二拝謝之礼一。	『続日本紀』宝亀十年四月二十一日条
7	至徳二年（七五七）	十一月廻紇葉護自二東京一至。勅二百官一於二長楽駅一迎之。帝御二宣政殿一宴設、葉護升殿。其余酋長列二於階下一、賜錦綉・繒綵・金器・銀物甚衆。葉護辞帰。	『冊府元亀』九七三外臣部助国討伐
⑧	大暦十三年（七七八）	正月十三日到二長安一。即遣二内使趙宝英一、将レ馬迎接、安二置外宅一。	『続日本紀』宝亀九年十一月十三日条
9	貞元四年（七八八）	貞元四年、与レ奚共寇二振武一。節度使唐朝臣方郊二労天子使者一、驚而走レ軍。室韋執詔使、大殺掠而去。明年使者来謝。	『新唐書』二一九　室韋
⑩	貞元二十年（八〇四）	十二月廿一日到二上都長楽駅一宿。廿三日、内使趙忠将二飛龍家細馬廿三四一迎来。兼持二酒脯一宣慰。駕即入二京城一、於二外宅一安置供給。	『日本後紀』延暦二十四年六月八日条
⑪	開成四年（八三九）	（二月二十一日）（中略）到二長楽駅一、勅使迎来、伝陳二詔問一、使到二礼賓院一、兼朝拝畢。	『入唐求法巡礼行記』

※囲み数字は日本の遣唐使についての記事を示す。

第二節　日本における入京儀礼

（一）七世紀の事例

次に唐の儀礼との共通点、相違点に留意しつつ、日本の入京儀礼の変遷を追う。

七世紀における入京儀礼の実例は推古朝の二例のみである。[9] 推古天皇十六年（六〇七）に隋使裴世清を海石榴市で迎えたのが初例である（【表2　日本における入京儀礼の実例】参照）。[10] この入京儀礼が行われたのは、このとき初めて外国使節への儀礼が大王の宮で執り行われたためである。それまで外国使節は難波に滞在するので、入京のための（ここでは飛鳥に入るための）儀礼を行う必要がなかった。このときは、船で大和川水系を遡り、海石榴市付近まで到達し、その後、陸路をとるので、ここで馬が必要となる。[11] 隋使に対してより荘厳な儀礼を行うという側面はもちろんあったと思われるが、駅制の整備以前に当たるので、[12] 移動手段としての馬をもたらすという物理的な必要もあっただろう。また「以告二礼辞一」（『日本書紀』）とあることから、天皇からのねぎらいの言葉かどうかは不明であるが、なにかしらの言葉が伝達されている。この二年後の推古天皇十八年（六〇八）には新羅使・任那使に対して、隋使と同様の馬での出迎えを行い、阿斗河辺館まで送っている（表2-2）。

他にも七世紀には外国使節の入京した例が、その可能性のあるものも含めて、舒明朝の三例、皇極朝の二例、孝徳朝の一例、斉明朝の一例、天武朝の三例、と何例かあるが、[13] 入京儀礼については未詳である。推古朝の二例からのみであるが、この時期には以降に比べて物理的に馬をもたらす必要があったこと、儀礼の場所が海石榴市であったことの二点が確認される。

表2　日本における入京儀礼の実例

no	年（西暦）月日	記事	出典
1	推古天皇十六年（六〇八）八月三日	唐客入京。是日、遣二飾騎七十五匹一。而迎二唐客於海石榴市衢一、額田部連比羅夫以告二礼辞一焉。	『日本書紀』
		後十日、又遣二大礼哥多毘一従二二百余騎一郊労、既至二彼都一。	『隋書』八一倭国
2	推古天皇十八年（六一〇）十月八日	新羅・任那使人臻二於京一。是日、命二額田部連比羅夫一、為下迎二新羅客一荘馬之長上。以二膳臣大伴一為下迎二任那客一荘馬之長上。即安二置阿斗河辺館一。	『日本書紀』
3	慶雲二年（七〇五）十一月十三日	徴二発諸国騎兵一。為レ迎二新羅使一也。以二正五位上紀朝臣古麻呂一為二騎兵大将軍一。	『続日本紀』
	慶雲三年（七〇六）正月朔	天皇御二大極殿一受レ朝。新羅使金儒吉等在レ列。朝廷儀衛有レ異二於常一。	『続日本紀』
4	和銅七年（七一四）十一月十一日	新羅国遣二重阿飡金元静等廿余人一朝貢。差二発畿内七道騎兵合九百九十一。為レ擬二入朝儀衛一也。	『続日本紀』
	和銅七年（七一四）十二月二十六日	新羅使入京。遣下従六位下布勢朝臣人・正七位上大野朝臣東人一率二騎兵一百七十一迎中於三椅上。	『続日本紀』
5	天平勝宝四年（七五二）	又新羅朝貢使王子泰廉入京之日、官使宣命、賜以二迎馬一。客徒斂レ轡、馬上答謝。	『続日本紀』宝亀十年四月二十一日条
6	天平勝宝六年（七五四）二月四日	入京。勅遣下正四位下安宿王於二羅城門外一迎拜慰労上。	『唐大和上東征伝』
		至二平凉駅一、略歇息少時入レ京、勅使遣二安宿王正四品於南閶門一慰二労衆僧一。勅令レ請レ住二於東大寺一安置。有二京城僧徒及官僚文者等一、於二南閶門一相迎同送引二和東大寺一。	『東大寺要録』四所引大和尚伝
7	宝亀十年（七七九）以前	又、新羅朝貢使王子泰廉入京之日、官使宣命、賜以二迎馬一。客徒斂レ轡、馬上答謝。但渤海国使、皆悉下馬、再拝舞踏。	『続日本紀』宝亀十年四月二十一日条
8	宝亀九年（七七八）十二月十五日	仰二左右京一差下発六位已下子孫堪二騎兵一者八百人上。為二唐客入朝一也。	『続日本紀』
	宝亀九年（七七八）十二月二十六日	仰二陸奥出羽一追二蝦夷廿人一。為レ擬二唐客拝朝儀衛一也。	『続日本紀』
	宝亀十年（七七九）四月三十日	唐客入京。将軍等率二騎兵二百・蝦夷廿人一迎二接於京城門外三橋一。	『続日本紀』

9	承和九年（八四二）三月二十七日	渤海客徒賀福延等発レ自二河陽一入二于京師一。遣下式部少輔従五位下藤原朝臣諸成一為中郊労使上。是夕、於二鴻臚館一安置供給。	『続日本後紀』
10	嘉祥二年（八四九）四月二十八日	領客使等引二渤海国使王文矩等一入京。遣下勅使左近衛少将従五位下良岑朝臣宗貞一慰労、安中置鴻臚館上。（後略）	『続日本後紀』
11	貞観十四年（八七二）五月十五日	勅遣下従五位上守右近衛少将藤原朝臣山陰一、到二山城国宇治郡山科村一郊中迎労渤海客上。領客使大春日朝臣安守等与二郊労使一共引二渤海国入覲大使政堂省左允正四品慰軍上鎮将軍賜紫金魚袋楊成規・副使右猛賁衛少将正五品賜紫金魚袋李興晟等廿人一入京、安二置鴻臚館一。	『日本三代実録』
12	元慶七年（八八三）四月二十八日	勅遣下右近衛少将正五位下平朝臣正範一、到二山城国宇治郡山階野辺一、郊中労渤海客上。領客使少外記大蔵善行等、引二客徒一入二鴻臚館一。	『日本三代実録』

（二）藤原京成立以降

（1）大規模騎兵を伴う入京儀礼

次に入京儀礼がみられるのは、慶雲二年（七〇五）である（表2-3）。ここで諸国の騎兵を徴発しているが、これは入京までの路次の逓送に関わるものも含まれていると思われる。[14]また、このときの儀礼の場所は不明である。後で述べるように、平城京では入京儀礼が羅城門外で行われていた。しかし藤原京はその地形から見て、朱雀大路の南端に羅城門はなかったとされる。[15]儀礼の場は、京外のどこか、おそらくは海石榴市で行ったのであろう。

和銅七年（七一四）には平城京への入京に際し、騎兵一七〇人を率い京城門外の三椅で新羅使を迎えている（表2-4）。[16]このような大勢の騎兵の動員は、宝亀十年（七七九）の唐使・新羅使の来朝に際して行われたのを最後として史料上に現れなくなる（表2-8）。騎兵を伴う入京儀礼については、鈴木靖民氏が「その意義は（中略）大がかりな入朝儀衛をすることにあり、朝賀の儀ともども日本が唐と同様に国威を誇り、四方の蕃夷に優越した一帝国としての姿をまさに体現することにあったのであろう」と述べている。[17]羅城門外で騎兵を率いて外国使節を迎える意義はまさに鈴木氏の述べるような、使節に対する示威行為にあったのであろう。隼人や蝦夷が入朝し、元日朝賀に参加する場合にも、騎兵が使用されており、ここからも武力を誇示しようとする朝廷側の意図が窺える。また、広く騎兵の徴発の事例を見ると、外国使節・蝦夷・隼人の入京以外では、天皇の行幸や東北での戦争の際に限られている。[18]やはり特別な措置であったと言えよう。

（2）和銅七年以降の入京儀礼

藤原京・平城京の時期の新羅使の入京は、『続日本紀』（以下、『続紀』と略す。）から、一〇例（平城京遷都以降は五例）が確認できる。[19]しかし、それらの使節の入京儀礼が、記事となっているのは慶雲二年（七〇六）・和銅七年（七一四）の二例のみである（表2-3・4）。渤海使は、神亀四年（七二七）に初めて来朝して以来、平城京には九度入京しているが、[20]入京儀礼の記事は『続紀』に見えない。和銅七年（七一四）の新羅使に対する儀礼以後、入京儀礼の記事が立てられるのは、宝亀十年（七七九）の唐使来朝であり、約六〇年も間隔が空く。この間の入京儀礼の様子を窺えるのが、『続紀』宝亀十年四月二十一日条に挙げられている先例である。この記事は、大宰府に到着した唐使を京まで連れてくる領客使が、中央に問い合わせた内容を載せている。

又新羅朝貢使王子泰廉入京之日、官使宣命、賜以二迎馬一。客徒斂レ轡、馬上答謝。但渤海国使、皆悉下馬、再拝舞踏。今領二唐客一、准二拠何例一者。（後略）

天平勝宝四年（七五二）に来朝した新羅王子に対し、入京の日に、官使が宣命を読み、迎馬を賜わったことが記されている。また同様の儀礼が渤海使に対して行われていたが、その際の拝礼の作法は新羅使が行ったものとは異なっていたと述べている。『続紀』に当日の記事としては残っていないが、新羅使・渤海使の入京に際して、儀礼が行われていたことがわかる。またその儀礼のなかで、使が宣命を告げ、馬を与えているが、これは、唐の実例にかなり近いと言える。

これらの記事からは、その儀礼の場は不明である。ただ、外国使節の事例ではないが、天平勝宝六年（七五四）

の鑑真来朝の際には、羅城門外で勅使安宿王が「迎拝・慰労」を行っており（表2-6）、羅城門付近の地点が、入京に際して勅使が儀礼を行う場となっていることがわかる。新羅使・渤海使に対して入京儀礼が行われたのも、羅城門付近であろう。この点、駅館で行っていた唐とは異なり、和銅七年（七一四）の要素を一部残したものと考えられる。

しかし、ここからは大規模な騎兵を伴う儀礼の様子は窺えない。和銅七年以降も、外国使節に対して入京儀礼は行われていたが、大規模な騎兵を伴うものではなくなっていたのだろう。これは『続紀』の記事の偏り方――入京儀礼の記事がほとんど残らない――とも関わる点であると思われる。大規模な騎兵を動員した場合には、畿内・七道諸国への伝達が必要であり、記録が残り、それが『続紀』編纂の材料とされるのではないか[21]。勅使を派遣し、羅城門の近くで勅を告げるだけであれば、官符の発給なども必要ない。そのため記録として残りにくいのではないだろうか。

ここから、従来考えられていた入京儀礼、（A）推古朝に行われた海石榴市での騎馬での出迎え（B）飛鳥・奈良時代に見られる大規模な騎馬での出迎え（C）平安時代以降に行われる山科・山崎での郊労、に加え、（B）と（C）との間に新たに「平城京羅城門外における宣命・迎馬」という段階が存在することが指摘できる。ここでは、唐での実例に近づき、騎兵の動員を行わない儀礼が行われている。

ただ、宝亀十年の唐使に対しては、再び騎兵を動員した入京儀礼が行われている。しかし、ここでは騎兵のみならず蝦夷までが動員されており、舒明天皇四年（六三二）に来朝した高表仁以来の約一五〇年ぶりの唐使入京に対応した、かなりイレギュラーなものであったと考えられる[22]。朝廷は和銅七年以降、基本的に外国使節入京儀礼で騎兵の動員を行わない。これは、朝廷の外国使節に対する方針が、武力による示威を前面に押し出すものから、それを行わないものへと変化したことを示しているのかもしれない。

これと同様の変化は蝦夷・隼人にも見られる。和銅二年（七〇九）の隼人の入朝、翌年の正月朔の蝦夷・隼人の参加した元日朝賀、霊亀元年（七一五）の蝦夷や南嶋の人々の参加した元日朝賀には大規模な騎兵が登場していたが[23]、霊亀元年以降、彼らの入朝に際して、騎兵の動員は見られなくなる。霊亀元年の元日朝賀は、唐で行われていたが結局日本では定着しなかった、朝賀での貢物儀礼が執り行われた唯一の例である[24]。このときの朝賀には、前年六月に元服した皇太子首皇子が参加しており、そのため騎兵の動員、蝦夷・隼人・南島人らの貢物を伴う盛大な儀礼が行われたという、政治史的な理解に基づく見方もある[25]。しかしこれ以降、蝦夷・隼人に関する儀礼での騎兵の動員が見られないことは注目される。霊亀元年を最後として、朝廷の蝦夷・隼人への対応についても騎兵を使用しない形に変化したと言える。この変化は外国使節入京儀礼の変化と時期をほぼ同じくしている。

（三）平安京遷都以降

（1）九世紀の入京儀礼

平安京遷都以降は、外交儀礼を受けるのは渤海使のみとなる。入京儀礼の実例としては、承和九年（八四二）、貞観十四年（八七二）、元慶七年（八八三）に見えている（表2-9・11・12）。また嘉祥二年（八四九）には、入京儀礼の内容を明確に記してはいないが、渤海使を率いて入京した記事がみられる（表2-10）。この時期は、儀礼の場が、畿内の入り口に当たる山科・河陽となり、儀礼を行う官人が「郊労使」と呼ばれ、近衛府・式部省の官人が派遣される。この儀礼の場所について、瀧川氏は都の一つ前の駅で行われていた唐の実例との類似性を強調されるが、日本において駅館で行われたとは考え難い[26]。確かに河陽には付近に山崎駅がある。しかし、一方の山科には、かつて山科駅があったが、平安京遷都に伴い延暦二十三年（八〇三）に廃止されており[27]、平安京の一つ手前の駅は、北陸道なら穴多駅、東海・東山道なら勢多駅となる。しかしこれらの駅ではなく、山科が儀礼の場所とされる[28]。延喜大蔵式81蕃客来朝条に

凡蕃客来朝者、官人・史生各一人、率㆓蔵部等㆒、向㆓郊労処㆒、供㆓設幄・幔㆒。

と規定されているように、幄・幔を用いて空閑地で入京儀礼を行ったようである。入京儀礼の記事でも「山科村郊」「山科野辺」と表している。[29]唐のような駅館での儀礼ではないが、それまでの羅城門外から大きく移動し、京から少し離れた、畿内の堺に近い地点で行っている。これが、この時期の入京儀礼の変化のひとつである。また、入京儀礼を「郊労」と呼び、派遣される使を「郊労使」と呼ぶことが史料上に現れるのもこの頃からである。これについては後で詳しく取り上げる。

（2）九世紀末から一〇世紀初頭の入京儀礼

仁和三年（八八七）で『日本三代実録』が終わるため、それ以降のこの儀式についての詳細は不明であるが、関連する記事がいくつかあるので、それを列挙する。

渤海客入京時、可二騎馬一。准二寛平例一、仰二公卿等一令レ進二私馬一。（『扶桑略記』延喜八年〔九〇八〕四月二十六日条）

御二南殿一、覧二左右馬寮渤海客可レ騎馬各廿疋一。（同五月五日条）

午一刻、御二南殿一覧二陽成院及大臣已下参議以上馬一。（同五月七日条）

渤海使が入京する際の馬の弁備について述べたもので、馬の進上が命じられ、それが天皇の御覧に供されている。[30]この次の渤海使来朝の際にも、「御二覧陽成院及諸家馬一」（『貞信公記』延喜二十年〔九二〇〕五月七日条）とあるが、これも、翌日の客徒の入京に関わるものであろう。このような馬の弁備に関する記事しか残らないが、「准二寛平例一」とあることから、左右馬寮の馬に加え、[31]院や公卿らの私馬を使用することは、寛平七年（八九五）の渤海使入京からのことと考えられる。

以上、日本における入京儀礼についてみてきた。入京儀礼は唐礼を踏まえつつ、独自の展開を見せる。（A）最初期の推古朝の海石榴市での飾馬によるもの、（B）①藤原京（場所はおそらく海石榴市）・平城京（羅城門外）での大規模な騎兵を用いたもの、（B）②羅城門付近で、官使が宣命を伝え、迎馬を与えるもの、（C）平安京遷都以降の畿内の堺に近い場所で行われ、「郊労」と呼ばれるもの、と変化する。(B)②では、示威行動としての要素を持っていた騎兵の動員がなくなっており、ここで入京儀礼の性格は大きく変わっている。また唐礼の受容という面でいうと、(B)②が最も唐で行われていたものに近い。では、その後の(C)の変化はどのような性格のものと位置づけられるだろうか。このとき新たに入京儀礼の名称とされた「郊労」という語句を手がかりに、この時期の儀礼整備の背景について検討する。

第三節　「郊労」という語句について

先行研究において、この儀礼は「郊労」「郊労儀」と呼ばれている。[32] しかし、入京時の儀礼を「郊労」と称するのは、『続日本後紀』承和九年(八四二)三月二十七日条で初めて見られる。入京儀礼自体は七世紀初頭から見られるが、[33] この儀礼を明確に「郊労」と称するのは平安時代に入ってからである。それ以前は、国史では「迎」「迎接」と記載する。

(一) 日本における「郊労」

「郊労」に関わる法制上の規定については、すでに田島氏が取り上げているが、[34]「郊労」という語句の用いられる時期を見ていくことで、入京儀礼の性格に迫りたい。

軍防令18節刀条に「郊労」がみられる。

凡大将出征、皆授二節刀一。辞訖、不レ得三反宿二於家一。其家在レ京者、毎月一遣二内舎人一存問。若有二疾病一者、給二医薬一。凱旋之日奏遣レ使郊労。

この「郊労」は凱旋する将軍に行われるもので、令文では、外国使節に関わるものとして言及されてはいない。

同条の義解は、「郊労者、邑外曰レ郊。賓至迎二労之於郊一。」と、「賓」＝外国使節が来れば、郊外で迎労を行う、としており、ここで外交と関わらせる言及がある。軍防令の規定なので、直接外交儀礼について言及しないのは当然なのだが、『令義解』成立の天長十年（八三三）の段階に、「郊労」は外国使節に対して行うものという認識があったことはわかるが、これ以前には遡ることはできない。なお、この義解の記載は、『春秋左氏伝』の杜預注に見え(35)、この解釈には経書の影響が見えることには注意しておきたい。

また延喜太政官式51蕃客条は「郊労」を行う「郊労使」について規定する。

凡蕃客入朝任二存問使・掌客使・領帰郷客使各二人・随使各一人・通事一人一。入京之時令二存問使兼一領客使一。又預差二定郊労使・慰労使・労問使・賜衣服使各一人、宣命使・供食使各二人、豊楽院各一人、朝集堂各一人。賜勅書使・賜太政官牒使各二人一。史一人随二官牒使一到二客館一。

この条文は、貞観式段階で式に入れられたことが指摘されており(36)、九世紀以降に成立した式文とされている。法制史料上でも、入京儀礼を「郊労」と明確に呼ぶのは、九世紀以降である。

（二）中国における「郊労」

次に、日本が影響を受けた唐で、入京儀礼はどのように呼ばれているのかを確認する。表1の中国史料をみると、単に「迎」（4・5・7）、「迎労」（1・2）としており、必ずしも「郊労」とは呼ばれていないのである。また、『開元礼』ではこの儀礼を「蕃主来朝遣使迎労」及び「蕃国主来朝以二束帛一迎労」としており、「郊労」とはしていない。正史及び礼書での用例に限ってのことだが、唐では「郊労」という語句は積極的には使用されていないようである。

むしろ「郊労」は『春秋左氏伝』『儀礼』『周礼』といった経書類で使用されている(37)。『儀礼』には、諸侯同士や諸侯から天子に対して使者を派遣し、贈り物などをする礼である聘礼、諸侯が秋に天子に謁見する礼である覲礼も定められており、覲礼・聘礼はともに五礼の内の賓礼に属する。[38] 聘礼のなかで、「賓至二于近郊一、張レ旜。」という書き出しで、派遣されてきた使者（「賓」）に対し、卿を使者として派遣してねぎらう次第が書かれている。覲礼のなかにも、「至二于郊一、王使二人皮弁用レ璧労二」という書き出しで、やってきた諸侯に対し使者を派遣してねぎらう次第がみられる。これらの次第を『開元礼』「蕃主来朝遣レ使迎労」と比べてみよう。

A　①労者奉レ幣入、東面致レ命。賓北面聴レ命、還少退、再拝稽首。②受レ幣。労者出。授二老幣一。③出迎二労者一。労者礼辞。賓揖、先入、労者従レ之。乗皮設。賓用二束錦一儐二労者一。労者再拝稽首受。賓再拝稽首送レ幣。（後略）

（『儀礼』聘礼第八）

B　①侯氏升聴レ命。降再拝稽首。②遂升受レ玉、使者左還而立。侯氏還レ璧、使者受。侯氏降、再拝稽首。③使者乃出。侯氏乃止二使者一。使者乃入。侯氏与レ之譲レ升。侯氏先升授レ几。侯氏拝送レ几。使者設レ几答拝。侯氏用二束帛・乗馬一儐二使者一。使者再拝受。侯氏再拝送レ幣。使者降。（後略）

（『儀礼』覲礼第二六下）

C　①使者執レ幣、称レ有レ制。蕃主将二下拝一。使者曰、有二後制一、無二下拝一。蕃主旋北面、再拝稽首。使者宣制訖。②蕃主進受レ幣。（中略）退復レ位以レ幣授二左右一。又再拝稽首。③使者降出立二於館門外之西東面一。蕃主送二於館門之外西面一。止二使者一、蕃主揖。使者倶入譲レ升。蕃主先升二東階上一西面。使者升二西階上一東面。蕃主以二土物一儐二使者一。使者再拝受。蕃主再拝送レ物。使者降出。（後略）

（『開元礼』七九　賓礼「蕃主来朝遣使迎労」）

細かい相違点はあるが、諸侯（『開元礼』では「蕃主」）や賓（『開元礼』では「蕃使」）を労うために館舎に使者を遣わし、①命を伝え、②幣を授け、③諸侯・賓が今度は使者に対して物を授ける、という儀礼としての構造は共通している。

また、史料A聘礼の傍線部をみると、労者（使者）が東面して制を伝え、賓がそれを北面して聞いている。『開元礼』では、はじめ、使者は東面、蕃主は西面と向かい合っているが、史料Cの『開元礼』傍線部で、蕃主は北面に向きを変えている。また史料Bの覲礼は経の本文にはないが、鄭玄注に「使者東面致レ命、侯氏東階上西面聴レ之。」とあり、この位置関係が見られる。『儀礼』と『開元礼』とで人物の位置関係は共通している。『儀礼』に見える諸侯や賓への対応をもとに「蕃主」や「蕃使」への儀礼が整えられ、開元二十年（七三二）成立の『開元礼』に見える形に整備されたことが確認される(39)。この『儀礼』に見える、他国の使者・諸侯を迎える儀式の名称は経の本文のなかでは明確にされないが、覲礼の冒頭部分「至二于郊一」の鄭玄注では『周礼』秋官　小行人を引用し、「則郊労者大行人也。」と、郊労を掌るのは大行人の職務であると述べる。「郊労」がこの儀礼を指していることは明らかである。なお、『儀礼』自体は、養老学令で、大学で教授すべき経書とされ、特に鄭玄注を用いることが定められている(40)。当時の日本でも『儀礼』とその注はある程度普及していたと言える(41)。

また『春秋左氏伝』には、他国の諸侯・使を迎える際に「郊労」を行ったことが見られる(42)。

D　斉国荘子来聘、自二郊労一至二于贈賄一、礼成而加之以敏。（僖公三十三年春条）

E　叔弓聘二于晋一、報二宣子一也。晋侯使二郊労一。（昭公二年夏四月条）

F　公如レ晋、自二郊労一至二于贈賄一、無レ失レ礼。晋侯謂二女叔斉一曰、「魯公不三亦善二於礼一乎」。対曰、「魯侯焉知レ礼」。公曰、「何為。自二郊労一至二于贈賄一、礼無二違者一、何故不レ知」。（昭公五年春条）

G　薳啓彊曰、「可。苟有二其備一、何故不可。…入有二郊労一、出有二贈賄一。礼之至也。…」。（同右）

H　公如レ楚、鄭伯労二于師之梁一、孟僖子為レ介、不レ能レ相レ儀、及レ楚、不レ能レ答二郊労一。（昭公七年三月条）

史料E・Hは諸侯・使を迎える儀式として「郊労」が用いられており、さらに史料D・F・Gでは、「郊労」と「贈賄」とを並べて、他国の諸侯・使に対する一連の儀礼を示す定型句として用いられている。「郊労」が『左氏伝』では広く用いられていることが理解される。

このような「郊労」の使用の状況を踏まえると、九世紀において入京儀礼の名称として「郊労」が採用されたのは、唐礼よりも、むしろ『儀礼』『周礼』『春秋左氏伝』などの経書の影響を受けている可能性が考えられる。

事実、先に確認したように、軍防令18節刀条にみえる「郊労」の解釈に際して『令義解』の編者は、『春秋左氏伝』を参照して「郊労」が外交に用いられる儀礼であることを示している。平安時代初期には、朝廷は単純に唐を模倣するに留まらず、広く経書に範を求めている。

また朝廷は、渤海をそれまでの朝貢国ではなく、諸侯と見なし、比較的高い位置づけを与えていたことが指摘されているが(43)、経書に見られる「郊労」はまさに諸侯に対する儀礼として描かれている。それに対して『開元礼』は「蕃主」「蕃使」に対する儀礼として規定されている。「郊労」という名称は、あるいはこのような朝廷の渤海に対する位置づけと関係しているのかもしれない。

おわりに

一連の外交儀礼のなかの入京儀礼について、七〜一〇世紀を通して見てきた。本章で指摘したことをまとめる。

①これまで藤原京・平城京では、大規模な騎兵を用いた入京儀礼が行われていたとされてきたが、和銅七年(七一四)以降、大規模な騎兵の動員は見られなくなる。これに代わり、羅城門外において官使が宣命を読み、馬を与える儀礼が行われる。これは、外国使節に対して、「武」の側面を強調する示威的な行動が、奈良時代の早い段階でなくなることを示している。また、官使による儀礼は、唐礼や唐の実例に近く、これを受容したものと言える。入京儀礼は、平安時代初頭に整備がなされるのではなく、奈良時代にすでに導入が見られる。

②平安京遷都後、入京儀礼は場所が畿内の堺に近い地点へと移り、「郊労」という儀礼の名称が採用される。

③「郊労」という語句は『旧唐書』『新唐書』などの唐の実例を示す記事では、それほど用いられず、また、『開元礼』にも見られない。それよりも、『儀礼』『周礼』『春秋左氏伝』などの経書で頻繁に使用されている。平安時代初頭、経書の影響を強く受けて、入京儀礼が整備される。この時期の外交儀礼の整備は、直接に唐の賓礼

を導入するのではなく、そのさらにもととなる経書の内容を取り入れる方向性を示している。

以上、推測を重ねた部分も多い。ただ、平安時代初期を外交儀礼の整備の時期とする見解に対し、ある側面においては、奈良時代の方が唐の影響をより強く受けていること、むしろ平安時代初期には唐の最新の儀礼に近づけるよりも、それより以前の経書に倣おうとする側面が見えることは示せたかと思う。

（1）田島公「日本の律令国家の「賓礼」――外交儀礼より見た天皇と太政官――」（『史林』六八―三、一九八五年）。
（2）瀧川政次郎「羅城・羅城門を中心とした我が国都城制の研究」（同『法制史論叢』二　京制並に都城制の研究　角川書店、一九六七年）第五章第三節　三椅における外国使節の迎接、第六章第六節　長安の春明門と平城・平安京の羅城門、同章第七節　長楽駅・灞橋と山科駅・山崎の橋。
（3）田島氏註（1）論文、浜田久美子「延喜式に見える外国使節迎接使」（『延喜式研究』一八、二〇〇二年）。
（4）石見清裕「外国使節の宴会儀礼」（同『唐の北方問題と国際秩序』汲古書院、一九九八年、初出一九九五年）、浜田氏前掲論文。
（5）石見清裕「鴻臚寺と迎賓館」（前掲書、初出一九八八年）、同氏前掲論文。
（6）石見氏註（4）論文。
（7）譚其驤主編『中国歴史地図集』地図出版社、一九八二年。
（8）表1に挙げた七世紀の事例（1～5）は、記事が簡略で不明な点が多い。但し4・5は場所を「郊外」としており、駅館で行っている可能性がある。
（9）外国使節の出迎えの儀礼として、七世紀以前から、難波で船による出迎えが行われているが、今回の考察では扱わない。
（10）この儀礼については、瀧川政次郎「江都集礼と日本の儀式」（岩井博士古希記念事業会編『典籍論集』一九六三年）が取り上げ、日本で最初の賓礼として位置づけている。それに対し、廣瀬憲雄「倭国・日本の隋使・唐使に対する外交儀礼」（同『東アジアの国際秩序と古代日本』吉川弘文館、二〇一一年、初出二〇〇五年）では、遣隋使の知見をもとに儀礼が行われ、本格的な賓礼の導入は考えにくいとしている。
（11）坂本太郎「大和の古駅」（『坂本太郎著作集』八　古代の駅と道　吉川弘文館、一九八九年、初出一九六七年）。

（12）岸俊男「大和の古道」（同『日本古代宮都の研究』岩波書店、一九八八年、初出一九七〇年）では、裴世清来朝時には、外国使節を迎えるような道路が整備されていなかったと指摘している。またそれを踏まえ、木下良『事典日本古代の道と駅』（吉川弘文館、二〇〇九年）五三頁では「計画的道路の敷設は『日本書紀』推古天皇二十一年（六一三）十一月条「自二難波一至レ京置二大道一」に始まると思われる。」と述べている。

（13）『日本書紀』舒明天皇二年（六三〇）八月八日条「饗二高麗・百済客於朝一。」、同七年七月七日条「饗二百済客於朝一。」、同十一年十一月朔条「饗二新羅客於朝一。因給二冠位一級一。」の三例、皇極天皇元年（六四二）四月八日条「大使翹岐将二其従者一拝朝。」、同年七月二十二日条「饗二百済使人大佐平智積等於朝一。」の二例、孝徳朝は大化元年（六四五）七月十日条「高麗・百済・新羅並遣レ使進調。（中略）唯百済大使佐平縁福、遇レ病留二津館一而不レ入於京一。」の一例、斉明天皇二年（六五六）是歳条「是歳、於二飛鳥岡本一、更定二宮地一。時高麗・百済・新羅並遣レ使進調、為張二紺幕於此宮地一、而饗焉。」の一例、天武天皇六年（六七七）三月十九日条「召二新羅使人清平及以下客十三人於京一。」、同七年正月二十二日条「耽羅人向レ京。」、同八年正月五日条「新羅送使加良井山・金紅世等向レ京。」の三例の合計一〇例がある。

（14）軍防令64蕃使出入条に、「凡蕃使出入、伝二送囚徒及軍物一、須レ人防援者、皆量差二所在兵士一逓送。」とあり、外国使節の送迎に諸国の兵士を用いることが定められている。

（15）北村優季「藤原京と平城京」（同『平城京成立史論』吉川弘文館、二〇一三年、初出一九九二年）。

（16）羅城門外三橋について、瀧川氏註（2）論文では羅城門前の三枚橋とし、吉田東伍『大日本地名辞書』は現大和郡山市三橋町との関連を指摘しており、諸説ある。ここでは平野卓治「山陽道と蕃客」（『国史学』一三五、一九八八年）の「朱雀大路の延長線上にあるということは確実であろう」という見解に従う。

（17）鈴木靖民「奈良初期の対新羅関係」（同『古代対外関係史の研究』吉川弘文館、一九八五年、初出一九六七年）。また、瀧川氏註（2）論文では、羅城門の意義についてではあるが、「外国の使人及び蕃夷をして日本天皇の尊厳を感ぜしめ、その国力の負瞻なることを印象せしめんがためである。」としている。

（18）薗田香融「わが上代の騎兵隊」（同『日本古代の貴族と地方豪族』塙書房、一九九二年、初出一九六二年）。

（19）新羅使が入京した確実な例は、文武天皇元年（六九七）・文武天皇四年（七〇〇）・慶雲二年（七〇五）・和銅二年（七〇九）・和銅七年・神亀三年（七二六）・天平四年（七三二）・天平七年・天平勝宝四年（七五二）・宝亀十年（七七九）に到着した使節である。

（20）渤海使が入京した事例は、神亀四年（七二七）・天平十一年（七三九）・天平勝宝四年（七五二）・天平宝字二年（七五八）・天平宝字三年・天平宝字六年・宝亀二年（七七一）・宝亀七年・宝亀九年の九例。

（21）『続紀』の編纂過程、編纂材料については、笹山晴生「続日本紀と古代の史書」（同『平安初期の王権と文化』吉川弘文館、二〇一六年、初出一九八九年）を参照した。

（22）平野氏註（16）論文において、このときの唐使に対して行われた儀礼は七世紀の裴世清・高表仁らの「古例」に準拠した可能性が高いことを指摘している。

（23）『続紀』和銅二年（七〇九）十月二十六日条・同三年正月朔条、霊亀元年（七一五）正月朔条。

（24）藤森健太郎「日本古代元日朝賀儀礼の特質」（同『古代天皇の即位儀礼』吉川弘文館、二〇〇〇年、初出一九九一年）。

（25）藤森氏前掲論文。

（26）瀧川氏註（2）論文。

（27）あるいは渤海使が北陸の方から入京する場合、琵琶湖の水運を利用し、近江国の塩津から大津まで船に乗り、合坂山を越えて入京した可能性もある。延喜主税式上116諸国運漕功賃条　北陸道には、

越前国陸路。廿四束。海路。自二比楽湊一漕二敦賀津一船賃、石別稲七把・挾杪卌束・水手廿束。但挾杪一人・水手四人漕二米五十石一。加賀・能登・越中国亦皆同。自二敦賀津一運二鹽津一駄賃米一斗六升。自二鹽津一漕二大津一船賃石別米二升・屋賃石別一升・挾杪六斗・水手四斗。自二大津一運レ京駄賃、別米八升、自余雑物斤両准レ米。

とある。この場合、駅を通過しないので、山科で儀礼を行わざるを得ない。また、金田章裕「平安時代の山科」（山科本願寺・寺内町研究会編『本願寺と山科二千年』法蔵館、二〇〇三年）は、渤海使が山科から滑石越、大畷を通り、羅城門へ向かったと想定している。

（28）延喜臨時祭式33蕃客送祭条に、「右蕃客入朝、迎二畿内堺一、祭二却送神一、其客徒等、比レ至二京城一給二祓麻一令レ除乃入。」とある。この条文の成立年代は不明であるが、ここにある「迎畿内堺」というのは九世紀の入京儀礼が行われた山崎・山科の地点に対応するか。入京儀礼と併せてこのような神祇官の関与する儀礼も行われていたかもしれない。

（29）どの程度史実を反映したものかは分からないが一五世紀末成立の姉小路済子著『勧修寺縁起』（『群書類従』第二四輯）に、

この寺いまだ造はじめざりける時、渤海国の使裴璆といふ人、この国にわたれりけるが、越州つるがの津につきて、山科をめぐりて、羅城門へゆくとて、南山のかげ道をとをりけるが、馬よりをりて北にむかひて、拝してとをりけるを、人そのこゝろをしらず、あやしびて問ければ、渤海客申けるは、此処にちかく伽藍いでき侍べし、地形亀の甲のごとし。仏法の命長久にして、貴人たゆべからず、このゆへに拝する也とぞ申ける。

とあり、山科が渤海使の入京ルートであったことが示されている。また、保延五年（一一三九）頃成立の寛信著『勧修寺旧記』（『続群書類従』第二七輯上）にもほぼ同内容が残る（吉川真司「近江京・平安京と山科」［上原真人編『皇太后の山寺――山科安祥寺と古代山林寺院――』柳原出版、二〇〇七年］）。

渤海客入朝之当初参二羅城門一、其路歴二当寺南山下一。于時寺未二建立一。忽以下馬北向拝云、「此是勝地也。欲レ建二伽藍一。其地似二亀甲一。貴人不レ可レ絶」、云々。

おそらく縁起はこの旧記に見える類の情報をもとに作成されたのであろう。

（30）なお、ここで挙げた延喜八年の記事は『醍醐天皇御記』の逸文とされる。所功編『三代御記逸文集成』（国書刊行会、一九八二年）の補遺による。

（31）延喜左右馬式30蕃客乗騎条に

凡蕃客乗騎唐鞍、寮家掌収。若有二壊損一、随即修理。其馬子簡二飼丁容貌端正者一充。大使・副使各四人、判官・録事各二人、使丁各一人。其装束黄袍・汗衫・調布袴・革帯・布襪・長緒幞頭・巾子・麻鞋並請二大蔵一、事畢返上。但幞頭・巾子・襪・麻鞋不レ在二此限一。

とあり、馬につける専用の鞍などは左右馬寮が管轄した。

（32）田島氏註（1）論文、森公章「古代難波における外交儀礼とその変遷」（同『古代日本の対外認識と通交』吉川弘文館、一九九八年、初出一九九五年）、浜田久美子「律令国家の賓礼受容」（同『日本古代の外交儀礼と渤海』同成社、二〇一一年、初出二〇〇三年）など。

（33）推古天皇十六年（六〇八）の隋使に対する入京儀礼は『隋書』で「郊労」と呼ばれている。（表2-1）しかし、これは隋側からの見方を示すものであり、日本側のこの儀礼に対する認識を反映したものではない。

（34）田島氏註（1）論文。

（35）『春秋左伝正義』四三　昭公五年正月の「入有二郊労一、出有二贈賄一」の注として、「賓至迎二労之於レ郊」とある。これが左伝の註にあることは、すでに一条兼良著『令抄』（『群書類従』第六輯）が指摘している。

（36）浜田氏註（3）論文。

（37）本文で挙げた以外に『周礼注疏』三七　小行人「凡諸侯入レ王、則逆二労于畿一。及郊労・眡館・将幣、為承而擯。」、三八司儀「主君郊労、交擯、三辞。」「及大夫郊労、旅擯、三辞（後略）」など。なお、小行人が「于畿」としている点は平安時代の入京儀礼に合致するように思われる。

(38)　池田末利訳註『儀禮』Ⅱ（東海大学出版会、一九七四年）三七七頁・六四三～六三五頁。
(39)　池田温「大唐開元礼解説」（『大唐開元礼』汲古書院、一九七二年）。また、『開元礼』は玄宗の命によって編纂が始められ、それ以前の『貞観礼』『顕慶礼』を折衷綜合したものという。
(40)　『令集解』学令5経周易尚書条・6教授成業条・7礼記左伝各為大経条。この点も含め、『儀礼』の書誌的事項については、池田末利「解説――経学史的考察――」（同訳註『儀禮』Ⅴ　東海大学出版会、一九七七年）六一二～六一三頁を参照した。
(41)　水口幹記「引用書名からみた古代の学問」（同『日本古代漢籍受容の史的研究』汲古書院、二〇〇五年）では、『令集解』における、『儀礼』の引用状況を精査している。出典を明記したものに限られるが八例が検出されている。また、同「古代における『五経正義』の利用実態」（同上書）において、平安時代中期には『五経正義』類の「解釈の書」としての利用がみられ、経書への理解が格段に深まっていることを指摘している。
(42)　『春秋左氏伝』は、鎌田正『春秋左氏伝』新釈漢文大系三〇～三三（明治書院、一九七一～一九八一年）を参照した。
(43)　重松敏彦「平安初期における日本の国際秩序構想の変遷――新羅と渤海の位置づけの相違から――」（『九州史学』一一八・一一九合併号、一九九七年）。
〔補註〕　初出時から、論旨に変更はないが、明らかな誤りやわかりにくい表現を大幅に改めた。特に第三節（二）中国における「郊労」は、経書の理解に誤りがあったため、大きく改稿した。また、註（7）（15）（18）（21）（27）（29）（30）（37）（39）～（41）を増補した。註（3）で挙げた浜田論文は同『日本古代の外交儀礼と渤海』（同成社、二〇一一年）再録に際し論旨が変更されているが、本章初出時には浜田氏初出論文を元にしたので、そのままにした。また、本章に関わる近年の論考として、盛唐に範をとる姿勢を指摘する、小塩慶「古代日本における唐風化政策と祥瑞思想の受容」（『史林』九九―二、二〇一六年）、経書の受容と対外意識を関連づける、梁暁弈「日本古代における華夷思想とその影響――春秋三伝の受容を中心に――」（『日本歴史』八四四、二〇一八年）があるが、十分に論に組み込めなかった。参照されたい。

第三部　平安前期における唐風化政策の実態

第六章　節会における列立法

――延喜式部式元正行列次第条・同節会行列条の検討から――

はじめに

延喜式部式上3元正行列次第条・同4節会行列条には、それぞれ元日朝賀における列立と節会における列立とについて規定されている。

凡元正行列次第、参議以上在レ左。太政大臣就レ列之時、右大臣在レ西。親王諸王及余官三位已上在レ右。自外五位以上随レ便左右。其四位参議雖二是下階一列二同色上一。孫王諸王同色、先列二孫王一。六位已下次以二位階一。不レ依二官秩一。外位不レ得レ列二内位上一。

凡諸節会行列次第、親王及参議已上并諸官三位已上在レ左。諸王左右行列、在二諸臣上一。其申政之時、以二官秩次一。但五位已上位色不レ同、雖二是下官一猶先二高色一。

これを図示したものが【図1　延喜式部式元正行列次第条・同節会行列条の列立】である。このように『延喜式』において、僅かに異なる二種類の列立が規定されている。

この条文は、これまで官人の序列の変化を示す史料として言及されてきた。節会行列条後半の傍線部「其申政之時、以二官秩次一。但五位已上位色不レ同、雖二是下官一猶先二高色一。」の箇所が、五位以上は同位の場合、官秩（官職の高下）によって列立することを規定したものであり、公式令55文武職事条で、「位同者、五位以上即用二授位先後一。」と、同位の場合は授位の先後によっていたものが、式文で改められたものとされる。[1]

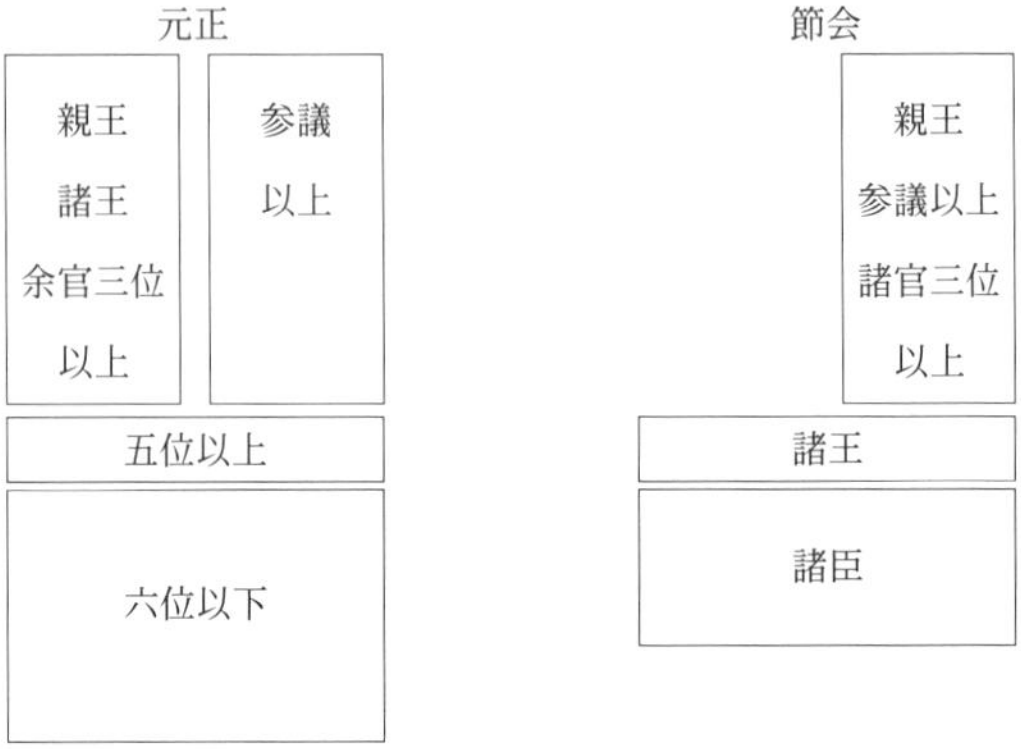

図1　延喜式部式元正行列次第条・同節会行列条の列立

また、節会行列条は、『法曹類林』などに載せる明法家の勘文にもたびたび引用されている[2]。そのなかで、位署や座次など、官人の序列が問題になった際に、位階の順によるのか、或いは官職の高下によるのかが議論され、公式令55文武職事条が「凡文武職事散官、朝参行立、各依㆓位次㆒為㆑序。」と位階による序列を示すのに対し、本条の「其申政之時、以㆓官秩次㆒」の箇所が官職の高下による序列を規定するとして、令文と式文とが対立的に引用されている。このように、節会行列条の後半部分、特に「官秩」に注意が払われており、それ以外の部分に当たる列立そのものの内容について、十分に検討されているとは言い難い。

ただ、すでに平安時代の諸儀式における具体的な列立法については、『内裏式』『儀式』などの儀式書を用いることで詳細に復元されている[3]。したがって、両条の列立に関わる部分が取り上げられることが少ないのも当然と言える。しかし、両条の重層的な成立過程を検討し、そこに表れた二種類の列立法の性格の相違を明らかにすることで、列立法の変化の側面を捉えることができる。

本章では、延喜式部式上3元正行列次第条・同4節会行列条の成立過程について検討し、特に後発的に発生する節会における列立法を中心に、その意義について述べたい。

第一節　延喜式部式元正行列次第条・同節会行列条の成立時期

（二）式部省式としての両条文の特徴

まず、この条文の特徴として、「左」「右」を用いて列立法を示す点が挙げられる。儀式書ではこのような表記はなされず、鋪設の一環として列立の目印となる版位・標の位置を記載する。

式部自二龍尾道南頭一去十七丈置二宣命位一。自二宣命位一南去四丈東折二丈五尺置二太政大臣位一。西折二丈五尺置二親王位一。左大臣位於二太政大臣位南一。右大臣位於二親王位南一。大納言位於二左大臣位南一。非参議一位二位位於二右大臣位南一。……　（『内裏式』元正受群臣朝賀式）

このような『内裏儀式』『内裏式』『儀式』における鋪設の記載から朝賀の列立法を図示したものが【図2　朝賀における版位の配置】である。(4)図1の元正行列次第条から見える列立法と『内裏儀式』『内裏式』とはその精度は異なるものの矛盾はしない。ただし『儀式』の列立法とは一致しない。(5)貞観十四年（八七二）～同十九年成立の『儀式』で確認される変更は、式文に反映されなかったものと理解される。この変更の意味については第三節で詳しく述べるが、ここでは、式文で示されている列立法と『内裏儀式』『内裏式』にみえる列立法とがほぼ一致するにもかかわらず、記載方法は異なることを確認しておきたい。(6)

元正行列次第条・節会行列条が、「左」「右」を用いた独特の記載方法をとるのは、両条が殿庭での列立そのものを示すための規定ではなく、式部省官人の職務である入場前の官人の整列に関連した規定であるためと考えられる。官人の入場場面を儀式書で確認すると、

親王以下・参議・非参議三位以上、一列入レ自二同門東扉一。五位以上東西分頭入レ自二東西扉一。（『内裏式』会）

とあり、東側に並ぶものは東扉、西に並ぶものは西扉から、と列立場所に応じて扉が使い分けられていることがわかる。これは節会行列条において、親王及参議已上并諸官三位已上が左に、それ以外の諸王・諸臣が左右にいることに対応している。この扉ごとの参入をスムーズに行うために、式部省官人は門外において官人の整列を行う。一例として新嘗会を挙げる。

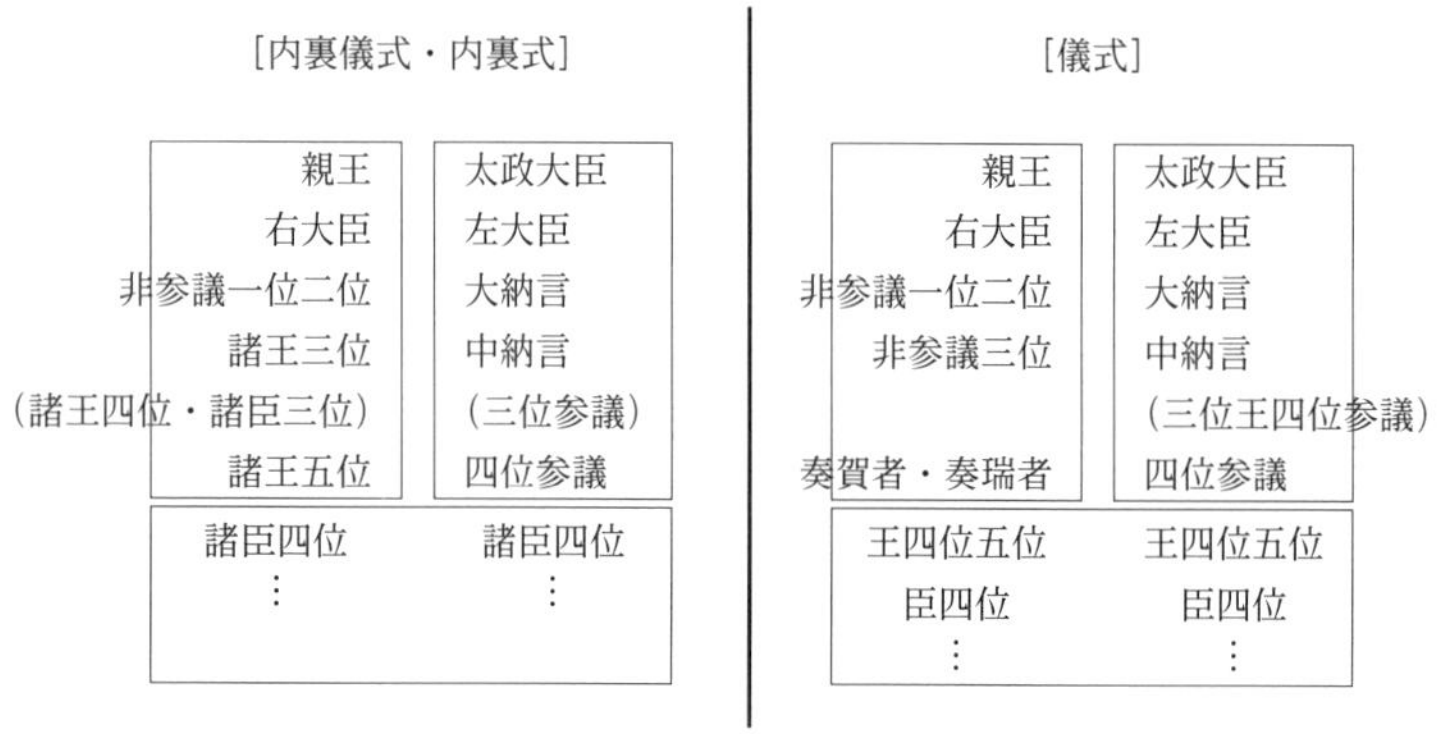

図2　朝賀における版位の配置

辰日質明、掃部寮設二座於便処一。輔已下就レ座。五位已上就レ版受レ点。其後丞・録率二史生・省掌一立レ標。輔已下率二五位已上一列二立門外一。余節亦同。事見二儀式一。

（延喜式部式下4新嘗会条）

式部省官人は、門外に版位を設置し、官人を並ばせて出欠確認を行う。その後で式部丞以下の官人らは、殿庭に向かい、列立の目印とする標を設置する。式部輔以下は、門外で五位以上を列立させる。(7) この門外での列立のときに、官人を東扉から入る者（左）と西扉から入る者（右）とに振り分けると考えられる。朝賀についても、『儀式』に同様の業務が見える。(8)

録二人率二史生・省掌一分二列朱雀門東西仗舎前一。北面東西上。整二列六位以下刀禰一。……訖式部丞・録以下起レ自二閤道座一降二立砌前一。去レ砌二許丈。左西上北面、右東上北面。史生二人各持二大札一共立二庭中一、唱二計五位已上一。随レ唱称唯、列立。

（『儀式』元正朝賀儀）

節会と同じく、入場前に唱計・列立が行われているが、ここで東西を示す際に「左」「右」が用いられている。両条で使用されている「左」「右」は、殿庭での列立を念頭に置いた上で、門外において参入する扉ごとに官人を振り分ける場面で用いられるものと考えられる。元正行列次第条・節会行列条は、列立法そのものを示した規定ではなく、式部省官人がその職務である官人の整列を行う際に参照されるべき規定であった。

（二）両条文の相互関係――『政事要略』の検討――

次に、両条の成立について検討する。『政事要略』六九　糺弾雑事において、惟宗允亮は本条について以下のように解釈している。

　案、古式行列次第之法、惣約㆓一条㆒。為㆓親王及参議已上・諸臣三位已上・四（五カ）位已上㆒各制㆓其行列㆒。即文云、「云々。六位已下次以㆓位階㆒。不㆑依㆓官秩㆒。其申政之時以㆓官秩㆒。」然則一位已下初位已上、申政及臨時之行列、自以明也。而此式製為㆓両条㆒。即上条元正行列、雖㆑設㆓六位已下之法㆒、下条諸節会及申政次第、不㆑須㆓六位已下之列㆒。抑文称㆓「但五位已上」㆒也。爰知依㆓「但」字㆒可㆑明㆓六位已下之法㆒也。加以古式以㆓上文㆒、令㆑蒙㆓下文㆒也。此式待㆓上条并「但」字義㆒、可㆑顕㆓六位之事㆒。又々可㆑案。

惟宗允亮は、古式（弘仁式）では、列立についての条文は一条のみで、親王及び参議以上・諸臣三位以上・五位以上の各行列と六位以下の行列と六位以下の申政の次とを規定していた、と述べる。弘仁式での六位以下に関する箇所は「六位已下次以㆓位階㆒。不㆑依㆓官秩㆒。其申政之時以㆓官秩㆒。」という文章であったが、後に元正行列次第条と節会行列条の両条が作られることで、内容が分割されたとする。[9] 弘仁式に「六位已下次以㆓位階㆒不㆑依㆓官秩㆒、其申政之時以㆓官秩㆒」の箇所があったことは、『法曹類林』二〇〇　承平六年（九三六）十二月二十三日付問答に、「行列次第条」として同箇所が引用されていることからも確認できる。[10] つまり、弘仁式では行列次第条一条のみが存在し、朝庭に参入する際の「臨時之行列」（元正行列に当たるもの）と申政の際の次とが併せて示されていた。弘仁式では、「行列次第」という名称が示すように、朝賀に限定することなく、朝参も含めた朝堂院における列立を示す条文として存在していた。

また、傍線部で示しているのは以下のようなことと考えられる。元正行列次第条には六位以下についての規定があるが、節会行列条は「六位已下之列」を示していない。そもそも弘仁式行列次第条では、上文――「六位已下次以㆓位階㆒。不㆑依㆓官秩㆒。」に続けて、下文――「其申政之時以㆓官秩㆒。」があり、上文の内容を受けて、申政の時に官秩によるのは六位以下であることは明らかであった。しかし、申政の箇所だけを節会行列条に移動させたため、前後の文脈を失ってしまった。そこで、新たに「但五位已上位色不レ同、雖二是下官一猶先二高色一。」という文言を加えることで、「其申政之時以二官秩一。」が六位以下を対象とした規定であることを明確にした。

「但五位已上位色不レ同、雖二是下官一猶先二高色一。」は、直訳すれば「ただし、五位以上は、位階が同じでないなら、下官であっても位階の高いものを先とせよ」となる。つまり、申政の時には、五位以上は位階順であると述べることで、間接的に申政の時に官秩によるのは、六位以下であることを示している。申政の時に五位以上は位階、六位以下は官司の序列によることは、『儀式』朝堂儀の諸司申政の部分に、「五位以上随レ色升就レ座、六位以下依二官次一、進二庇案下一。」とあることからも確認される。[11] 節会行列条において改めて同位の場合の序列が規定されたとは考えにくく、延喜式編纂の際に弘仁式・貞観式を整理する中で発生した言い回しに過ぎないのではないだろうか。[12] なお、惟宗允亮は『北山抄』九裏書所収長保元年四月二十五日付注文においても、節会行列条を引用した上で、申政（ここでは旬日番奏警固の召仰）では、五位以上であれば位階の序列に従う、という解釈を述べており、[13] 允亮が、節会行列条では五位以上の申政の次が規定されている、と理解していたことは明らかである。

弘仁式行列次第条にあった申政の箇所は、節会行列条に移動する。『政事要略』の冒頭部分「古式行列次第之法、惣二約一条一」をそのまま解釈すれば、弘仁式行列次第条には、元正・節会の行列、申政の次がすべて含まれていた、とも見なせるが、それならばこのような改訂は起こりえない。節会行列条は弘仁式には存在せず、貞観式或いは延喜式で新たに式文となったものと考えられる。また、後述する儀式書の検討から、弘仁末年から貞観年間にかけて節会での列立が成立することが指摘できるが、その時期を踏まえると、貞観式で新たに加えられた条文である可能性が高い。[14] そして、弘仁式行列次第条と貞観式で新たに式文となった節会行列条の両条を調整して、延喜式の元正行列次第条と節会行列条が成立する。このときに、申政に関わる部分を移動するとともに、行列次第条を元正行列次第条と改め、割注部分「太政大臣就レ列之時、右大臣在レ西」などが本文に加えられたと考えられる(15)。以上、主に『政事要略』の検討から、次のような条文の成立過程が想定される(16)（【図3　両条文の改訂の状況】参照）。

①　行列次第条（臨時行列＋申政の次）が成立【弘仁式段階】

②　節会行列条を新たに追加【貞観式段階か】

③　①と②の内容を併せて整理し、元正行列次第条（朝賀の行列［臨時行列と同様のものか］）と節会行列条［節会の行列＋申政の次］が成立【延喜式段階か】

図3　両条文の改訂の状況　※網掛けは弘仁式行列次第条であった部分を、傍点線-----は貞観式諸節会行列次第条であった部分を示す。

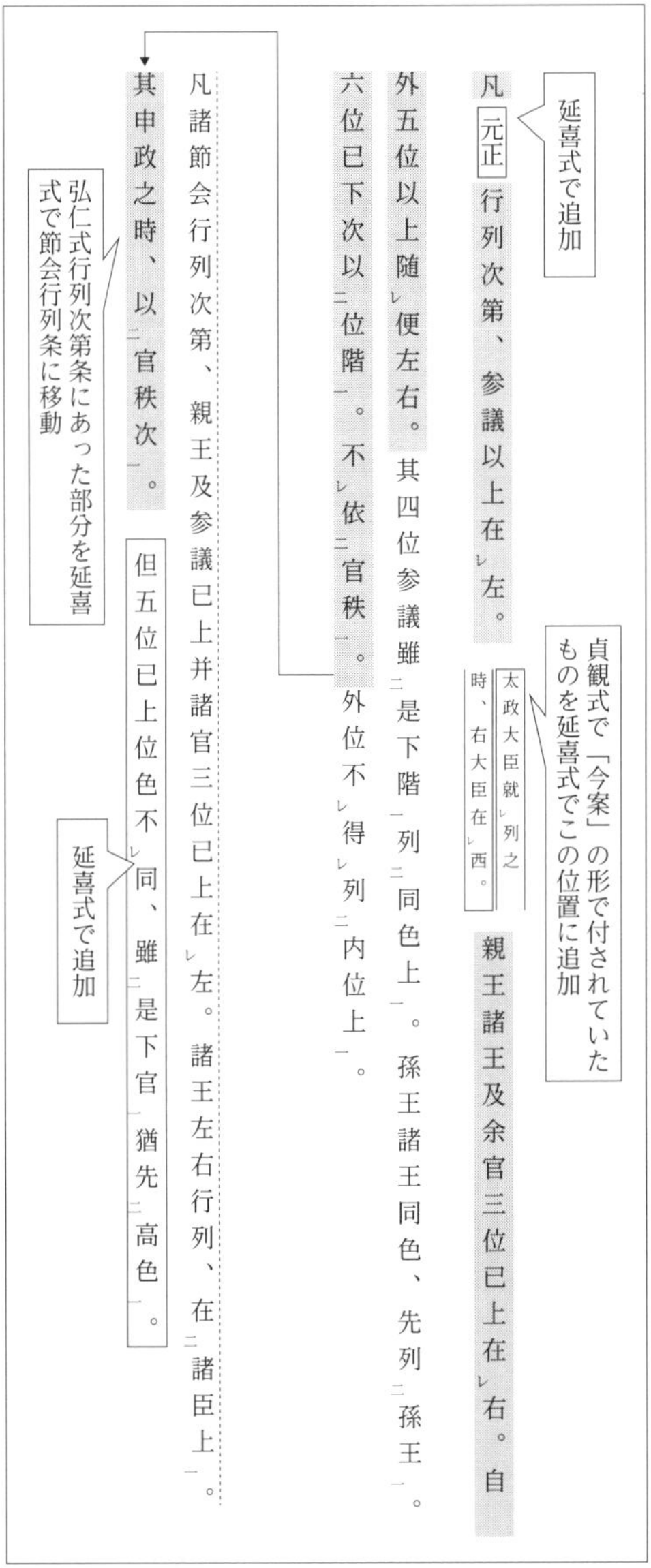

第二節　儀式書から見た節会における列立

（一）節会における列立の開始――『内裏儀式』『内裏式』の検討――

次に、儀式書の記載から、列立の有無・列立法・列立に際しての官人の動作等を復元し、後発的な節会における列立がどのように成立するのかを明らかにする。

節会での列立は、『儀式』正月七日儀の鋪設の記載から復元できる（【図4　『儀式』正月七日儀での行立標の配置】参照）。これは、節会行列条で示された列立法と矛盾せず、ほぼ一致する。しかし、延暦末年～弘仁初年の儀式を反映したとされる『内裏儀式』では節会での列立が見られない。官人の参入から着座までの元日節会次第は、以下のように記載されている。

大臣宣喚二侍従一。（踏歌・九月九日節亦同。余節宣喚二大夫等一。）少納言称唯、出跪、喚二親王以下一。共称唯。親王先入跪。大臣宣参来。親王称唯、升殿就レ座。王公以レ次入。（雨泥不レ跪。）大臣亦宣侍座。群臣称唯、以レ次就レ座。有レ頃、大臣喚下参議已上在二最後一者名上云、某以上参来。倶称唯、升殿。次喚二非参議三位以上一復如レ之。（『内裏儀式』会）

先に、親王が入場して跪き、大臣の「参来」という言葉により昇殿する。この後、群臣が入場し、跪き、大臣の「侍座」という言葉により、群臣が座に就く。さらに、参議以上の昇殿者は、大臣の「某以上参来」という言葉で昇殿する。

ここでは、親王と五位以上官人とが別々に参入・着座するため、参加者全員が揃って殿庭に並ぶことはない。また参入から着座の間にも、列立を行わず跪いている。この段階では、参入・着座が何らかの序列に基づいて行われているものの、節会における列立は未成立と言える。(17) なお、弘仁十一年（八二〇）に成立した弘仁式部式の七日叙位条・毎年大嘗条などの節会に関わる条文では式部省官人が参加者の点検を行うものの、整列に関する規定は見えない。これも、この段階までに、節会においては入場前の整列が行われていなかったことを裏付ける。[18]

次に同じ元日節会での『内裏式』の記載を確認する。

大臣宣喚二侍従一。踏歌・九月九日節等亦同。余節宣喚二大夫等一。少納言称唯出レ自二儀鸞門一喚レ之。他皆效レ此。親王先称唯。他節效レ此。参議・非参議三位以下(上カ)・五位以上称唯。親王以下・参議・非参議三位以上、一列入レ自二同門東扉一。五位以上東西分頭入レ自二東西扉一。参議以上後レ自二親王一五許丈。四位後レ自二参議一七許丈。五位与二四位一連属。五位最後者比レ到二明義堂北頭一六位以下参入。但参議以上列行之間、三許丈。比レ入レ門衛仗共興。他皆效レ此。而親王以下五位以上東西分頭立二庭中一去レ版南一許丈、異位重行。挟二馳道一立レ東者以レ西為レ上、立レ西者以レ東為レ上。立定大臣宣侍座。共称唯。謝座。訖造酒正把二空盞一。便用二升殿者酒盞一。来授二第一人一。共跪受授。訖更還二却二三丈許一北面立、群臣謝酒。謝座亦同。訖受還。他皆效レ此。以レ次升就レ座。五位以上見二参議以上両三人升殿一。不三必待二参議之升畢一。共東西分頭着座訖。凡親王以下五位以上参入儀、他皆效レ此。

（『内裏式』会）

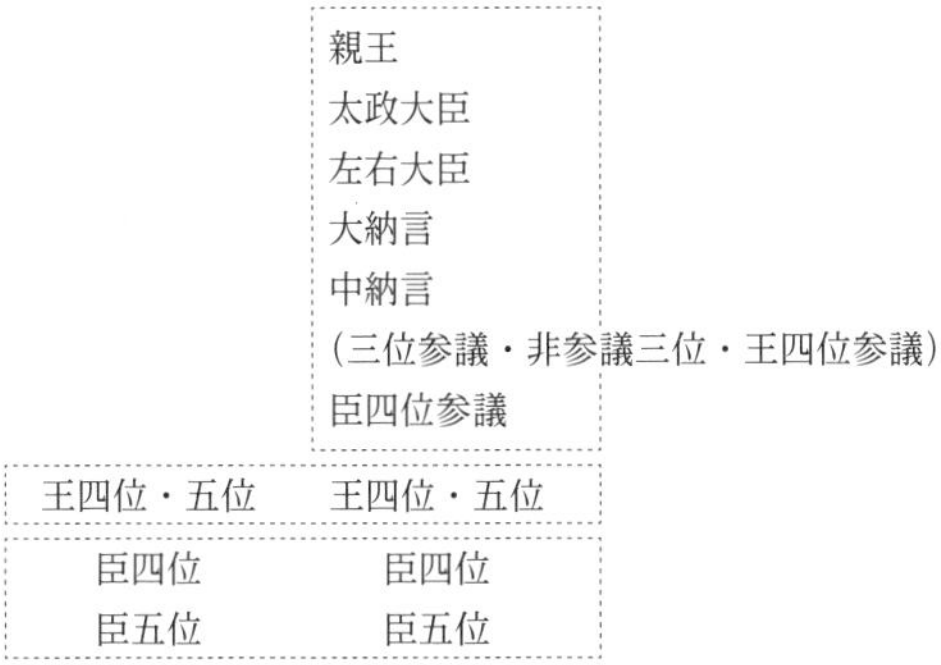

図4　『儀式』正月七日儀での行立標の配置

東に列する親王以下・参議・非参議三位以上は一列で東扉から参入し、残りの五位以上は東西扉から参入する。そして殿庭の尋常版位の南一丈ほどのところで異位重行して列立する。大臣の「侍座」の言葉により、謝座・謝酒を行い、それぞれ座に就く。第一節で見た殿庭での列立を念頭に置いた東西扉の使い分けが見られ、この段階で節会における列立が成立していたと言える。

跪礼が立礼に変更されるなど、『内裏式』全般について『内裏儀式』から大きく改変されたことが指摘されているが[19]、節会での参入から着座までの動作についても、以下の三つの変更点が挙げられる。①親王と五位以上が共に参入する、②謝座・謝酒を着座前に行う、③昇殿の際に名前を喚ぶことがなくなる。特に、②謝座・謝酒を行うことになった結果、親王も含めた参加者全員が一旦殿庭に列立することとなった。弘仁十二年（八二一）撰進の『内裏式』において、謝座・謝酒の導入をきっかけとして、節会の場における列立が開始される。

　これらの次第からわかるように、節会は座に着して行う宴会にその主眼があり、官人らは参入・列立の後、すぐに着座するため、列立は一時的なものに過ぎない[20]。朝賀・朝参とは異なり、節会において列立は必須の要素ではない。また、節会における列立法は、左右対称ではなく、東側に片寄った形をしているが、これは各官人の着座する殿舎によるものである[21]。東側に列立している親王・参議以上・諸官三位以上は、紫宸殿或いは豊楽殿に昇殿し着座する。そのため殿を昇る際に使用する東階の側（左）に列立する。それに対し、東西両側に列立している四位五位の諸王・諸臣は東西幄舎或いは東西殿舎に着座する。そのため、東西（左右）に分かれて列立する。この列立法は、馳道を渡ることなく、各殿舎に着座するための、極めて合理的な列立法である。

　そのため、着座する殿舎が変更された場合には、この列立法も微妙に変化する。これは蕃客参加時の七日節会に明確に表れている。通常、豊楽院では、五位以上の不昇殿者は東第一殿（顕陽堂）と西第一殿（承観堂）に座が設置され、東西に分かれて列立する。しかし、蕃客参加時には、蕃客の座が西第一殿に設置されるため、五位以上の不昇殿者の座が、東第一殿のみに設けられる。この結果、殿庭での列立は、

　召二群臣一即参入。入レ自二東扉一六位以下東西相分参入。（『内裏式』七日会式）

と、五位以上（群臣）は全て東扉から参入して東側に列立する。昇殿者は豊楽殿へ昇殿するので元から東側だが、それ以外の五位以上は、本来東西に分立するところを、このときに限って、東第一殿へ着座するため東側へ列立する。どの殿舎に着座するかにより、東西どちらに列立するのかが決定されていることがわかる。

（二）節会における標使用の開始――『儀式』の検討――

　さらに、貞観十四年（八七二）～貞観十九年成立の『儀式』[22]では、節会における列立に際し、新たに標の設置

が見られる。標とは、儀式での官人の立ち位置や案の設置位置を示すために目印として置かれる木片である。儀式書に見える標の使用法については、すでに鈴木琢郎氏が詳しく検討されており、『儀式』の段階から標の使用が始まること、また、一時的な列立であっても整然と行おうとする、儀礼整備の一環として位置づけられることを述べられている(23)。

しかし、『内裏式』にはなかった標の記載が『儀式』から見られるからといって、『儀式』段階から標の使用が開始された、と判断できるのだろうか。簡潔な『内裏式』儀式文に表れないだけで、標は『内裏式』の段階から一貫して使用されていたと考える余地もある。この点を明確にするためには、詳細に儀式文を検討する必要がある。まずは、『内裏式』七日会式と『儀式』正月七日儀とを比較・検討することで、標の使用の状況を明らかにしたい。

『内裏式』『儀式』における参入から列立までの次第を表にしたものが、【表1　『内裏式』七日会式・『儀式』正月七日儀の参入から着座までの次第文対照表】である。七日会のこの部分については、行われている内容自体に大きな違いはなく、概して『儀式』の方が『内裏式』よりも詳細に儀式の様子を記述する傾向にあると言える。しかし、列立の箇所を見ると、かえって『内裏式』の方が分量が多く、また両書の記載も異なっている。

A　親王以下六位以上(下カ)、東西分頭立二庭中一去二舞台一南二許丈東西立定。未レ入之前、酒部等各立二酒罇下一。大臣宣侍座。共称唯、謝座。

（『内裏式』七日会式）

B　親王以下各就レ標。未レ入之前、造酒正以下預立二樽所一。大臣宣侍座。共称唯、謝座。

（『儀式』正月七日儀）

『内裏式』において列立の位置等が書かれている部分が、『儀式』では「各就レ標」に置き換えられている。『儀式』では、節会前日に、式部丞・録が史生・省掌を率いて、標を設置することが見える。

式部丞・録率二史生・省掌等一立レ標。自二顕陽堂北第四柱一西去十五丈南折二丈、立二親王標一、次太政大臣標、次左右大臣標、次大納言標、次中納言標、次三位参議・非参議三位・王四位参議、少退在二此列一。次臣四位参議標、次王四位五位標、次臣四位標、次五位標。並以二一丈三尺一為レ間。

（『儀式』正月七日儀）

表1　『内裏式』七日会式・『儀式』正月七日儀の参入から着座までの次第文対照表

内裏式	儀式
…大臣宣喚㆓大夫等㆒。称唯出㆑自㆓儀鸞門㆒。喚㆑之。	…大臣宣喚㆓大夫等㆒。称唯出㆑自㆓儀鸞門東戸㆒。立㆓屏幔外㆒北向而喚之。
親王以下五位以上称唯。	親王以下五位以上称唯。次六位以下称唯。
親王以下・参議・非参議三位以上、一列入㆑自㆓儀鸞門東扉㆒。比㆑入㆑門諸仗共興。	参議已上一列入㆑自㆓儀鸞門東戸㆒。比㆑至㆑門諸仗共起。
次五位以上東西分頭参入。〈並用㆓東西扉㆒。〉式部録正㆓容儀㆒。	次五位以上東西相分参入、並用㆓東西戸㆒。式部録進立㆓屏内㆒左右互称㆓容止㆒。
相次六位以下参入。省掌正㆓容儀㆒。	丞録率㆓六位以下㆒参入。省掌称㆓容止㆒。
〈参議以上後㆑自㆓親王㆒五許丈。四位後㆑自㆓参議㆒七許丈。五位与㆓四位㆒連属。五位最後者比㆑到㆓明義堂北頭㆒六位以下参入。但参議以上列行之間、三許丈。〉	〈参議以上後㆑自㆓親王㆒五許丈。四位後㆑自㆓参議㆒七許丈。五位与㆓四位㆒連属。五位最後者比㆑到㆓明義堂北頭㆒六位已下参入。但参議已上列行之間、三許丈。〉
親王以下六位以上東西分頭立㆓庭中㆒。去㆓舞台㆒南二許丈、東西立定。〈未㆑入之前、酒部等各立㆓酒罇下㆒。〉	親王以下各就㆑標。
大臣宣侍座。共称唯、謝座。	大臣宣侍座。共称唯、謝座。〈未㆑入之前、造酒正以下預立㆓樽所㆒。〉
訖造酒正把㆓空盞㆒。〈便用㆓升殿者酒盞㆒。〉来授㆓第一人㆒。〈共跪受授。〉更還㆓却二三許丈㆒北面立。	訖造酒正把㆓空盞㆒来授㆓貫首者㆒。〈共跪受授。〉跪受共再拝〈造酒正還㆓却三許丈㆒北面而立。〉
親王以下謝酒。訖造酒正受還。〈他皆效㆑此。〉	親王以下謝酒。訖造酒正進跪受復㆓樽所㆒。
参議以上・非参議三位以上以㆑次升就㆑座。	参議以上依㆑次就㆓殿上座㆒。
次五位以上・六位以下東西相分着㆑座。〈見㆓参議以上両三人升殿㆒、則五位以上・六位以下相共着焉。不㆔必待㆓参議之升竟㆒。他皆效㆑此。〉	次五位以上・六位以下東西相分就㆑座。〈待㆓参議已上両三人升殿㆒、即四位以下依㆑次就㆑座、不㆔必待㆓参議升畢㆒。〉

凡例　――は、どちらかに無い字句を、～～は、異なる字句の使用を示す。したがって傍線が無い箇所は、両書が同一であることを示す。〈　〉内は割注であることを示す。

『内裏式』では、このような標の設置の記載はない代わりに、Aの傍線部の列立時の記載は『儀式』よりも詳しい。これは、『儀式』では、目印となる標があることにより、列立の際の次第を詳しく記載する必要がなくなったことを意味している(24)。『儀式』次第文は、節会での標の導入に合わせ、列立の箇所の記載を簡潔なものに変更したものと推測される(25)。官人が列立する際の目印としての標は、『内裏式』段階では使用されておらず、その使用は『儀式』段階から始まると言える。

また他にこの点を傍証するものとして、以下の二点が挙げられる。①十七日観射儀について、『内裏式』では「射人行立版位」としていたものが、『儀式』では「射者行立標」となり、同じく五月五日節でも、『内裏式』では「奏事位」「兵部卿位」としていたものが、『儀式』では「奏事標」「卿行立標」となり、役割はそのままに「版位」から「標」へと変更される。ここから「標」は後発的なものと考えられる。②十七日観射儀について、『内裏式』では、前日に兵部省官人が、射席・侯等の準備とともに唱射人名者位・射人行立版位を設置する。それに対し『儀式』では、前日に射席・侯等を準備し、それに加えて当日早旦に射者行立標や親王から無位までの列立のための標を準備しており、版位・標の設置が二日に渡っている。これは新たに標の使用が開始されたため、兵部省が準備するものが増えた結果と考えられる。

標を『儀式』から見られる後発的なものと述べたが、『内裏式』でも、列立に際しての標の使用が二例みられる。七日会での叙位行立標と、蕃客参加時の七日会での群臣行立標とである(26)。前者は、式部・兵部両省が叙位の対象者を列立させるために設置するものであり、後者は、前節で述べた、蕃客が参加するため通常とは異なる列立を行う場合であり、混乱を防ぐために設置されたものである。このように『内裏式』でも標の使用はみられるが、通常の官人の列立とは異なるイレギュラーな事例に限定されている。また、両者はともに割注の一部である。『内裏式』における割注の性格は、別途、検討すべき課題であるが、割注の中には「承和十年」の記載を持つものもあり(27)、比較的新しい追記も交っていることを考慮すると、この部分についても、或いは弘仁十二年以降の状況を反映したものである可能性も残る。

以上、結果として鈴木氏が述べられたことを再度確認することとなったが、儀式書としては『儀式』段階から、列ごとに親王標・太政大臣標・左右大臣標などの行立標を準備し、整然とした列立が行われる。『内裏式』段階では、節会の場における列立が開始され、式部省による入場前の左右の振り分けも行われるが、「去レ版南一許丈、異位重行。」（会）や「去二舞台一南二許丈、東西立定。」（七日会式）など、尋常版位等からの距離を目安にして列立が行われ、版位・標などの列を示す明確な目印は使用されない。弘仁十二年（八二一）撰進の『内裏式』から見られる節会における列立は、貞観十四年（八七二）～十九年成立の『儀式』においてさらに整然としたものとなる。この間の状況を反映して、節会行列条が成立し、貞観式に加えられたものと推測される。

しかし、『内裏式』の列立と『儀式』の列立は、その列立法の中身は同じながらも、その持つ意味は大きく異なると考えられる。本来、節会での列立は着座までの便宜的かつ一時的なものに過ぎない。『儀式』に見られるような厳密な列立は、本来必要ではなかったはずである。標の導入により、節会の場においても、朝賀での版位を用いた列立と同様な整然とした列立を行うこととなる。ここで、合理的なものに過ぎなかった節会での列立に、視覚的に官人の序列を示すという新しい意味が加わるのではないだろうか。また、節会での列立では、参議・非参議三位以上と四位五位との区別が明確にされる。五位以上という、より狭い範囲で身分の高下を区別するのに適した列立法と言えるだろう。これは官人社会の中で、六位以下が君恩の対象から除外されていくという状況を反映したものとも考えられる。(28)

第三節　朝賀における列立法の変化

(一) 列立法に見える序列の淵源

元正行列次第条に示された列立は弘仁式に遡り、さらには公式令55文武職事条に見える朝参にまで遡ると考えられる。それに対し、節会における列立は後発的なもので、貞観式で式文として表れる。列立の成立については、以上のことがわかったが、その列立法の中身にあたる、そこで示されている官人の序列について、両者にはどのような性格の違いがあるのだろうか。

節会での列立法は、着座殿舎に基づく便宜的な列立法である。馳道を渡らないようにするために、いびつな形になっているが、これを平面的に捉えず、直線的な序列として考えると、「親王・参議以上・三位已上・諸王四位五位・臣五位以上」となる。この序列は、『政事要略』六九所引公式令文武職事条集解にも見える。

> 釈云、大臣以下、皆立㆓親王後㆒也。其外位別列耳。若立㆓一列㆒者、諸臣三位立㆑前、次諸王四位以下五位、諸臣四位以下列耳。

延暦六年（七八七）～同十年に成立したとされる令釈において[29]、一列に立つ場合のものとして、この序列が述べられている。節会での列立法は、従来から存在したこの直線的な序列を着座殿舎に対応させたものと言える。

一方、元正行列次第条に見える列立は、朝堂院の座次を反映したものである。朝堂院の西第一殿（延休堂）には親王の座、東第一殿（昌福堂）に太政大臣・左右大臣の座、東第二殿（含章堂）に参議・大納言・中納言の座があり、この朝堂政での着座位置に基づく形で列立を行う。そのため、親王・諸王が西側に列立する[30]。しかし、平安時代には、朝堂政は衰退しており、親王の座は東第一堂に設けられるものの、奈良時代からほとんど使用されていなかったようである[31]。それでも、この列立法は大儀である朝賀で用いられ、その内実を失っても象徴的な意味を持ち続けていた伝統的な列立法であった。節会での列立法が合理的な、ごく一般的な序列を元にしているのに対し、朝賀での列立法は伝統的ではあるものの、特殊な列立法であったと言える。しかし、この特殊な列立法のみが朝堂院で長らく用いられ続けてきた。しかし、この伝統的な列立法は『儀式』元正朝賀儀において変化する。

（二）『儀式』元正朝賀儀における列立法の変化

先に第一節で、元正行列次第条にみえる列立と『儀式』元正朝賀儀の列立とが一致しないことに触れた。これは、弘仁式段階の列立法が、後に改変されたものだが、その改変の持つ意味について考えたい。

『儀式』元正朝賀儀の列立において注目すべきは、四位・五位諸王の位置である（図2参照）。それまで諸王は、親王と共に西側（右）に位置していたが、『儀式』では、四位参議の南側に移動して東西に分列しており、大きく位置を変えている。このように諸王が、議政官の後に東西に列立する点は、節会での列立法と同様である。これは、朝賀の列立法が節会における列立法に近づいたものと見なすことができる。また、『儀式』では新たに「王四位参議」の位置が設けられているが、これも節会での列立で見られるものである（図4参照）。この『儀式』元正朝賀儀の列立法での諸王の位置の変化は、節会での列立法の影響を受けた結果と考えられる。諸王の地位低下なども想定されるが、王四位参議と四位参議とが区別され、臣下の四位五位よりも王が前にいるなど、一応諸王の優遇は継続している。これはむしろ親王・諸王を右（西）に列立させてきた朝賀儀での列立法そのものが、完全に形骸化したことを示している。平安時代初期に開始された、節会における着座までの一時的な列立法が、官人の序列を示す列立として機能し始めた結果、その後発的かつ合理的な列立法の影響を受けて、長らく行われてきた朝賀での列立法が改変された。ここにおいて、形骸化しながらも残っていた伝統的な列立法は完全に過去のものとなった。

おわりに

本章で述べたことを再びまとめる。

① 延喜式部式上3元正行列次第条の内容は、弘仁式において行列次第条として規定されていた。その後、お

そらく貞観式において式部式上4節会行列条が成立する。延喜式編纂時に、両者に改訂が加えられ、行列次第条の一部であった中政の次に関わる箇所が、節会行列条へと移動した。その結果、文章の意味を明確にするため、「但五位已上位色不レ同、雖二是下官一猶先二高色一」という文言が加えられる。これは同位の場合の序列を規定したものではなく、上文が六位以下を対象とすることを間接的に示したものである。

②奈良時代以来、朝堂院において、東側に議政官、西側に親王・諸王が並ぶという列立法が行われていた。また、朝堂院以外の場面で一列になる場合には、諸臣三位以上・諸王四位五位・諸臣四位以下という序列が用いられていた。弘仁式では、朝堂院で東に議政官、西に親王・諸王という列立を行う際、式部省官人らが門外で行う整列のための規定として、行列次第条が存在した。ここでは中政の次も併せて規定され、広く朝堂での序列に関わる規定として存在していた。一方、節会での列立に関わる条文は弘仁式では存在しなかった。弘仁十二年（八二一）撰進の『内裏式』に見えているような謝座謝酒の導入を契機として、節会の参加者全員が一旦殿庭で列立することが開始される。貞観十四年（八七二）～同十九年成立の『儀式』では、さらに標を用いた厳密な列立が行われる。この『内裏式』から『儀式』の間の状況を反映して節会行列条が成立し、貞観式に加えられたと考えられる。

③節会での列立法は、従来から用いられていた一列での官人の序列を、着座する殿舎に対応させただけの合理的かつ便宜的な列立法に過ぎない。それが、『儀式』では、標を使用することで、天皇を前にした整然とした列立が行われるようになる。これは、節会での列立が、官人の序列を視覚的に示すものとしての意味を持つようになったことを示している。そして、遂には奈良時代以来、朝賀・朝参において伝統的に用いられてきた列立法をも変質させることとなった。

　この列立法の変化は、朝賀から節会へという、官人の序列を示す場が変化したことを意味し、それは、節会そのものの性格の変化を示していると考えられる。また、ここには、朝賀における列立が象徴していた奈良時代以来の序列が完全に消滅していく過程が示されている。

（1）井上光貞他校注『日本思想大系　律令』（岩波書店、一九七六年）公式令55文武職事条補注。虎尾俊哉編『訳注日本史料　延喜式』中（集英社、二〇〇七年）式部式上4節会行列条補注。
（2）『法曹類林』二〇〇所引天承元年（一一三一）五月二十五日付勘文など。
（3）飯淵康一「平安宮の儀式空間」（同『平安時代貴族住宅の研究』中央公論美術出版、二〇〇四年、初出一九八五年）、鈴木琢郎「版位制の展開と標の成立――平安前期の検討から――」（『行政社会論集』一五―三、二〇〇三年）。
（4）『内裏式』『内裏儀式』の位置づけをめぐっては、所功「『内裏式』の成立」（同『平安朝儀式書成立史の研究』国書刊行会、一九八五年、初出一九八四年）、西本昌弘「古礼からみた『内裏儀式』の成立」（同『日本古代儀礼成立史の研究』塙書房、一九九七年、初出一九八七年）等で議論されているが、『内裏儀式』が『内裏式』より内容的には古いという点については諸説一致している。
（5）虎尾俊哉編『訳註日本史料　延喜式』中（集英社、二〇〇七年）式部式上3元正行列次第条補注にも指摘がある。
（6）節会での列立法についても、『儀式』に鋪設の一環としての詳しい列立法が記載されており、節会行列条の列立法と一致する。
（7）山下信一郎「『延喜式』からみた節会と節録――「賜」の考察――」（同『日本古代の国家と給与制』吉川弘文館、二〇一二年、初出一九九四年）。
（8）朝賀での出欠確認については、簡略であるが『延喜式』にも見られる。延喜式部式下10朝賀条「輔以下就レ座、省掌置二版位一。五位以上服二礼服一。四位已下非レ有二職掌一、不レ著二礼服一。就レ版受レ点。具見二儀式一。」、延喜式部式上7節会点検条「凡正月一日・七日・十一月大嘗節会、点二検五位已上一。……自余皆就二版位一受レ点。」。なお、弘仁式部式の元正朝賀条は前半部分を欠いているが、延喜式部式下10朝賀条とほぼ同文と考えられ、朝賀における式部省による出欠確認は弘仁式段階まで遡る。おそらく、整列も同時期まで遡るであろう。
（9）宮城栄昌『延喜式の研究』史料篇（大修館書店、一九五五年）三二八～三二九頁。
（10）虎尾俊哉編『弘仁式貞観式逸文集成』（国書刊行会、一九九二年）六二頁による。
（11）諸司申政については、吉川真司「律令官人制の再編」（同『律令官僚制の研究』塙書房、一九九八年、初出一九八九年）

を参照した。

（12）すでに宮城氏は、註（9）書、三二九～三三〇頁において、節会行列条の「但五位已上位色不レ同、雖二是下官一猶先二高色一」が、延喜式での追加文であると指摘している。

（13）「案二此式文一［注：節会行列条］称二下官一是見所レ帯之官、称二位色一亦則所レ帯之位也。所謂左将五品・右将四位、先二高色一之文、猶須二四位右将立レ上、五位左将列レ下歟。番奏・警固之事共以二申政之儀一也。」とする。

（14）先に述べたように、元正行列次第条は、『儀式』における朝賀での列立法の改訂を反映していない。延喜式編纂時に、列立法そのものに踏み込んだ大きな改訂はなされなかったことが推測される。元正行列次第条については、貞観式で「今案」として付された改訂を、本文にとりこみ、整理を行ったのにとどまるのではないか。節会行列条も同様に、延喜式で新たに加えられたというよりも、貞観式で新たに作られた可能性の方が高い。貞観式の理解については、虎尾俊哉「貞観式の体裁」（同『古代典籍文書論考』吉川弘文館、一九八二年、初出一九五一年）によった。

（15）北康宏「冠位十二階・小墾田宮・大兄制――大化前代の政権構造――」（同『日本古代君主制成立史の研究』塙書房、二〇一七年、初出二〇一〇年）。また、『儀式』元正朝賀儀の入場前の部分において、「閤外大臣以下、入レ自二含耀・章義両門一就二朝集堂床一。大臣以下・参議以上在レ東、親王以下・非参議三位以上及奏賀奏瑞在レ西。若太政大臣就レ列者、右大臣就レ西。」と、同一の文がみられる。ここから、①元正行列次第条の一部が、『儀式』の入場前の場面に記載されている点は、両条は入場前の門外での列立に関わる規定である、という本章の主張を補強する、②北氏が指摘するように、方向の表示に「左右」ではなく「東西」を用いる点から弘仁式以降の追加文と考えられるが、『延喜式』施行前に当たる、『吏部王記』延長六年（九二八）十二月二十九日条（『政事要略』二八年中行事十二月上所引）に、「省式、無二太政大臣一時、右大臣度レ東者云々」と、この箇所の取意文が見えることから（虎尾氏註（10）書、六二頁）、この箇所は貞観式で「今案」の形で補足されていたものが、延喜式で本文化したものと言える。ここからも元正行列次第条には、延喜式編纂段階で大きな書き換えがなかったことが推測される。

（16）元正行列次第条の「孫王諸王同色、先列二孫王一」は、『類聚符宣抄』所収弘仁三年（八一二）正月五日宣の「孫王・諸王同色者、用二下階孫王一為レ上」を受けて加えられたものと考えられ、弘仁式部式行列次第条に存在した可能性がある。

（17）また、大臣が「侍座」と述べた後の官人の着座については、『内裏儀式』の記載が時間軸に沿っているとすると、群臣→参議以上→非参議三位以上という順に行ったことになる。これでは、身分の低い四位・五位の官人の方が先に着座することとなり、「以レ次就レ座」という記述と矛盾する。また、昇殿者は「有レ頃」てから大臣に喚ばれて昇殿している。これらのことを考えると、おそらく、昇殿する参議・非参議三位以上を含めた全ての官人が一旦東西幄に着座した後で、昇殿者のみが名前を喚ばれて殿上に昇っているのではないだろうか。この推測が許されるのであれば、この点からも着座殿舎に基づく節会での列立法は、『内裏儀式』では未成立と言えるだろう。

(18) 弘仁式部式七日叙位条は「当日質明、掃部司設二輔以下座於便処一、輔以下就座、点二検五位以上一。兼仰二八日斎会職掌一。事見二儀式一。」とするのみであるが、延喜式部式下16七日叙位条にはこれに加えて「先レ是省率二四位已下刀禰等一列二立門外一。」という整列に関する部分が加えられている。

(19) 西本氏註(4)論文。

(20) 鈴木氏註(3)論文。

(21) 飯淵氏註(3)論文。

(22) 『儀式』の書誌的事項については、所功「『儀式』の成立」(註〔4〕書、初出一九七七年)を参照した。

(23) 鈴木氏註(3)論文。

(24) 『内裏儀式』『内裏式』の朝賀次第文では、列立する際に「群臣以レ次参入、就二版位一」と記載する。標ではないが、目印がある場合は、「就」という表現を用い、節会での列立とは書き分けている。

(25) 『儀式』元日御豊楽院儀(元日節会の儀式次第)では、行立標の設置が見られず、それに対応して列立の箇所に「標」は登場せず、「親王以下五位以上東西相分。親王以下参議以上共就二東列一。立二庭中一。異位重行。東列以レ西為レ上、西列以レ東為レ上。立定。」と『内裏式』に近い記載になっている。標の使用の有無と儀式書の記載が対応しており、本節での推測を裏付ける。なお、『儀式』元日御豊楽院儀に標が見られないことは、所氏註(22)論文において既に指摘されている。

(26) 「自二台東南角一東去三許丈、南折三許丈、立二四位以下行立標一。兵部亦同。」(『内裏式』七日会式)、「群臣行立標具二式部式一」(同上)とある。またここに「式部式」とあるが、現在残る弘仁式部式及び延喜式部式には、七日会の蕃客参加時における標についての細かい規定はない。おそらく、蕃客参加時の鋪設等を定めた諸司の記文の一部を指すか。

(27) 『内裏式』十一月進御暦式。また、十一月新嘗会式の割注にも「承和年中」とある。これらの割注については、大西孝子「『内裏式』の書誌的考察」(『皇學館論叢』五―三、一九七二年)に指摘がある。

(28) 吉川氏註(11)論文。

(29) 令釈については、井上光貞「日本律令の成立とその注釈書」(註〔1〕書)を参照した。なお『新訂増補　国史大系令集解』には当該箇所は見えない。

(30) 北氏註(15)論文。また、これまで挙げた『延喜式』の規定や儀式書以外に、『令義解』公式令55文武職事条も、「自二親王行レ降二一等一。諸王立レ西。諸臣列レ東。」としている。

（31）　橋本義則「朝政・朝儀の展開」（同『平安宮成立史の研究』塙書房、一九九五年、初出一九八六年）。

〔補註〕　論旨を明確にするため、初出時にはなかった図3を付し、註（5）（16）（18）を加えた。

第七章　平安時代の服御・常膳の減省について

はじめに

ここで取り上げる服御・常膳の減省とは、災害に際して天皇が自らの衣服を作るための絹や天皇の御膳に用いる食材等を減らし節約に努める行為を指す。天皇が民のために自らを犠牲にして倹約に努める姿は、早く仁徳紀に見え、高台から烟気が無い様子を眺めて百姓の窮乏を思い、課役を三年停止し、そのため天皇自身の衣服を新調することはなく、宮室も朽ち破れたことが描かれている(1)。このような民を思う理想的な天皇像は、漢籍にその出典を求めることができ、『日本書紀』『続日本紀』のなかでも天皇自身が倹約を行うことの重要性に言及されている。しかし具体的な天皇自身の節約の行動としては、弘仁九年（八一八）に、旱魃に際して嵯峨天皇の服御・常膳を減省したのが最初であり、管見の限り建長元年（一二四九）の後深草天皇まで確認される。

本章ではこの九世紀から十三世紀にかけて見られる天皇の服御・常膳の減省について、その沿革を明らかにし、八世紀には見られなかったこの措置が九世紀初頭に現れる背景について考えたい。

この措置については、すでに西村正男氏、時野谷滋氏、相曽貴志氏、山下信一郎氏らが言及されている(2)。ただいずれも主な関心は官人給与制の変遷にあり、服御・常膳の減省と併せて行われる官人の封禄の削減を検討するなかで、付属的に触れるのみである。

本章では、以下の二つの点から、この措置の成立について検討を加える。ひとつは「天皇自身が日常に使用する物品を減らす」という発想がどのように定着するのかという点である。この発想が中国の影響を受けて、九世紀に入ってから現れることを示し、それに到る過程を検討する。また、この服御・常膳の減省に伴って、五位以上官人の封禄の削減が行われるが、このような財政難に対して中央の支出を抑制するという政策も宝亀年間以前には見られず、八世紀末から段階的に形成されてくる。もちろん九世紀初頭の飢饉・災害による深刻な国家財政の危機により、このような措置が実行されたことは疑いがないが、段階的に政策が進行していく状況が確認できるので、本章ではその点を重視して検討を進めていきたい。

なお、遺詔による死後の葬送の省約も、天皇自身に関わる節約・倹約のひとつの形であり、推古天皇の事例(『日本書紀』推古天皇三十六年〔六二八〕九月二十日条)をはじめとして縷々見られることは承知しているが、ここでは生前の生活のなかでの倹約に焦点を合わせるため、検討の対象から外している。

第一節　服御・常膳の減省の成立

(一) 弘仁九年詔の検討

「服御・常膳の減省」に関わる事例を集めたのが、【表　天皇の服御・常膳の減省及び公卿の封禄の削減】である。これが初めて明確に表れるのは、弘仁九年(八一八)四月二十三日の詔である。

是日。①詔曰、「云々。去年秋稼燋傷不レ収、今茲新苗播殖望絶。朕之不徳、百姓何辜、云々。(a)今賫二畏天威一。避二茲正殿一。(b)分レ使走レ幣。偏二於群神一。(c)其朕及后服御物并常膳等、並宜二省減一。(d)左右馬寮秣穀一切権絶、云々。仍(e)令下左右京職収二葬道殣一掩レ骼埋上胔。(f)人民飢困、特加二賑贍一。(g)狴圄之中、恐有二寃者一、宜レ令二所司申レ慮放出一、云々」。又②詔、「比者陰陽愆レ候。炎旱淹レ旬、云々。(h)起レ自二今月廿六日一迄二于廿八日一惣三个日、朕及公卿百官、一皆素食、帰二心覚門一。(i)凡厥僧綱、精進転経。以副二素懐一」。

(『日本紀略』弘仁九年四月二十三日条)

弘仁九年前後は災害・飢饉に見舞われた時期に当たる。前年六月二日に室生山での祈雨、四日に諸国に使者を派遣しての祈雨が行われている。弘仁九年四月にこの詔が出された以降も、桓武天皇陵への祈雨、仁王経の講読が行われ、さらに七月の相撲節は旱のため停止され、九月には諸国に金剛般若経の転読を命じるとともに、弘仁八年以前の租税未納を免除する等、災害に対してあらゆる手をつくしている。

この詔はこの非常事態のなかで出されたものである。同日に①為政者として行う儒教的な要素を多く含む措置、②仏教的な措置、についての二つの詔が出されている。ここで示されているいくつかの対策のうち、波線部（b）諸所への祈雨奉幣、（e）道路に放置された死者の埋葬、（f）賑給、（g）冤罪の者の有無の確認は、いずれも従来から災害時の対策として行われている(3)。傍線部（a）天皇が正殿を避ける、（c）天皇・皇后の衣服・食事を減らす、（d）馬寮の牛馬に与える秣穀を停止する、この三項目が今回新たに行われている。この三項目はいずれも災害を天からの譴責と捉え、天皇自身の身を慎むことにより、災害を止めようとするものである。災害に際して、その責は天皇が負うべきであるという考え方は、八世紀の詔などにも頻繁に示されているが、ここで初めて具体的に天皇が身を慎む行動が見られる。

また、空海『遍照発揮性霊集』のなかに、このときの措置に言及したと思われる一文が見える。

……我皇垂レ願、為レ人出。　且智且仁、臨二八州一。
三教九流、一心裏。　四量六度、萬劫修。
為レ人引レ咎、避二楼観一。　為レ物減レ飡、日夕憂。
寺々進レ僧、開二妙法一。　山々馳レ使、禱祈周。……

（「喜雨歌〈雑言〉」『性霊集』二）

この文章は旱とその後の雨について述べたもので、この部分では「我皇」＝天皇の行動について述べている。傍線部は弘仁九年詔の傍線部（a）天皇が正殿を避ける、（c）天皇・皇后の衣服・食事を減らす、と一致する。続いて僧による祈禱、神への祈禱について述べるが、これも弘仁九年詔の（b）諸所への祈雨奉幣、（i）僧による

表　天皇の服御・常膳の減省及び公卿の封禄の削減

年（西暦）	月日	主体	種類	動機	備考	出典
弘仁九（八一八）	三月十九日	公卿	五位以上封禄	災害	弘仁十一年に復す。	紀略
弘仁九（八一八）	四月二十三日	嵯峨天皇	服御・常膳・秣	災害	弘仁十一年に復す。皇后・皇太子を含む。	紀略
弘仁十三（八二二）	七月六日	嵯峨天皇	服御	災害	皇后を含む。	類史三三
弘仁十三（八二二）	七月八日	公卿	五位以上封禄	災害		紀略
天長二（八二五）	五月三日	藤原冬嗣等	臣下封禄	不明	旧に復することを申請した可能性あり。	紀略
承和七（八四〇）	六月十六日	仁明天皇	服御・常膳・秣	災害		続後紀
承和七（八四〇）	六月二十二日	公卿	五位以上封禄	災害	許されず（同二十六日）。食封のみ減（同二十八日）。承和十年に復す。	続後紀
貞観十一（八六九）	六月二十六日	清和天皇	服御・常膳・秣	災害	太皇太后・皇太后・皇太子を含む。貞観十五年に復す。	三実・三代格 菅家568
貞観十一（八六九）	七月二日	公卿	五位以上封禄	災害	貞観十五年に復す。	三実
貞観十二（八七〇）	二月二十日	諸王	王禄	災害	貞観十五年に復す。	三実
仁和元（八八五）	四月二十七日	光孝天皇	服御	即位		三実
仁和元（八八五）	五月八日	公卿	五位以上封禄	即位	許されず（六月三日）。	三実
寛平元（八八九）	二月二十五日	宇多天皇	服御・常膳	即位カ		紀略
寛平元（八八九）	三月四日	宇多天皇	服御・常膳・秣	即位カ		紀略
寛平元（八八九）	三月十三日	公卿	五位以上封禄	不明	七月二十一日に許される。	紀略
寛平八（八九六）	—	宇多天皇	服御・季雑物	災害		菅家576
昌泰元（八九八）	二月二十八日	醍醐天皇	服御・常膳	即位		紀略・三代格
承平二（九三二）	十二月十九日	朱雀天皇	服御・常膳	不明		貞・紀略

天暦元（九四七）	二月二十七日	村上天皇	服御・常膳	即位		貞・紀略
天暦元（九四七）	三月二十九日	公卿	五位以上封禄	不明		貞・紀略
天暦十（九五六）	七月二十三日	村上天皇	服御・常膳・秣	災害		文粋・北山抄
天暦十（九五六）	八月八日	公卿	封禄	不明	許されず（同十九日）。十分の二のみ許す（九月二十八日）。	北山抄
天徳四（九六〇）	九月十九日	村上天皇	服御・常膳	災害カ		紀略
天禄元（九七〇）	三月十五日	円融天皇	服御・常膳	即位カ		紀略
貞元元（九七六）	六月九日	円融天皇	服御・常膳	内裏火事	皇后を含む。	紀略
天元三（九八〇）	十一月二十八日	円融天皇	服御・常膳	内裏火事	皇太后を含む。	紀略
永観二（九八四）	—	花山天皇	服御・常膳	不明		紀略
寛和二（九八六）	七月二十五日	一条天皇	服御・常膳	即位カ		紀略
永延元（九八七）	五月二十九日	一条天皇	服御・常膳・秣	災害		紀略・扶
寛仁元（一〇一七）	十二月二十二日	後一条天皇	服御・常膳	即位		紀略・御堂・右・左
天仁元（一一〇八）	十一月四日	鳥羽天皇	服御・常膳	即位カ		殿暦・中右記
康治元（一一四二）	十一月二十六日	近衛天皇	服御・常膳	即位		本朝世紀
寿永二（一一八三）	五月二十二日	安徳天皇	服御・常膳	不明		玉葉
文治二（一一八六）	五月二十七日	後鳥羽天皇	服御・常膳	不明		玉葉
寛元二（一二四四）	五月二十日	後嵯峨天皇	服御・常膳	不明		百練抄
建長元（一二四九）	五月二十三日	後深草天皇	服御・常膳	災害カ		百練抄

［凡例］網掛けは天皇に関わる事例を示す。出典の「紀略」は『日本紀略』、「類史」は『類聚国史』、「続後紀」は『続日本後紀』、「三実」は『日本三代実録』、「菅家」は『菅家文草』、「貞」は『貞信公記』、「文粋」は『本朝文粋』、「扶」は『扶桑略記』、「御堂」は『御堂関白記』、「右」は『小右記』、「左」は『左経記』を示す。なお、表には含めていないが、『本朝麗藻』下「感減四分之一之詔一首　源憲為」は円融～一条朝のいずれかの事例を指すものと考えられる。

祈雨に対応している。江戸時代初期の性霊集の注釈書『性霊集便蒙』では、「喜雨歌」を「嵯峨ノ帝期」のこととするが、この弘仁九年詔を踏まえて詠まれたものとして問題ないであろう(4)。空海はこの後の箇所で「幸哉帝力不レ能レ籌。……一朝能滅二萬人愁一」と天皇を讃えている。自らの身を慎むという新たな措置をとった嵯峨天皇の意図を、空海は十分に理解していることがわかる(5)。

この嵯峨天皇が実施し、空海が言及した新しい災害への対応方法（a）・（c）・（d）は、中国で古くから見られる。殷の湯王が旱に際して自ら身を慎んで天に祈った故事は、災害時に為政者が身を慎む行動の端緒とされ、奈良・平安時代の詔や官符に彼への言及が見える(6)。また、（c）の食事の減省については、漢の宣帝が本始四年（前七〇）に、飢饉に際して「損レ膳」ったことが見える(7)。（a）正殿を避けることも同年四月に見える(8)。

また（c）の服御の減省については、節約を美徳とする考え方から、特に災害に関わらせることなく見られ、特に、漢の文帝が露台を建てようとしたが、百金もの費用がかかることを知り、「百金、中人十家之産也」と述べて取りやめた故事が、節約の先例としてたびたび引用される(9)。また、遠征を行うためという具体的な理由によるものだが、供御の三分の二を減じた例も、晋永興元年（三〇四）に見られる(10)。（d）の秣穀の支給停止についても、初元元年（前四八）九月に見られる(11)。

弘仁九年詔で示されている波線部（a）・（c）・（d）の措置は、このような漢代以降の中国の事例を参照して始められたものと考えられる(12)。また、この弘仁九年の措置に続き、弘仁十三年（八二二）に再び同様な趣旨の詔が出される。そのなかに『詩経』大雅の「雲漢」の一節が引用されている。

> 間者、嘉雨騫応、炎旱淹レ旬。走二幣群神一、聊無レ攸レ感。詩不レ云乎、「旱既太甚、憂心如レ熏」。朕并皇后服御物、宜レ従二省撤一、云々。
> （『類聚国史』三三　服御　弘仁十三年七月六日条）

「雲漢」は旱に際して昊天上帝に祈りを捧げる為政者の姿を描いたものであり、嵯峨天皇が中国の事例を踏まえ、儒教的な皇帝像を意識した上でこれらの措置を行ったことがわかる。空海も「喜雨歌」の中で、「三教九流、一心裏」と述べ、今上が仏教・儒教・道教をともに行ったという趣旨のことを述べている。

また、弘仁九年（八一八）は、災害の相次いだ時期であると同時に、唐風の門号・殿舎号への改正、再拝・舞踏などの新礼への変更が行われ、嵯峨天皇のいわゆる唐風化政策の起点となる時期に当たる。[13] 政治史的に見ると、長らく議政官の筆頭であった右大臣藤原園人が健康上の問題により、その影響力を低下させている。議政官の次席であり、皇太子時代から嵯峨天皇との結びつきの強い藤原冬嗣が、廟堂での影響力を強くしていき、嵯峨天皇自身もその影響力を高めていく時期に当たる。服御・常膳の減省は、九世紀初頭、なかでも嵯峨天皇の治世に出された、儒教的な要素を強く持つ災害時の対応であり、いわゆる唐風化政策の一つとして捉えられる。

しかし一方で、この服御・常膳の減省は、官人の封禄削減に対応して出された、支出抑制策としての側面を持っている。次にその後の服御・常膳の減省の展開を確認し、官人の封禄削減との関わりを確認するなかで、この財政政策としての側面について見ていきたい。

（二）服御・常膳の減省の展開

（1）弘仁期

九世紀初頭に公卿からの奏上によって、五位以上の封禄が一時的に削減されることは、時野谷滋氏により言及されており、山下信一郎氏はその奏上が、天皇の服御・常膳の減省を命じる詔と対応して出されていることを指摘した。[14] しかし削減の実態にその関心が向けられ、天皇と官人の関係に立ち入った検討はなされていない。ここでは具体的な前後関係等を踏まえながら、天皇・官人両者の対応について再度確認していきたい。

服御・常膳の減省の詔と五位以上封禄の削減の上表とが対応して出されることは、弘仁九年から見られる。先に検討した弘仁九年詔の出される約一ヶ月前に、公卿から以下のような奏上が行われ許されている。

公卿奏曰、「頃年之間、水旱相続、百姓農業、損害不レ少、云々。伏望省二臣下封禄一、暫助二国用一。年歳豊稔、

即復二旧例一」。許レ之。　（『日本紀略』弘仁九年三月十九日条）

そして二年後の弘仁十一年には、これを旧に復している。

A　詔、随レ時損益、別言之嘉猷、覩レ物施レ宜、往行之合範。其弘仁八九年之間、水旱不レ登、府庫稍耗。因公卿評議、暫割二五位以上封禄四分之一一、以均二公用一。是為二量レ時施レ政、豊約相済之義一也。如今五穀頗熟、支用可レ均。比年以来、勝二彼礼情一、朕甚悪焉。宜三封禄等数復二之旧例一。務加二宣下一。副二朕意一焉。

弘仁十一年十一月七日　（『類聚三代格』三）

B　公卿上表曰、「臣聞、云々。其群臣議定、所レ減封禄等、並有二恩旨一、被レ復二旧例一。伏望御膳亦同復レ常」。

（『日本紀略』弘仁十一年十一月十五日条）

C　太政官符

応二御并皇后宮・春宮坊御服復レ旧事

右、去弘仁九年以権減省。今被二大納言正三位兼行左近衛大将陸奥出羽按察使藤原朝臣冬嗣宣一偁、奉レ勅、依二臣下表一宜レ復レ旧。

弘仁十一年十一月廿八日　（『類聚三代格』一〇　供御事）

まず十一月七日に、Aの詔により臣下の封禄を旧に復した。これに対し、十五日にはBの公卿の上表が出され、天皇の御膳も旧に復すよう要求があった。この上表が認められ、二十八日にCの太政官符で天皇・皇后（橘嘉智子）・皇太子（大伴親王・後の淳和天皇）の御服を旧に復すよう勅が出された。このように天皇と公卿とが互いを褒め合いながら、不作・飢饉に際して一時的に服御・常膳の減省、封禄の削減を行うことが始まる。この場合は公卿からの封禄の削減の上表が先に出され、後に服御・常膳の減省が行われた。しかし、弘仁十三年（八二二）の場合には、七月六日に天皇及び皇后の服御の減省が指示された後、同八日に公卿から封禄の削減が提案されており、天皇→公卿と順番が逆転している。この後、承和七年（八四〇）、貞観十一年（八六九）、仁和元年（八八五）、寛平元年（八八九）に同様の措置が確認される。

なおここで用いられている「封禄」は「五位以上」とされることから、位封・位禄である。位封・位禄の支給額は、慶雲三年（七〇六）格によって禄令10食封条の規定を増額したものが、長らく用いられた。これが大同三年（八〇八）十月十九日格により、令制に復され、正一位三百戸・従一位二百六十戸・正二位二百戸・従二位一百七十戸・正三位一百三十戸・従三位一百戸、正四位絁十疋・綿十屯・布五十端・庸布三百六十常、従四位絁八疋・綿八屯・布四十三端・庸布三百常となった(15)。弘仁九年には、これら位封・位禄の四分の一が削減されたことが、史料Aよりわかるが、この割合はこの後にも踏襲されていく(16)。天皇の服御・常膳の減省の割合も弘仁九年当初からこれと同様に四分の一であり(17)、その最初期から、官人の封禄削減を意識していたことが窺える。服御・常膳の減省は、いわゆる唐風化政策のひとつでありつつ、臣下と足並みを揃えて行われる、臨時の支出抑制策でもあった。

（2）承和・貞観期

続いて詳細に史料の残る承和の事例を確認しておこう。

詔曰。悊后撫レ運、寔約レ己而臨レ人、明王会レ昌、必推レ心而済レ物。……去年陰陽并隔、秋稼弗レ登、頃者偏亢淹レ旬。芸殖或損。如レ聞、諸国飢疫、往々喪亡。朕之菲虚、黎元何罪。仰稽二前烈一、徳是除レ耶。内求二諸心一。抑可二挹損一。(c)其朕服御物并常膳等、並宜二省減一。(d)左右馬寮秣穀一切権絶。諸作役非レ要者、量レ事且停。(g)狴圄之中、恐有二冤者一、速命二所司一申レ慮放出一。加之天下諸国、有レ水之処、任令二百姓灌漑一、先レ貧後レ富。(f)鰥寡孤独不レ能二自存一者、量加二振贍一。其臥病之徒、無レ人二視養一、多致二夭折一。凡国郡司為二民父母一、而不レ顧豈称二子育一。宜下就班二穀薬一、令上得二存済一。……庶油雲布レ族、施二甘澤於十旬一、嘉苗亘レ原、貯二京坻於萬畝一。普告二遐邇一、俾レ知二朕意一。

（『続日本後紀』承和七年〔八四〇〕六月十六日条）

まず仁明天皇が服御・常膳の減省をはじめとする、災害時の対応を行っている。傍線部は弘仁九年詔に見える

(c)・(d)・(f)・(g)と対応する内容であることを示している。これに対して公卿から奏言が出される。

　太政官左大臣正二位藤原朝臣緒嗣・右大臣従二位皇太子傅藤原朝臣三守等奏曰、「伏奉㆓今月十六日詔書㆒偁、『……』。群臣跪読、不㆑勝㆓感歎㆒。但恩渙俄出、甘澤平施。鳳畛収㆑黄、龍原布㆑緑。神明不㆑遠、感応孔昭、率土之浜、誰不㆓歓慶㆒。昔夏帝之解㆓陽旰㆒、殷王之禱㆓桑林㆒。以㆑古況㆑今、抑須㆑慙㆑徳。臣等忝以㆓散樗㆒、叨厠㆓槐棘㆒。道非㆓匡賛㆒、功謝㆓緝熙㆒。覗懼之至、倍㆓百恒情㆒。今者帝念猶労㆓於上㆒、臣心何安㆓於下㆒。埃塵不㆑譲、泰山居㆓仰止之庭㆒、涓澮無㆑辞、巨海作㆓朝宗之府㆒。伏望暫減㆓五位已上封禄㆒、以支㆓万一㆒焉。伏聴㆓天裁㆒」。

（同六月二十二日条）

左大臣・右大臣をはじめとする公卿は、天皇が労しているのに、臣下が安んじてはいられないと述べ、封禄の削減を申し出ている。しかし、同二十六日に出された仁明天皇の勅報では、「雖㆑知㆓雅懐㆒、固乖㆓予意㆒」として、削減を許さない。そこでさらに、二十八日に公卿が重ねて奏上を行い、「君唱臣随、上行下化、古今一揆、寧得㆓闕如㆒。未㆑有㆓主上憂勤、臣下逸楽㆒者也。」と述べ、それを受けて仁明天皇は「食封之家」＝位封の支給対象である三位以上はその四分の一を減じ、位禄を支給される四位・五位については翌年から削減するとした[18]。そして、この三年後の承和十年には、「適属㆓兼秋之頗熟㆒、知㆓資用之稍支㆒」として旧に復している[19]。ここでは上表→勅報→上表→勅報が行われ、その中で君臣関係が強調されている。

　貞観十一年（八六九）の場合もほぼ同様の経過をたどる。旱への対策として服御・常膳の減省、左右馬寮の秣穀の停止、調庸未進の免除などを指示した清和天皇に対して、公卿からは五位以上封禄の削減の要求、諸王から季禄の削減の要求が奏上され、認められた[20]。そして四年後の貞観十五年に旧に復している[21]。天皇の服御・常膳の減省は、頻繁にではないが、災害時の対応として行われ、そのたびに五位以上の位封・位禄の削減が行われた。これが大きく変わるのが、仁和元年（八八五）に光孝天皇が行った措置からである。

（3）仁和期以降

光孝天皇は即位の翌年に当たる仁和元年（八八五）四月二十七日に次のような勅を出した。

勅曰。朕以二眇身一、猥承二鴻緒一。膺二登用之業一、有レ若レ馭レ奔、受二光啓之符一、无レ忘レ履レ薄。朕綜二覈前王一、捜二羅曩制一。唯思、宵衣是遵、旰食是勉、躬行二慈倹一、人臻二富庶一。而運承二澆季一、風頽二俗弊一。帑蔵虚耗、経用殷繁。卿士群吏、受二禄稍一者既衆、親王源氏、預二時服一者亦多。計二会征入一、未レ供二其費一、商二折見用一、殆過二其制一。夫域中大宝、天下至公、克レ己惕レ懐、未レ知レ攸レ済。豈有下百官闕二其禄賜一、而一人保中其羨溢上者上乎。宜下朕之服御絹綿二色、暫従二省減一、並依中旧例上。庶権二損上之誠一、用存二経邦之化一。布二告遐邇一、俾レ知二朕意一。

（『日本三代実録』）

ここで光孝天皇は災害が起こっていないにも関わらず、財政を考慮して天皇の使用する絹綿の省減を行った。それに対して公卿は奏上を行い、

謹検二前朝故事一、当二於陰陽逆レ節、水旱淹レ旬、或損二天厨之饌一、暫省二御厨之資一。未レ有下璿璣斉レ政、玉燭調レ時、徒引二責レ躬之誠一、以先二損レ上之美一者上也。

（『日本三代実録』仁和元年五月八日条）

と、前例とは異なり、災害が起こるに先んじて身を慎む光孝天皇を賞賛した上で、五位以上の封禄もしばらく削減するよう要求した。しかし光孝天皇はそれを退け、天皇の服御の減省のみを実行している。[22]

ここで光孝天皇は、親王・源氏の時服の増加による、財政支出の増大を主な理由として、即位直後に服御の減省を命じている。これ以降の宇多天皇、醍醐天皇、村上天皇、円融天皇、一条天皇、後一条天皇は、災害とは関係なく、即位直後に服御・常膳の減省を行うが、[23]その濫觴となる。なお、『西宮記』御即位付種々事にも「減御服常膳」とあり、[24]即位に際して服御・常膳の減省を行うことは、これ以降、儀式書に記載されるほどに定着していったことが窺える。ただし災害時の対策として行われることも絶えることはなく、[25]二つのパターンが併存している。また、ここから五位以上の封禄の削減を必ずしも伴わなくなる。これも重要な変化と言えよう。

以上が九世紀における服御・常膳の減省の沿革である。この措置は嵯峨天皇によって儒教的な君主像を前提と

する、災害時における対応方法として導入されたものである。しかし同時に、五位以上の給与を削減し、支出を抑制するという方向性が示されていた。当初は深刻な災害に際しての一時的な措置であったが、仁和元年（八八五）以降、即位直後に行われるようになるなど、ある程度の変化をしつつも定着する。

　この措置は、九世紀初頭に開始され、以降も一定程度行われていくが、はじめにで述べたように、八世紀には天皇自身に関わるものを削減する・倹約するという事例は見当たらない。次章において、八世紀の状況から、服御・常膳の減省が成立するまでの過程について、経費節減政策や災害時の対応を広く検討することで考えてみたい。この措置が弘仁九年に唐突に導入されたものではないことを明らかにすることを通して、平安時代初期のいわゆる唐風化政策の性格を考えるための一例としたい。

第二節　弘仁九年以前における支出の抑制策及び天皇の節約

（一）理念的側面

　服御・常膳の減省は、天皇が民のために身を慎んで災害を攘うという理念的側面と、天皇に関わる物品を節約することで支出を抑制するという財政的側面という二つの側面を有している。まずは理念的側面を検討する。

　弘仁九年に新たに行われた服御・常膳の減省や正殿を避けるという行為の背景に「災害が続くのは為政者に対する天からの譴責である」という観念が存在している。これ自体はすでに『続日本紀』（以下『続紀』と略す。）慶雲二年（七〇五）四月三日詔のなかに見られる。不作に対して「不レ能三徳感二上天一」と天皇自身の徳が十分でないと述べ、続けて五大寺での金光明経の転読、出挙利稲の回収の停止、庸の半減を命じている。さらに養老五年（七二一）には、より明確に「王者政令不レ便レ事、天地譴責以示二咎徴一」と述べ、公卿からの直言を求めている（『続紀』同年二月十七日条）。八世紀を通じて、災害時には、自らの不徳が災害を招いたことを嘆いた上で、大赦、賑給、諸社・山川への祈禱、租や出挙利稲等の免除、禁酒、殺生禁断といった対策がとられている。この段階では、天皇の不徳が災害をおこすという観念はあるものの、天皇自身に関わる支出を抑えるという直接的な措置には到っていない。なお、第一節で見たように、中国では災害時には賑給・大赦とともに服御・常膳の減省等の措置も行われていた(26)。日本では「天」に対して天皇自身が身を慎む内容を除く形で、中国で行われていた災害に対する対応を受容したと言える(27)。

ただ服御・常膳の減省等の措置とは直接に結びつかないが、旱に際して桓武天皇自らが祈雨を行ったことは重要であろう。

自二去冬一不レ雨、既経二五箇月一、灌漑已竭、公私望断。是日早朝、天皇沐浴、出レ庭親祈焉。有レ頃、天闇雲合、雨降滂沱。群臣莫レ不三舞踏称二万歳一。因賜二五位以上御衾及衣一。咸以為、「聖徳至誠、祈請所レ感焉」。

（『続紀』延暦七年〔七八八〕四月十六日条）

天皇が直接祈雨を行うことは、皇極天皇元年（六四二）に、南淵の河上で行った事例が見えるが、それ以来のことである。皇極天皇の事例は、女帝にシャーマン的な呪術力があったことを示すものとして理解されている(28)。しかし延暦の事例の場合は、自らが斎戒して「天」に向かい祈るような、殷の湯王の事例などを意識していたのではないだろうか。もっとも湯王の例を意識するまでもなく、前年十一月に交野で郊天祭祀を行った桓武天皇にとって「天」に向かって祈りを捧げるのは自然なことであろう(29)。天皇が「天」に対してより直接的に働きかけるようになっていると言える。桓武天皇による昊天祭祀の実施などを経て、天皇が「天」に直接に祈禱するようになり、従来からあった災害は天からの譴責であるという見方がより直接的に理解されるようになった。これが災害時に自らの身を慎む服御・常膳の減省につながる要素のひとつである。

（二）財政的側面

（1）延暦年間以前

次に天皇に関わる支出を抑えるという財政的側面について見ていく。天皇に関わるものを節約するという方向性がどの段階から発生するのかを確認する。

まず、天皇を讃えるなかで使用される「倹約」「節倹」という語について検討する。早い例としては持統天皇即位前紀に見え、持統天皇を讃えて「而好レ礼節倹、有二母儀徳一。」と述べている。ただ、この部分は『後漢書』からの引き写しであり、何らかの具体的な事実を反映しているとは考えにくい[30]。また、孝謙天皇の崩伝にも「倹約」が見える。

天皇尤崇二仏道一、務恤二刑獄一。勝宝之際、政称二倹約一。自二太師被レ誅、道鏡擅レ権、軽興二力役一、務繕二伽藍一。公私彫喪、国用不レ足。（『続紀』宝亀元年〔七七〇〕八月十七日条）

ここでは天平勝宝年間（七四九～七五七）に倹約が行われていたとするが、この間に具体的な倹約に関わる政策があったことは、『続紀』からは確認できない。この部分は、重祚後の道鏡政権下における寺院造営を批判する文脈のなかで、それ以前について対比的に言及しているに過ぎず、孝謙天皇が何か具体的な倹約の措置を行ったとは考えがたい。このように、天皇個人に対して、倹約を行ったことを示す表記はあるものの、それは文飾以上のものではなく、実態を伴っていない。

しかし宝亀年間以降、政策として倹約を行うことの重要性への言及が見られる。「朕錫二命上玄一、君二臨下土一。政先二倹約一、志在二憂勤一。」（『続紀』宝亀十一年〔七八〇〕正月十九日条）と、光仁天皇は倹約を重視して政策を行ってきたと述べている。おそらく、要司以外の令外官司の廃止、員外国司の廃止などのこれまでの光仁朝の官司整理策を念頭に置いたものであろう[31]。延暦四年（七八五）五月十九日には、赤雀が現れるという祥瑞について述べる中で『孫氏瑞応図』を引用して「王者奉レ己倹約、動作応レ天時則見。」とし、祥瑞出現のなかで桓武の治世に倹約が盛んに行われていることを示そうとする。桓武朝にも、員外官の廃止、造宮省・勅旨省の廃止などの官司整理策がとられたことが知られる[32]。冗官整理などの具体的な支出抑制策が登場するにつれて、天皇は政策として倹約を行うべきであるという観念が示されるようになっている。

このなかで造宮省・勅旨省の廃止では、「方欲下屏二此興作一、務二茲稼穡一、政遵二倹約一、財盈中倉廩上」と倹約の政策であるとした上で、「今者宮室堪レ居、服翫足レ用」という理由で廃止を説明している[33]。ここには、天皇自身に関わるものを減じるという考え方の萌芽が認められる。

(2) 大同年間以降

続く平城天皇について見ていこう。

A　是日。停二諸国雑贄腹赤魚・木蓮子等一。以レ息二民肩一也。　（『日本後紀』大同元年〔八〇六〕五月十六日条）

大宰府から進上される腹赤魚、大宰府・河内国から進上される木蓮子の進上を停止している[34]。また、

B　令二諸国停レ献二正月七日・十六日両節会珍味一。以レ煩レ民也。　（『日本後紀』大同四年〔八〇九〕正月十日条）

極めて限定的ではあるが天皇の食事を減じたことがここで初めて確認される。また、平城天皇は崩伝において「省二撤煩費一、棄二絶珍奇一」と述べられているように、合理的な経費節減策、官司再編を行っている[35]。その一環として、天皇に関わる物品の削減も行われている。

C　廃二減供御并年中雑用、諸司官人已下月料一。　（『日本後紀』大同四年閏二月十四日条）

ここで、天皇の供御と諸司官人の日々の食事にあたる月料を減らしている。これが天皇自身に関わって食事だけではなく物品を減少した初例に当たる。これは同四日に、四位以下の官人に対して要劇料を米で一律支給することになったことに伴う措置と考えられる[36]。この後改めて四月一日に、番上官・雑色人への粮米の支給が定められている[37]。一連の官人に対する食料支給制度の変更のなかの一つのステップとして命じられたものである。またこのときに天皇の使用する物品のうち、どの品目がどの程度減省されたのか詳しくは知り得ないが、官人の食料支

給制度の変更に合わせて、天皇の食事について何らかの節減がなされたものであろう。ここでは、弘仁九年詔のような、「天」からの譴責を意識した災害時の措置としてではなく、シンプルに経費節減策のひとつとして天皇に関わる物品の節約が命じられている。

次に天皇の服御・常膳から少し離れるが、官人の給与も含めた支出抑制策について見てみよう。九世紀以降、災害に際して五位以上の位封・位禄が上表によって一時的に返却されることは、前節で触れたが、これに加えて官人個人が自らの封戸を返却する事例も頻繁に見られるようになる。藤原氏の功封の返却や出家の場合を除くと、官人からの封戸の返却の申請は大同年間に始まる。

大同元年（八〇六）に藤原緒嗣・嗣業の兄弟が桓武天皇から賜った別勅封二〇〇戸を、桓武の死後に返却しようとした。結果、返却は許されないのだが、これを初例として、官人からの封戸返却の上表が行われるようになる。大同元年六月には藤原内麻呂からの右大臣の職封二〇〇〇戸のうち半分の一〇〇〇戸の返却、さらに大同三年には、西海道観察使兼大宰帥藤原縄主からの観察使の職封二〇〇戸の返却が上表される[38]。このように平城朝に、官人個人からの封戸返却の上表が確認され始めるが、この背景には、大同元年に職封を令制に復したことによって、その支給額が倍加したことがある。結果、以前と比べ莫大な封戸を与えられることになった官人が、このような自主返還の行動に出たのであろう[39]。これらの上表に対して、平城天皇は「又禄之所レ得、先哲不レ辞。況今日増レ戸、是復二本数一、明知二此意一。」と、官人が支給された給与を辞したことは今までないこと、職封については令の本数に戻しただけであり、過分な支給ではないことを述べ、返却を受け入れない。制度の制定者として当然のことではあるが、個人的な上表を受け入れることはなく、新たな制度を遵守する立場を示している。このような個人的な上表が受け入れられるようになるのは、承和年間に入ってからである。平城朝には他にも、大同三年（八〇八）に品封・位封・位禄が令制に復されたことによって以前に半減し、また要劇料が改訂されるなど大きな禄制改革が行われ、官人に対して新しい給与支給法が適用された[40]。この制度改革に対する動揺が官人の上表を引き起こしている。数十年にわたって適用されてきた支給基準が変更されたことで、官人たちの給与に対する感覚も変わったのではないだろうか。服御・常膳の減省とともに見られる、五位以上の封禄の削減についても、その端緒はすでに大同元年に見られる。

このように平城天皇の治世には官制改革を推し進めるなかで、天皇の服御や官人の給与に対する合理的な観念が生まれ、弘仁九年詔へ到る素地が形成されていったのではないだろうか。

おわりに

非常に雑駁な内容になったが本章で述べたことを再度まとめる。

①天皇の衣服・食事を節約する行為である服御・常膳の減省は、災害時の対応として弘仁九年（八一八）に開始されたが、それは儒教的君主像を踏まえた、中国の影響を濃厚に持つ措置であった。しかしそれと同時に臣下と足並みを揃えて行う支出抑制策としての側面を持っていた。

②八世紀には、災害が起こるのは天皇に対する「天」からの譴責である、という儒教的な観念は存在するが、税の免除・賑給などの民に対して恵みを与える政策が主であり、自らの身を慎むという行動には到らない。これはひとつには中国的「天」の観念を十分に受容しなかったためと考えられる。延暦年間には、昊天祭祀の実施などにより中国の「天」への理解が進むが、嵯峨天皇はこれを継承した上で、服御・常膳の減省をはじめとする中国的な災害時の対応を受容した。

③宝亀年間からは、官司整理などの支出抑制策が行われるなかで、政策として「倹約」「節約」を行う重要性に言及されるようになる。この合理的な経費節減の一環として、大同年間には天皇の供御もその対象となる。

服御・常膳の減省は、弘仁九年をその濫觴とするが、それ以前までの「天」に対する理解の蓄積、禄制改革による成果を踏まえることで可能となった措置であった。しかし注目されるのは、大同年間には、官人からの封戸返却の上表は認められることがなかったが、災害への対応という名の下に弘仁九年には認められていることである。ここに大きな断絶があるのではないだろうか。嵯峨天皇が漢詩の贈答を政治的に利用したことは夙に知られるところであるが[41]、この服御・常膳の減省の措置も中国的な外皮をかぶりながらも、実質的な政策を行った一例として位置づけられる。

（1）『日本書紀』仁徳天皇四年二月甲子条・同三月己酉条・同七年四月朔条。またこれが『礼記』を踏まえていることは須貝美香「仁徳天皇聖帝伝承の形成」（『上代文学』六九、一九九二年）に詳しい。

（2）西村正男「食封制の衰頽」（『歴史地理』八〇—二・三、一九四二年）、時野谷滋「食封制度の運用」（同『律令封禄制度史の研究』吉川弘文館、一九七七年、初出一九六八年）、相曽貴志「延喜式にみえる食封規定」（『延喜式研究』三、一九八九年）、山下信一郎「平安時代の給与制と位禄」（同『日本古代の国家と給与制』吉川弘文館、二〇一二年、初出一九九七年）。

（3）（b）奉幣・（f）賑給に関わる記事は枚挙に遑がないので挙げないが、（e）・（g）は『続日本紀』養老六年（七二二）七月七日条、天平四年（七三二）七月五日条、天平九年（七三七）五月十九日条などに見られる。

（4）『性霊集便蒙』は寛文十一年（一六七一）、運敞撰。『真言宗全書』四二所収のものを参照した。中谷征充「喜雨歌の制作時期と解釈」（『密教文化研究所紀要』二五、二〇一二年）では、詳細に諸史料を検討し、弘仁九年の一連の祈雨儀礼が「喜雨歌」に記述された内容とほぼ一致していることを指摘する。ただ、嵯峨天皇が仏教的祈雨に熱心ではなかったこと、及び喜雨歌のなかで空海が仏教の功績を強調しているのにも拘わらず、神祇による祈雨も行われていることから、弘仁九年成立説を退け、淳和天皇の治世のことと結論づける。本文で述べた理由から首肯できない。

（5）この時期の空海と嵯峨天皇が文筆を介して交渉があったことについては、西本昌弘「嵯峨天皇の灌頂と空海」（『関西大学文学論集』五六—三、二〇〇七年）参照。

（6）『続日本紀』天平宝字三年（七五九）五月九日条、『類聚国史』一七三　疾疫　弘仁四年（八一三）五月二十五日条、『日本三代実録』貞観十一年（八六九）十月十三日条など。なお湯王の故事は、『説苑』一　君道（四部備要　中華書局）

に見えている。
（7）「其令下太官損レ膳省レ宰、楽府減中楽人上、使三帰就二農業一。」（『漢書』八　宣帝紀　本始四年〔前七〇〕正月条）。
（8）『漢書』八　宣帝紀　本始四年（前七〇）四月壬寅条。但し、このときは地震により宗廟が壊れたため、より厳重な対応をとったか。他に『後漢書』九　孝献帝紀　興平元年（一九四）七月条にも見える。
（9）『漢書』四　文帝紀　賛。文帝の治世は前一八〇～前一五七。日本では、『日本後紀』大同元年（八〇六）七月十三日条などで言及されている。
（10）『晋書』四　恵帝紀　永興元年（三〇四）十二月丁亥条。
（11）『漢書』九　元帝紀　初元元年（前四八）九月条。
（12）なお『冊府元亀』五六　節倹、『同』一四三～五　弭災には五代までの事例が挙げられている。
（13）この点については、笹山晴生「平安初期の政治改革」（同『平安の朝廷　その光と影』吉川弘文館、一九九三年、初出一九七六年）参照。
（14）時野谷氏・山下氏註（2）論文。
（15）時野谷氏註（2）論文。
（16）『続日本後紀』承和七年（八四〇）六月二十八日条、『日本三代実録』貞観十二年（八七〇）二月二十五日条。
（17）『続日本後紀』承和七年（八四〇）十月四日条に、皇太子の御膳について「准二弘仁九年例一、毎レ物減二四分之一一。」とある。天皇・皇后も同様であっただろう。
（18）『続日本後紀』承和七年（八四〇）六月二十八日条
（19）『続日本後紀』承和十年（八四三）十月十八日条。
（20）貞観十一年（八六九）六月二十六日勅（『類聚三代格』一〇）、『日本三代実録』貞観十一年六月二十六日条、同七月二日条、同十二年二月二十日条・二十五日条。
（21）『日本三代実録』貞観十五年十一月十三日条・十六日条。
（22）『日本三代実録』仁和元年五月三日条、同六月三日条。
（23）『日本紀略』寛平元年（八八九）二月二十五日条・三月四日条。『日本紀略』昌泰元年（八九八）二月八日条、寛平十年（八九八）二月二十八日詔（『類聚三代格』一〇）。『日本紀略』天暦元年（九四七）二月二十七日条、『貞信公記』同日条。『日本紀略』天禄元年（九七〇）三月十五日条。『日本紀略』寛和二年（九八六）七月二十五日条。『日本紀略』寛仁元年

（一〇一七）十二月二十二日条、『小右記』同日条、『左経記』同日条、『御堂関白記』同十二月二十七日条。

(24) 尊経閣文庫巻子本十一巻（甲）、同大永本第七冊に見える。橋本義彦「西宮記」（同『日本古代の儀礼と典籍』青史出版、一九九九年、初出一九九五年）によると、巻子本（甲）十一巻は、（ロ）類に分類され、本文部分は平安時代末〜鎌倉初めの書写とされる。西宮記の各記載の年代比定は難しいが、平安時代中期頃の内容を反映したものと考えておきたい。また、貞永元年（一二三二）成立の『柱史抄』下　帝王部には一連の即位に関する儀式のなかに「減服御常膳事」の項目が立てられている。その割注に「清涼記云、近代多有二斯事一。漸成二流例一歟。」とあり、この記述を信じれば、村上朝には定着していたことが知られる。

(25) 『新儀式』四　祈雨祈霽事に、「或降二詔命一、減二除服御常膳之物一。」とある。村上朝には儀式次第の一部となっている。

(26) 『漢書』四　文帝紀　後元六年（前一五八）四月条、『漢書』八　宣帝紀　本始四年（前七〇）四月壬寅条、『魏書』八　世宗紀　正始元年（五〇四）六月条、『魏書』九　粛宗紀　正光三年（五二二）六月己巳条等。

(27) 東野治之「飛鳥奈良朝の祥瑞災異思想」（『日本歴史』二五九、一九六九年）。

(28) 和田萃「古代の祭祀と政治」（『日本の古代』七　まつりごとの展開　中央公論社、一九八六年）。なお笠井昌昭「「皇極紀」元年条の祈雨記事をめぐって」（『キリスト教社会問題研究』三七、一九八九年）では外来の仏教と対比され強調された在来的なカミマツリの性格を指摘する。

(29) 桓武と祭祀の関係については、瀧川政次郎「革命思想と長岡遷都」（同『法制史論叢』二　角川書店、一九六七年）を参照した。また、黒須利夫「拝礼する天皇――桓武親拝の史的意義」（『史境』四六、二〇〇三年）でも、桓武天皇から親拝が始まることを指摘している。なお、平城天皇も賀茂神の祟りとされる山火事に際して、自ら祈禱を行い、鎮火している（『日本後紀』大同元年〔八〇六〕三月二十三日条）。

(30) 『後漢書』一〇上　郭皇后紀。坂本太郎他校注『日本古典文学大系　日本書紀』下（岩波書店、一九六五年）四八四頁に指摘がある。

(31) 『続日本紀』宝亀元年（七七〇）九月三日条、宝亀五年（七七四）三月十八日条。

(32) 『続日本紀』天応元年（七八一）六月朔条、延暦元年（七八二）四月十一日条。

(33) 『続日本紀』延暦元年（七八二）四月十一日条。なお勅旨省については、角田文衞「勅旨省と勅旨所」（『角田文衞著作集』三　律令国家の展開　法蔵館、一九八五年、初出一九六二年）を参照。

(34) 大宰府・河内国が木蓮子を進上することは延喜宮内式45例貢御贄条に見え、腹赤魚については延喜内膳式42年料御贄条に見える。

（35）『類聚国史』二五　太上天皇　天長元年（八二四）七月十二日条。平城天皇の行った諸政策については、笹山氏註（13）論文、仁藤智子「律令官僚制の再編と禄制改革」（同『平安初期の王権と官僚制』吉川弘文館、二〇〇〇年、初出一九九五年）、春名宏昭『平城天皇』（吉川弘文館、二〇〇九年）を参照した。

（36）『日本後紀』大同四年（八〇九）閏二月四日条。

（37）大同四年四月一日太政官符（『類聚三代格』六）。

（38）『日本後紀』大同元年（八〇六）四月十四日条、同六月六日条・十日条、大同三年六月十一日条。

（39）時野谷氏註（2）論文が、藤原内麻呂の上表の背景としてすでに指摘している。

（40）食封の支給額の変更については、大同三年十月十九日太政官奏（『類聚三代格』八）。また時野谷氏註（2）論文を参照した。

（41）桑原朝子「宮廷社会の形成――弘仁・天長期」（同『平安朝の漢詩と「法」』東京大学出版会、二〇〇五年）。

〔補註〕　初出論文から、「おわりに」に若干の手を加え、註（1）（24）（25）（29）を加えた。

終　章　平安前期の対外姿勢と唐風化政策

本書での結論をまとめる。

第一部では、外交文書の文言、外国使節の参加する儀式を素材として、その対外姿勢を具体的に検討し、その変化の画期が嵯峨天皇の時代にあることを明らかにした。

第一章では、日本から渤海に宛てられた国書と弘仁十二年（八二一）撰進の『内裏式』を素材として、そこに見える渤海・渤海使節に対する意識を明らかにした。天皇から渤海王に宛てて出された国書の内容部分が、現実の対外姿勢を反映していることを確認した上で、特に弘仁年間の国書に、渤海王の個性を評価し、文化的な国とする言及が表れ、貢物や儀式の場についての具体的表現が見えることを指摘した。次に『内裏式』正月節会次第文を取り上げ、渤海使を儀式に参加させようとする意識が強いこと、別の日に行っていた官人の叙位が、弘仁六年（八一五）には、渤海使の叙位と同日に行われ、渤海使と官人との差が縮まっていることを指摘した。嵯峨朝には、文化的な外国使節が儀式に参加することが求められた。このような渤海及び渤海使に対する高い位置づけは、嵯峨天皇の唐風化政策との関連が推測される。

第二章では、第一章での国書の分析を受けて、承和九年（八四二）に史料上に現れる、太政官牒の外交文書としての性格を検討した。太政官牒は渤海側の年期違反・違例を指摘するという独自の内容を持ち、国書を補完している。また、太政官牒成立の前提として、天皇から発給する国書には渤海側を責める内容を載せないという慣例が存在し、それが始まるのが弘仁七年（八一六）であることを述べた。さらに太政官牒成立以降に当たる嘉祥元年（八四八）、貞観元年（八五九）の国書と太政官牒の内容を検証し、礼義と前例を強調して年期違反を繰り返す渤海に対して、強い態度を取れず対応に苦慮している朝廷の様子が窺えることを指摘した。この背景として、他国に対して、天皇の儒教的君主の側面を強調して臨む態度があることを述べた。太政官牒の成立自体は承和九年（八四二）であるが、それに到る端緒は嵯峨天皇の時代にある。

第三章では、文武朝以降の外交儀礼全体の変化を捉えるため、特に外国使節の朝賀・節会への参加を取り上げ、その実態を検討した。朝賀において外国使節は、官人の四拝とは異なる再拝を行う。同じ朝賀の会場のなかで異なる礼式が併存しており、同様の状況が節会でも確認できることを指摘した。続けて、『続日本紀』の検討から、使旨奏上・貢献物奉呈儀が天皇出御で行われるのは、神亀三年（七二六）以降であり、それ以前は朝賀に参加して天皇に拝礼を行い、その後、官人に使旨の伝達・貢献物の献上を行っていたことを指摘した。朝賀は官人と天皇との人格的関係を示す儀礼でありながら、天皇と使節との関係を示す外交儀礼としても存在した。これは、日本の朝賀は中国とは異なり、官人と使節とをともに同一の秩序に含むものではなかったことを示している。このような状況が最終的に改められるのが、弘仁九年（八一八）であり、外国使節の動作を取り入れる形で新礼が導入され、朝賀・節会は外国使節の参加を前提として再編される。

ここでの検討結果から、外交文書・外交儀礼の画期はいずれも弘仁年間にあることが明らかになった。宝亀・延暦年間にも、国書のなかでの上下関係の強調、朝賀・節会での礼式の一本化、使節への饗宴の規模拡大など、変化の兆しが見える。しかし、そこに儒教的色彩を付けて推し進めていったのは、嵯峨天皇の時代であった。積極的に外国使節を儀式に参加させ、礼式を一本化するとともに、国書でも儒教的な憐れみに満ちた君主としての立場を示そうとする。

第二部では、第一部を踏まえ、より広いスパンで対外姿勢の変化を検討した。七～九世紀の外交に関わる特定の儀礼を取り上げ、通史的にその変遷を追うという分析方法をとった。それを通して、唐の制度・儀礼を複雑な形で継受する日本の状況を具体的に示すとともに、そこに表れている朝廷の外交の位置づけの変化を明らかにすることを目指した。

第四章では遣唐使の出発・帰国の際に行われた儀式を取り上げた。遣唐使の行う「拝朝」は、遣外使節を派遣する際に普遍的に行われる、使命の伝達・送物の授与を行う場であったが、これに加えて大宝元年（七〇一）以降、「節刀」の授受が行われる。日本の『律疏』では、唐律を強引に読み替え、将軍と遣唐使にのみ節刀を与えることを明記しており、ここから朝廷がそれぞれ軍事・外交に関わる両者を一対のものと捉えていたことがわかる。ただ、その儀式の内容は将軍と遣唐使では大きく異なる。遣唐使の次第は、将軍に比べて非常にシンプルであるが、これは、遣唐使には儀式の場として「拝朝」がすでに存在したためと考えられる。また、次第文の改訂がほとんど行われていない可能性が指摘できるが、これは使節派遣における節刀の重要性が低下していたことが考えられる。また、延暦度の遣唐使から、新たに「賜餞」が実施される。これは、官人間で行われていた「餞」を、内裏で天皇主催の形をとって行ったものである。この遣唐使への賜餞は、その後「辞見」「罷申」が広がるなかで、特に大宰大弐・陸奥守といった辺遠に赴任する地方官へと継承される。この賜餞は、遣唐使派遣のなかで、派遣そのものに加え、天皇と使節の人格的関係の強調が重要視されるに至ったことを示している。それはまさに君主の命に応じて王事に赴く臣下を表している。遣唐使が派遣されなくなっても、この構造自体は形を変えて残り続ける。以上の考察によって、延暦度とそれ以前では遣唐使の位置づけに大きな変化があることを示した。

第五章は、日本に来朝した外国使節が入京する際の儀礼を素材として、外交儀礼の受容の具体相を示したものである。まず唐の入京儀礼の実態を確認した上で、日本の入京儀礼の変遷を明らかにした。推古朝以来、騎兵を伴って行われていたが、和銅七年（七一四）以降、大規模な騎兵の動員がなくなり、羅城門外で官使が宣命を読み、馬を与えるという唐に近い儀礼が行われていることを新たに指摘した。これは、奈良時代中期にすでに唐の儀礼に極めて近い内容が行われていたこと、また、外国使節に対し、従来のような騎兵、つまり軍事的な要素を強調する必要がなくなったことを示している。平安遷都後に入京儀礼はさらに変化し、畿内の堺に近い地点で行われるようになるが、「郊労」という儀式の名称が用いられるのは、この時期に入ってからである。この名称は、『儀礼』『周礼』『春秋左氏伝』などの経書において、王・諸侯間あるいは諸侯同士の儀式として使用されている。平安時代前期の外交儀礼では、唐の実例よりもむしろ経書の影響が大きい場合があることを指摘した。

ここで遣唐使派遣の際の儀式と来朝した使節への入京儀礼という、方向性の異なるものを検討したが、両者の分析によって示されている変化の様相は、共通するものを持つ。遣外使節に対する拝朝（復命）、入京儀礼での騎馬の使用といった、令制以前から行われていたものを継承しつつ、唐の制度をもとに必要に応じて整備を行い、それが平安時代前期に再び変化する。この変化を引き起こしているのは、外交それ自体の意義の変化なのではないだろうか。八世紀には、外交は朝廷の権威と直接に結びついており、節刀によって遣唐大使への刑罰権の委譲を示し、入京儀礼でも騎兵を動員するなど、威儀を整え荘厳化しようとする傾向が見られる。しかし平安時代に入ると遣唐使への儀式として、外交に直接関わらない「餞」が表れる。入京儀礼も必ずしも中華と蕃国の関係を強調しないものに変化する。ここで外交の意義自体が大きく変化していることが考えられる。第一部で示した弘仁年間における様々な変化は、このような背景のもとで生じたものと言える。

第三部では、平安時代初期の唐風化政策とされるものの実態を検討することで、その背景にある変化の要因とその後への影響を明らかにした。

第六章では儀式の場における列立法を規定した延喜式部式の二つの条文の成立過程をまず明らかにした。その上で、唐礼の導入を契機として成立した新しい列立法である節会行列が、飛鳥時代以来の朝堂における列立法を完全に消滅させるに至る経緯を具体的に示した。

次に第七章では、災害時に天皇が行う、服御・常膳の減省を取り上げ、これが殷の湯王を意識した、儒教的君主の要素を強調する側面を持つとともに、実質的な支出抑制策であったことを示した。そしてこの措置が、宝亀年間から大同年間の中国的「天」の受容、禄制改革の実施といった政策の延長線上にあることを指摘した。

ここでは、唐風化政策の持ついくつかの側面を示した。唐風化政策が、奈良時代以来の伝統を消滅させる結果をもたらすことは従来から指摘されているが、列立法の変化もこれを端的に表すものである。弘仁九年（八一八）の唐礼（謝座・謝酒）の導入がきっかけとなり、節会での列立が開始され、その後、それは五位以上を対象とした狭い範囲での序列を視覚化するものとして機能する。唐風化政策は間接的な形ではあるが、古い伝統を破壊し、その後、当初の意図とは異なる新たな制度が生み出されている。服御・常膳の減省からは、儒教的な君主の面を強調することで、官人給与の一時的な削減という、それまでにはなかった政策を実現させるという、唐風化政策の実質的な側面を指摘した。このような唐風化の持つ意味は、対外姿勢についても同様に働いたと考えられる。

ここでの考察から、古代の対外姿勢について以下のような見通しを示しうる。第二部で示したように、飛鳥末から奈良初頭にかけての朝廷は、外交の場面で、節刀や騎兵による入京儀礼に見られるような軍事的な要素を強調していた。八世紀半ばを過ぎると、これを過度に強調することはなくなり、各国との交渉もある程度は安定して行われ、外国からの遣使は朝貢と解釈されて歓迎された。しかし宝亀・延暦年間には、華夷秩序遵守の厳しい対外姿勢がとられる。これは中華としての自国の権威を保とうとする政策のように表面上見えているが、結果として、国交が断絶しても構わないという態度の表れとも解釈される。この段階において朝廷はすでに、外国使節の来朝を必要としなくなっていたと考えられる。その後の嵯峨朝における渤海使の盛んな来朝は、朝貢使としての価値が減じた後の状況を示している。第1部で見たように、文化的性格が強調され、その動作が「唐礼」として全官人に導入される。弘仁年間には、渤海に文化的役割を付与することで、儀礼の整備がスムーズに行われた。また使節との漢詩文の贈答も行われ文化的な交流も見られた。これは漢詩文を重視した嵯峨朝の志向に適うものであった。しかし次の淳和朝には、新礼もすでに定着し、漢詩文をそこまで重視する体制でもないため、使節の来朝は歓迎されず年期制が定められるに至った。嵯峨朝において外国使節は新たな意味づけを与えられた。しかしそれは朝貢使としての政治的役割が減じた上で生じたものであり、結果として、他国との関係の意義を消滅させることとなった。そして二国間の関係において、現実的な交渉とは無関係な儒教的な君主像が表面化するとともに、「外交」の意義も消滅する。朝廷は外国使節に対して示威的な側面を見せなくなるとともに、他国の来朝によって、中華としての立場を強調することもなく、自らの権力アピールに用いることもない。嵯峨朝の政策を媒介として、中華（日本）―蕃国（他国）という対外姿勢は意味をなさなくなった。ここに飛鳥時代以来の対外姿勢は大きく転換することとなった。これは、他の唐風化政策から見えた、それ以前の伝統が断ち切られるありかたとまさに軌を一にしている。対外姿勢と国内の政策動向とは密接に関わっていると言える。

また、唐風化政策イコール唐との交渉が積極的に行われるものではないことにも注意したい。延暦度遣唐使の菅原清公が嵯峨朝に活躍して唐風門号等を制定していることは、彼らの唐での見聞が一定程度、取り入れられたことを示すが、むしろ、このような嵯峨朝の政策が当時は「漢風」と呼ばれていることは重視すべきであろう（早川庄八『律令国家』小学館、一九七四年）。この時期には経書を通じて儒教への理解が格段に深まった結果、中華―蕃国という、日本が唐や新羅・渤海等と現実の対外関係のなかでこれまで取り結んできたものとは異なる、多様な二国間関係――例えば『春秋』に見える王・諸侯など――の存在に目が向けられるようになり、それが現実の対外関係のなかにも一定程度生かされるようになるのではないか。これが、唐風化政策が対外姿勢に及ぼした影響のひとつである。それに加えて、むしろ唐風化政策のために外交が利用されている点にも注意したい。第一章・第三章で触れたように儀式の唐風化は渤海使の来朝を梃子として推進されているように見える。唐風化という大きな理想のもとにおいて渤海使はその価値を認められており、ここにも従来の上下関係に基づいた外交の価値は減じている状況が看守される。

また、平安時代前期を通じて唐風化は行われるとされるが、嵯峨天皇のもとで行われた唐風化政策はそれとは区別されるべきであろう。この時期には、それまでの伝統を大胆に破壊することにより、結果として次の時代の新たな政策・制度を準備する媒介となった時期と位置づけられる。

初出一覧

序　章　平安前期対外姿勢の研究の現状と課題
　新稿

第一部　外交文書・儀礼から見た対外姿勢

第一章　国書・儀式書から見た平安前期の渤海観
　『文化史学』六三（二〇〇七年十一月）
　（原題　平安初期における渤海観――国書と儀式書の検討を通して――）

第二章　対渤海外交における太政官牒の成立
　――中台省牒との相違から――
　『日本歴史』七四四（二〇一〇年五月）

第三章　外国使節の朝賀・節会参加への参加
　新稿（一部は大阪歴史学会大会（二〇一〇年六月）での口頭発表による。）

付　論　天武・持統紀外国使節記事の再検討
　――外交儀礼の視角から――
　加藤謙吉・佐藤信・倉本一宏編『日本古代の地域と交流』（臨川書店、二〇一六年五月）

第二部　外交に関わる儀礼の展開

第四章　遣唐使の出発・帰国時の儀式
　――拝朝・節刀・餞の検討――
　新稿（一部は続日本紀研究会例会（二〇一四年九月）での口頭発表による。）

第五章　外国使節入京儀礼について
　――郊労儀の再検討――
　『文化学年報』五九（二〇一〇年三月）
　（原題　日本古代における外国使入京儀礼――郊労儀の再検討――）

第三部　平安前期における唐風化政策の実態

第六章　節会における列立法
　――延喜式部式元正行列次第条・同節会行列条の検討から――
　『延喜式研究』二八（二〇一二年三月）

第七章　平安時代の服御・常膳の減省について
　続日本紀研究会編『続日本紀と古代社会』（塙書房、二〇一四年十二月）

終　章　平安前期の対外姿勢と唐風化政策
　新稿

あとがき

本書は平成二十七年に同志社大学に提出した博士論文をもとに、その後に発表した論文を加えて一書としたものである。明らかな誤り等は訂正を施し、その旨を補註に記している。しかし論旨に関わるような大きな変更はない。

「平安前期対外姿勢」というタイトルを掲げながら、網羅的な検討が出来ておらず時期的な偏りがある点、明確な論証が出来ていない点等、いたらない点は多いが、これまでの成果をこのような形で世に出すことができたことをひとまずは喜びたいと思う。

多くの人に助けられながら、ここまで何とかやってこれた。感謝すべき人を書き出すときりがないが、まずは大学・大学院を通じて指導してくださった竹居明男先生に感謝を述べたい。ごまかしや手を抜くことを許されない先生のもとで勉強できたことは、低きに流れがちな私にはとても幸運なことであったと思う。先生と行っていた史料の輪読会では、『日本紀略』『後二条師通記』『山城名勝志』など様々な史料を読んだが、このときのことが今の自分の血や肉になっているように思う。

自分が古代史の勉強を続けるなかで、北康宏先生、蝉丸昌子氏・同朋子氏、岩田真由子氏といった先輩方に、これまでたくさん助けてもらってきた。学会で発表するときは準備会を開いてもらい、助言をいただいた。辛いときには励まし、調子に乗っているときには注意してもらった。皆さんがいなかったら私はとっくに挫けてしまっていたと思う。

また後期課程進学以降は、続日本紀研究会や日本史研究会古代史部会に参加するようになり、報告もさせてもらった。初めて続日本紀研究会で報告したときは、緊張のあまり早口で話してしまい、質疑の時間が長くなりすぎて、運営委員の方を困らせてしまった。ここでも多くの方のお世話になった。本書の第一章・第三章・第四章・第五章の一部は続日本紀研究会で聞いてもらったものである。

本書の刊行については、倉本一宏氏に出版社を紹介していただいた。感謝申し上げたい。久米舞子氏・中本和氏・鈴木蒼氏・丸川優希氏・安東峻氏らは貴重な時間を割いて校正を手伝ってくださった。本当に助けられた。また、臨川書店の西之原一貴氏には本書の編集を担当いただき、粘り強く対応していただいた。また、刊行にあたってはＪＳＰＳ科研費18ＨＰ５０９７の助成を受けた。

最後になったが、口では文句を言いながらも、無鉄砲な私の生き方を認めてくれている父正彦と、私の生活を支えてくれてきた故ヒメ・故ポポ・モモの三羽のセキセイインコに感謝の気持ちを伝えたい。

平成三十一年一月三十一日

著者記す

事項名索引

さ行

た行

な行

は行

ま行

や行

ら行

史料名索引

さ行

た行

な行

は行

ま行

や・ら行

研究者名索引

あ行

か行

さ行

た行

な行

は行

ま行

や・ら・わ行

堀井佳代子（ほりい　かよこ）

1981年、京都府に生まれる。

2012年、同志社大学文学研究科博士課程退学。

現在、同志社大学嘱託講師、国際日本文化研究センター技術補佐員。

博士（文化史学、同志社大学）。

主要著作に「『西宮記』勘物の諸本間の配列について―六月・七月勘物の書写方法から―」（倉本一宏編『日記・古記録の世界』思文閣出版、2015年）、『平安宮廷の日記の利用法―『醍醐天皇御記』をめぐって―』（臨川書店、2017年）などがある。

平安前期対外姿勢の研究

二〇一九年二月二十八日　初版発行

著者　堀井佳代子
発行者　片岡敦
印刷製本　亜細亜印刷株式会社

発行所　株式会社臨川書店
606-8204 京都市左京区田中下柳町八番地
電話（〇七五）七二一―七一一一
郵便振替　〇一〇七〇―二―八〇〇

落丁本・乱丁本はお取替えいたします
定価はカバーに表示してあります

ISBN 978-4-653-04412-3 C3021